The Numbers Game

数字游戏

关于足球，你全弄错了……吗？

［德］克里斯·安德森　［美］戴维·沙利——著
Chris Anderson　　　David Sally

彭鸣皋——译

湖南文艺出版社
HUNAN LITERATURE AND ART PUBLISHING HOUSE

博集天卷
CS-BOOKY

献给我们团队的

凯瑟琳、尼克与伊莱

塞雷娜、本、迈克、汤姆与雷切尔

译者序

　　2015 年 2 月 27 日是值得铭记的一天，它孕育了《数字游戏》中译版的诞生。

　　上午 11 点 32 分，我提着公文包走进美国波士顿会展中心 253 会议室，MIT 斯隆体育峰会一场主题为"加速足球分析学进程"的分会讨论将于 8 分钟之后在这里举行。落座后，我翻开主讲人名册，一个熟悉的名字赫然跃入眼帘：克里斯·安德森。尽管我与他素未谋面，但这位足球分析学先驱的大名早已如雷贯耳。我激动不已，立刻起身走向主讲台，一眼就认出了安德森先生，他身材健硕，风度儒雅。一番简短交谈之后，安德森先生突然发问：

　　"小伙子，你读过《数字游戏》吗？"

　　我心中冒出一串问号，连声道歉。他和蔼可亲地看着我，说道：

　　"没关系，这是我和另一位教授合著的一本有关足球与大数据的书籍，如果有兴趣，你不妨看看。"

　　我欣然应答，致谢不迭。但说心里话，我并未对这本书抱有过高期望。毕竟此前读过不少与足球相关的专业书籍，然而能真正触动我的为数寥寥。出于对安德森先生的敬意，我一回到学校还是立刻购买了《数字游戏》一书。

　　展开书来，我深深沉湎其中，周遭的一切荡然无存。身畔无比寂静，内心激流涌动。我在与作者对话，酣畅淋漓。整本书主题新颖、不落窠臼，主线结合足球与大数据，其中穿插了许多经济学和心理学的知识。每一章节中，作者借助球迷们熟悉的案例，诠释了一个个令人耳目一新的观点，深入浅出，通俗易懂。我深感与此书相见恨晚，同时亦喟叹为何此前在国内没有寻觅到类似的书籍。正在迎来春天的中国足球，不论是教练、球员、体育产业工作者，还是球迷，倘能有机会接触到更多类似《数字游戏》的专业书籍，积累更深厚的学养，整个体育产业现代化、职业化的进程必能加速。深感惋惜的同时，我萌生了一个念头：翻译此书，引入中国。

认真思考可行性并制订了三页具体运作方案后，我与安德森先生取得了联系，希望能够得到他与合著者戴维·沙利的许可，将《数字游戏》翻译成中文并推介给中国读者。提出请求的那一刻，我十分忐忑。将心比心，假如我是一位在业界享有盛誉的专家，恐怕不会轻易将自己的作品托付给一位只有一面之缘的 18 岁青年。毕竟稍有不慎，英名尽损。出乎意料的是，安德森先生欣喜不已，满口应允，并安排我和沙利先生在美国伊萨卡小镇见面，商定了《数字游戏》的国际版权等核心事宜。从 2015 年 6 月开始，经过长达 10 个月夜以继日的工作后，今天，《数字游戏》的中译版终于呈现到了您的面前。

在您开启"数字游戏"之前，我希望能与您分享些许心得体会。首先，书中的许多观点颇具颠覆性，有些可能乍看令人费解，但仔细琢磨整个论证过程后，定会恍然大悟，拍案叫绝。举例来说，作者在第一章里提出了这样的观点：运气和实力是赢得一场足球比赛同等重要的决定因素。

对此您是否完全赞同无关紧要，也许享受作者的思辨过程更为有趣、有益。事实上，阅读任何一本书，都难以与作者达成百分之百的共识与共鸣。在我看来，只要能够从中收获一些知识、思维方式或是灵感，就是莫大的幸事了。

其次，由于该书2013年首版至今已逾三年，其中引用的不少数据和案例都有些年头了，但这并不妨碍我们顺畅地阅读。因为用于论证的大数据跨越了几十甚至上百年，所以得出的结论并非只适用于一朝一夕。兴许若干年后，您依然觉得它说得非常在理。

最后我想与您分享的是，不论是阅读本书，还是未来从事和体育相关的活动，我们都需要保持一颗"初心"，始终在心中为自己的梦想守护一片净土。在商业化、科技化加速发展的今天，体育产业被笼罩上了很多光怪陆离的色彩，有人甚至难以理解体育的数据化进程，认为它使得运动场不再像几十年前那么纯粹。我期盼热爱体育的您不要被这些新的符号模糊双眼，而是理性地顺应趋势，让像数据分析这样符合潮流的"利器"帮助您加深对体育运动的理解，越钻越透，愈爱愈深。

我对两位作者以及书中提的几十年如一日心无旁骛潜心研究的足球数据专家们深怀敬意。他们远离功利，忍受多年的孤独、冷寂、嘲讽和置疑。他们的执着，来自于内心。当然，也来自于理解、支持、拥戴他们的同道之人。我渴望自己能跻身其间。

在此，我要向每一位对《数字游戏》中文译著提供指导、帮助的师长和挚友致谢。衷心感谢严文斌、张和平、宋彩萍、党新华、纪宁、允兹、向群、邹丽娜、魏航、张玉强、徐明、潘逸航、李又金、王志宇、熊鹏、姚敏、夏宇、何琼、赵志峰等各位老师，罗宇轩、陈启熙、杨关道、吴凡等师姐兄长，尤其还要感谢企鹅图书的张楠老师等幕后英雄！他们无私援手，不求回报，只为将此书打磨得尽善尽美，让您自由舒畅地开始一场属于自己的数字游戏。

彭鸣皋

2016 年 1 月 13 日

目　录
Contents

休息室里　搭建团队，管理球队

赛后也是赛前

足球中的谬误

反"经验主义"革新

在体育里，事实往往比人们的经验更强大，

因为认清事实会令你高人一筹。

——比尔·詹姆斯，统计学家

足球圈里，有句七字箴言一直流传着：

"一直以来就这样。"

"美丽足球"固守着传统成见。它与信条和真理、信仰与教义紧紧相依。这场游戏被一群人操纵着，他们不愿看到自身的权威被外界质疑，坚信他们看待比赛的方式是正确的。在长达一个世纪的时间里，他们不希望被告知自己其实忽略了一些东西，并且有一些知识是自己所不具备的。但在很多事情上，现行的并非合理的。

"美丽足球"固执于自己的无知。"美丽足球"期待被改变。

而这场革新的核心正是数字。这些数字将会挑战传统，颠覆准则，击碎信仰。这些数字将会赋予我们全新的视角去认识足球比赛。

每一个世界级的俱乐部都深谙这个道理。很多球队都雇用了分析专家，对数据进行收集与解析，并使用这些结果来计划训练内容、设计战术打法、布置转会策略。每一家俱乐部都盼望这些数字能够帮助他们在竞争中赢得些许优势。数以万计的冠军奖杯就如此被牵动着。

不过至今还没有哪一个球会能够做到这件事：拿到这些数字后，看透其中的深意。我们要做的不仅仅是收集数据，我们更应该懂得如何去使用它们。

这就是足球的最新领域。我们经常听周围的人说，足球不应该，也不能被简简单单的几个数字符号所代替，因为这种做法会让人们不再能感受"美丽足球"的完整魅力。但我们学者和俱乐部经理并不这样想。尤其是在当今纷繁复杂的利益纷争中，我们始终相信每一点新知识、新发现的领悟，都将让我们更加热爱足球。这是未来的趋势，不会停止！

当然，这并不意味着足球圈的传统理念是错误的。我们现在获得并分析的数据，也同样证明了我们原有的一些观念千真万确。可是除此之外，数字给予了我们更多真相，让我们明白了更多仅凭直觉无法感知的道理，也拆穿了"一直以来就这样"的谎言。那些传统观念和看似坚不可摧的教条，它们的最大问题就在于很少被质疑。尽管比赛本身和周围的环境早已改变，这些理论却一直停滞不前。

⚽ 打破砂锅问到底

下面是一个极其简单的问题，用一种美国人在讨论足球时惯用的疑惑语气表达出来：

"他们为什么这样做？"

戴维和我正坐着看《英超精华》节目，被一个突如其来的场景抓住了眼球。吸引我们的不是华丽的技巧，不是裁判的无能，而是看似寻常的一幕画面。戴维就像数不胜数的中后卫一样，被罗里·德拉普的大力界外球困惑得愣在了那里。

几乎每一次斯托克城队获得前场界外球时，德拉普都会跑到边线，用自己的球衣把足球擦干净（在主场时，工作人员通常会及时为他递上一条毛巾擦干皮球），然后像扔手榴弹一样把球抛入禁区。这样的场景上演过一幕又一幕。

对我这样一名退役门将来说，德拉普的大力界外球带来的益处是显而易见的。我给戴维解释道："斯托克城队的阵容配置不错，但是缺乏一定的速度和技术，不过他们的绝佳优势是身高。这样你就能明白，他们为什么会在球出边线后，用这样的方式创造出一次破门机会，在对方禁区内制造一些混乱。要不然光凭脚下技术，他们可能什么也拿不到。德拉普也一次次证明这是个神招。"

这样的解释并没有满足戴维的好奇心，却激发了他下一个相当符合逻辑的问题：

"那为什么不是每个队都这样做呢？"

这个问题的答案，其实也同样不言而喻：不是每个队都有一个罗里·德拉普，能把球像块儿石头一样扔得那么远，能让对方的防守队员心惊胆战，让门将措手不及。

作为一位曾经的棒球投手，戴维又提出了另一个疑问："难道就不能找到一个这样的球员吗？要不然就让队里的某个人每天举重、练标枪或者是链球，难道不行吗？"

理论上来说，的确是这样的。戴维就像一个好奇的小孩，源源不断地发问。而他的提问令我越发烦躁，因为我无言以对。

"如果你有一个德拉普和几位高个中后卫，"我硬着头皮支吾其词，"你当然可以像斯托克城一样。只是这样的进攻挺不带劲的，只有迫不得已的时候人们才会这样做。"

"为什么？"戴维十分不解地追问，"这一招看起来不是对他们很有效吗？"

我彻底没辙了！就像垂头丧气的父母一样，我张口结舌："因为……"

因为有很多事情，在踢球的时候你是不愿意去做的。不管是由长距离界外球创造出来的进球，还是由流畅传递创造出的进球，每一个都值一分。但在大家看来，尤其是在一个纯粹主义者的眼中，前者的价值远不及后者。

戴维无穷无尽的质疑继续困扰着我。为什么？为什么？为什么？如果这种方式对斯托克城队有用，为什么其他球队不效仿？到底谁是正确的？是在那一年通过界外球几乎创造出三分之一得分机会的斯托克城队，还是其他那些不把"扔手榴弹"作为破门法宝的球队？

为什么有些事情大家不愿触及？

为什么足球是这样踢的？

作为政治经济学家和行为经济学家，我和戴维希望运用自己的知识来回答这两个重要的问题。比如，利用社会科学的研究方法，利用我俩担任守门员和棒球投手的实战经历，以及我们对于体育和释疑的热情。我们所有的研究结果现在已经呈现在你的眼前：一本关于足球和数字的宝典。

足球一直以来都是一项数字游戏：1-1、4-4-2、伟大的 9 号、神圣的 10 号。我们过去从未尝试改变这些数字，而且我们也相信它们永远不会被改变。但是一场"反经验运动"正在起航，这场运动将会为人们揭开一些同样重要的数字密码：2.66、50/50、53.4，<58<73<79 和 0>1，它们将在未来的足球发展中起到至关重要的作用。

这是一本涵盖足球精髓的手册——进球、随机性、战术、进攻与防守、控球、巨星和隐患、训练与发展、红牌和替补、领袖，还有主教练的解雇和聘用以及它们和数字的联系。

⚽ 足球分析法的"核心圈"

每年 3 月都会有一群西装革履、满腹经纶的学者到波士顿参加麻省理工斯隆商学院举办的体育分析峰会。对那些想要一窥足球运动精髓和发展趋势的人来说，这些与会者的形象显然不符合一般人心目中的体育界权威人士形象。但正是这些来自全世界著名体育球会的教练、工作人员和管理层，相约前来共同探究并描绘体育界的数字游戏。

长久以来，英式足球的命运被认为掌握在那些不苟言笑的主教练和场上的运动员手中。与此同时，另外一群绅士和淑女，悠闲自得地坐在会议室里，参加着"使用光学追踪数据解析篮板球"或"使用移动设备的下一代体育教练"之类的讲座。他们从不认为竞技场是他们的领地。但这一切即将被改变。分析学——一门探索并交流数据中有意义的规律的学科——正在诸多领域蓬勃兴起，而体育界也正在激发它的潜能。分析学绝不仅仅局限于普通人印象里的一沓图表和统计，它实际上涵盖了各类数据与信息：正式的、非正式的、分类的、分散的、观察到的、记录到的，还有被大脑记下的也在其中。分析学也代表了一种要在数据中找到规律和真相的决心。棒球、篮球和橄榄球早已将这门学科纳入怀中。相比之下，足球在这一迈向未来的进程中已经有些落伍。

2007 年出席该体育峰会的还只有区区 200 名参会代表，如今已近2000 名。其中一部分来自欧洲顶级足球俱乐部，还有很多是数据制作公司，它们致力于满足业内对于数据的求知欲。

上述代表只是会议的一小部分。他们的数量虽在逐年增加，但目前来自美国体育界的人士仍然是峰会的核心圈。就像 2012 年的会议一样，曼联队的首席执行官戴维·吉尔走过长廊时竟无人问津。但棒球界的分析先驱比尔·詹姆斯却因为坐镇主场，像巨星一样被记者们长枪短炮层层围堵。

分析学是整个体育界的尖端课题，在足球圈内也飞速发展。教练、球探、队员，甚至是球队老板都期盼从中获益，而数字背后的知识就是他们发展的源泉。驱动这一切不断突破的，就是那些常被人忽略的绅士和淑女。因为身处后台，所以难以引人注目。每一年，波士顿会展中心都会聚了这些体坛革新的开拓者。

他们坐在那儿讨论的目的，不仅仅是如何获得更多的数据。就像爱因斯坦说过的："并不是所有重要的东西都能计算清楚，也不是所有计算得清楚的东西都重要。"更关键的是，这些拓荒者正在利用手头的数据，帮助球队在这个周末赢得比赛，在整个赛季夺取冠军。这可不是一项简单的工作！因为仍处于学科的蓬勃发展期，目前很多俱乐部都被大量的数据所淹没。切尔西队中具有超前思维的足球运营总监迈克·福德说，他的球队已经收集到了"12000多场比赛中的大约3200万条数据"。

有些数据是俱乐部自己收集的，包括球探和比赛报告，都记录在高科技的录像设备和电脑仪器当中，而这些武器是任何一支球队都不可或缺的。而剩下的一部分数据就由像 Opta、Amisco、Prozone、Match Analysis、StatDNA 这样的数据公司来提供。他们会交给球队更加精准的数据报告，以帮助管理层再一次仔细检查有没有疏漏，或者可以提升的地方。除了比赛数据之外，俱乐部同样会跟踪详尽的医疗和训练记录（伤病的预防和康复，也是目前足球分析学中炙手可热的领域）、球员球衣的销量、每场比赛中球迷座位上饮料食品的摆放和销售情况。**这一切就像军备竞赛，每一家俱乐部和公司都渴望向对手证明：自己的数据更加完善，**

自己考虑的因素更加周全。

而采集数据仅仅是万里长征的第一步，分析学的奥妙就藏在它的字面名称之下：分析。为了超越数字本身的意义，去了解更多信息，这些数字就应该被精密分析。在足球史的这一重要关头，对那些冲在数据"革新"前线的人来说，最关键的任务是要认识到什么样的参数应该被记录，并且探索出这些参数为什么如此重要。

⚽ 足球分析学的今天

在罗伯托·马丁内斯家中，一台 60 英寸的笔触式屏幕摆在角落里。这台屏幕与他的电脑相连接，里面装着 Prozone 最新版的软件。在每场比赛结束回家后，这位埃弗顿队的西班牙籍教练（他即将成为我们这本书中的一位英雄）都会把自己锁起来，花几小时反复观看刚刚结束的比赛录像，而通常他得看上十遍才觉得满足。"当初我在家里安装这台设备的时候，我夫人十分高兴，"马丁内斯告诉《每日邮报》的记者，"因为她心里明白，我需要这样的空间和时间来回归自我。当我找到问题的解决方法之后，我就会豁然开朗！"

马丁内斯绝非行业中的"奇葩"，因为其他很多教练也有这样的生活习惯。如今许多足球工作者依旧沿用这样的老办法。教练们仍然习惯于亲自观看球员的比赛和训练，每天阅读新闻，征求其他管理层和球探的建议，亲力亲为来收集情报和信息。在目前足球发展的新时代，每家顶级联赛的俱乐部为了与主教练互补，基本上都会设立分析部门。它们开始成为主帅的左膀右臂，经常为他们输送肉眼难以察觉的信息，查漏补缺。

在埃弗顿队中，这就是史蒂夫·布朗和保罗·格拉莱的日常职责。作为比赛分析师，他们通常会花很长时间，细致地准备每一场英超联赛。比如考察本方和对方每位球员的进攻、防守情况，为自己的球员准备对位球员的背景资料。比赛之前，他们至少会研究对手的最近五场比赛，结合 Prozone 提供的数据写出报告。利用这些数据和录像，比赛分析师会观察他们对手的打法阵型、强点弱点，甚至是球员的某些个人癖好、特点。所有这些信息都会被过滤总结出来，交给马丁内斯；之后再由他来归纳提炼，把要点灌输给队员们。

布朗和格拉莱同样会一对一地帮助球员。比赛之前，他们会坐下来面对面地帮助球员做足功课，为他们讲解其对位球员的踢球特点。有时候在大战来临之前，他们俩也会为整个球队一起开准备会。特别是当发现对方的首发阵容出现变化时，更得在比赛开始前多叮嘱两句。每当比赛一结束，埃弗顿的工作人员会立刻开始赛后分析。格拉莱此时会和其他教练一起，把比赛录像反复看几遍，回顾总结比赛中的得失，再通过主教练让球员定期了解到自己的进步和不足，为之后的比赛做出调整。

你很可能会认为这样的幕后英雄必定是在球队的中心位置工作，也就是坐在埃弗顿主帅隔壁的办公室。

其实不然。当拜访埃弗顿俱乐部坐落于利物浦城郊的芬奇农场训练基地时，我们惊讶地发现，他们的办公室只夹在通往用餐休息区的一条小走廊里。这只是一个普普通通的功能区域，并没有常人想象的那么神圣。即便是仔细观察，也很难找到足以判断这间办公室重要性的蛛丝马迹。文件夹靠着台式电脑，摆放在平常的书桌上，而史蒂夫和保罗就坐在普通的旋转靠椅上。这样的办公室平淡无奇，可能出现在任何企业的任何地点。

只有房间一角的战术白板和屏幕上的特殊软件，能够让人察觉出端倪，看出这间房子其实来头不小。

和我们看到的很多其他球队里的分析师一样，布朗和格拉莱只是整个俱乐部庞大运转机器的其中一环。相比其他岗位，他们是这个领域里的"新兴生物"。迄今在足球圈里，依旧很少有人知道到底该如何正确对待他们。他们是主帅幕后团队的新鲜血液，比起助教、球探、理疗师甚至是心理医生，他们的资历尚浅。分析师在球队的地位依旧是个谜。

其实，起初在这一群人刚出现的时候，他们是受到很多人关注的。在第一批足球分析师被正式任命后的十几二十年间，很多数据提供商也接踵而至，逐步满足了主教练对优质信息的无限欲望。

其中第一个出现的数据提供商是 Opta 体育。这家公司由几个管理咨询师创立于 20 世纪 90 年代。他们的初期愿景很简单，就是试图创造一种衡量足球运动员表现的指数机制。而当时的另一个目标，正如他们的内容总监罗布·贝特曼向我们谈到的，就是"让这个品牌尽快进入公众视野"。Opta 立刻联系了英超联赛，得到了当时的联赛赞助商卡林啤酒的资金支持。与此同时，前阿森纳和英格兰队的教练唐·豪也加入了这支渐入佳境的团队，负责提供足球专业建议。1996 年，他们在天空体育台和《观察家报》推出了球员表现指数，并且立刻惊喜地发现：公司收集和处理数据的价值，远不止"球员表现指数"带来的影响力。他们可以把数据销售给各类媒体，之后他们又意识到俱乐部同样对这些信息极其感兴趣。

在 Opta 成立初期，工作人员一般需要依靠纸和笔，加上反复点击录像机上的暂停和播放按钮，花四小时把每场比赛的分解事件编入程序。而他们当初所关注的比赛分解事件还非常基础：传球、射门、扑救。相比之下，今天的数据复杂度已不可同日而语。就拿 2010 年拜仁和国际米兰的欧冠决赛来说吧：在那个夜晚，由三位分析师组成的 Opta 团队，一共记录了 2842 个事件，平均每两秒钟就有一个被记录。三位团队成员中，一位负责跟踪国米，一位负责跟踪拜仁，而他们早已对这两支球队的情况了如指掌。在刚刚结束的整个赛季，这两位分析师一直跟随着球队，熟悉两家俱乐部比赛里的每一个动作和细节。除了他们两人之外，这个精英团队里还有一位比赛监督，随时指出可能出现的错误或疏忽。

尽管已经成立了十多年，但 Opta 目前只是这个领域众多开拓者中的一员。比如，被邀请进入史蒂夫·布朗的工作"圣地"时，我们就发现埃弗顿队使用的是 Prozone 提供的系统。Prozone 的基地设立在英国利兹，而公司的发展方向聚焦在帮助检测和训练球员。2011 年的夏天，它和法国的一家竞争对手 Amisco 合并。如今这两个品牌已经稳步发展，成了行业的领头羊。

很久以前，俱乐部依赖于和直接竞争对手建立良好的关系，因为这几乎是唯一获得对手最新比赛录像的方式。但这种竞争对手之间的"相互信任"显得不太可靠。合作的时候，有的俱乐部经常声称自己的比赛录像被莫名其妙地弄丢了。现在 Amisco 和 Prozone 这样的公司技术不断突破，不仅早已解决了快速完成比赛分析的问题，还能收集到更多其他数据。

他们把摄像机架在球场上空跟踪每一位球员，从而为教练员和研究员提供他们梦寐以求的信息：一位球员以什么样的速度跑了多远，进程的流畅度如何影响了比赛，等等。在这之后，数据公司将比赛录像和电脑软件结合起来，可以将每位球员和他们做出的技术动作标识出来。同时，现在也很容易把同一位球员的所有动作，或是对手的所有失球单独编辑出来。现在，马丁内斯就可以舒舒服服地躺在家中的座椅上，用手点击着鼠标，一遍遍观看自己球队的所有角球录像，或是中场球员不到位传球的视频剪辑。

对于上述技术的开发，也绝不限于 Prozone 和 Opta。放眼全球，这样的公司已数不胜数：德国的 Impire，荷兰的 Infostrada，美国的 Match Analysis 和 StatDNA，等等。

这一切都得益于足球市场的空前发达。不管是教练、球员、管理层、记者、球迷，还是学者，对于这些足球界的数字的需求都越来越大，要求也不断提高。当然不能忽略的，还有依靠这些数据谋求利益的电子游戏制造商，"梦幻足球经理"这样的网页游戏，还有赌场的老板们。

不论是在资本市场或是体育博彩领域，那些习惯于评估、管理和利用风险的从业者，都需要建立极其复杂的预测模型，因此他们需要庞大的数据库。庄家所开出的赔率绝不是一时兴起定下的。他们能够拿到的所有数据都被输送到了计算引擎中，从而计算出应该看好的一方和投注风险较大的一方。这些计算引擎的算法，在资本市场估值时同等重要，而足球正是在这两个领域的交汇点。

就像依靠精准的赔率计算，牟取巨大收益的博彩公司一样（他们还利用这些丰厚收益赞助世界上最赚钱的俱乐部，比如 Bwin 和皇马的联姻），那些在资本市场风生水起的大鳄也悄然迈入了足球圈。桑德兰、布伦特福德、布莱顿、斯托克城、利物浦和米尔沃尔这些俱乐部都有一个共同点，它们的所有者都无一例外地迷恋数据。如果没有事先研究数据，这些人永远不会花一分钱。

这就是数据的真正力量：它能够改变我们和游戏的关系。老板们不再需要靠主观臆断去辨识自己球队的优劣，去了解他们投的每一分钱是否都有回报。一大堆数据报告在每周一早上都会放在他们案头，或者周日清晨直接发送到手机或是 iPad 上。主教练也能在每天的训练之后，立刻在更衣室的门上贴出每位球员刚刚完成的跑动距离。

当然还有一些数据可为球迷所用。这些报告经常被发表在报纸上，闪耀于大屏幕前，永久记录在各种网页上，球迷们现在只需要动动手指，按下手机的按键便可获取。所以现在的足球比赛里，任何细节都无所遁形，有一双"天眼"将场上的一举一动尽收眼底。也难怪前热刺队总监、现任布莱顿队首席执行官保罗·巴伯做过一个比喻：现在的录像分析就好像一次 X 光手术。现在已经步入了一个可以看透足球队员的年代，而像史蒂夫·布朗和保罗·格拉莱这样的"X 光医师"，也逐渐被大众接受并欢迎。

之前完全靠直觉和推测去判定好坏的足球时代已经落下大幕，取而代之的是各类客观的证据。这种变化的意义极其深远，因为对于客观数据的依赖渐渐打破了足球圈的权力均衡。相对于由传统老教练的经验主义统治，足球已经进入了一个全新的精英管理的阶段。

这样的转变，正在威胁传统势力的地位。因为数据时代的兴起，正在告诉这些人，他们过去一直忽略了很多肉眼看不到的东西。从这种角度来说，足球其实和宗教有些类似：长期以来一直有一种认知，那就是如果想要成为一个真正出人头地的人，你必须出身于贵族家庭，并从小开始接受洗礼。而各种各样的教条和规矩，会一直萦绕在你的整个人生里。

但假如能够学好数学和统计，就能让每个人出人头地，那么旧时代的人们就会变得越来越没有地位，甚至开始受到各种质疑。如果现实生活中有神父和教徒，那作为《数字游戏》的作者，我们扮演的角色就是帮助你成为打破旧习的人，成为足球圈"反经验运动"的一员。

这也可能从另一个侧面反映出了分析学在进入足球这个新领域时遇到的阻力。

在最近一个转会窗口开始之前，我们收到了一个俱乐部的委托：帮助球队在某些"特定方面"补充实力。在完成这个项目之后，我们很高兴地看到董事会十分认可我们的成绩。但球队的主教练对我们的工作却不太买账："数据不能告诉我应该买谁，因为这些数字不能测量出球员的心脏有多大。"

在运用数据解析一些比赛的时候，我们也碰到了同样的问题。"有些教练只相信眼见为实，"一位英超的比赛分析师告诉我们，"他们喜欢自己看录像，并且亲自跑到球场看尽可能多的比赛。"

这种不愿意接受新兴科技的现象，不仅发生在英国。

科隆体育实验室的主管鲍里斯·诺特森向我们展示了目前职业足球最先进的一个分析项目。科隆俱乐部从 15 个国家雇用了 3 位全职分析师，30 位兼职分析师。他们分别在青年队、预备队和一线队收集并研究各类数据，如对手球探报告和球员身体素质等。参观完这个让他引以为傲的大型项目后，他又谈起另一个工程。作为一个联合项目的主体，德甲一、二线联赛的俱乐部都能够拿到由 Impire 提供的比赛数据，而这家公司和 Opta 及 Prozone/Amisco 使用的是近似的技术手段。尽管数据库每周更新，不过很少有球队真正信任并使用它。他们不希望足球简简单单呈现在一沓图表之上，更情愿用自己的眼睛去真实感受。

"用传统医学来打个比方，当前足球分析的发展程度，就好像还停留在用水蛭放血的阶段，"Match Analysis 的创始人马克·布伦克哈特先生说，"这并不意味着我们要停止工作和进步，而是要意识到我们现在知之甚少。"

⚽ 铁翼司令：足球分析学第一人

近些年来，足球分析师逐渐成为俱乐部更衣室里必不可少的一类人群，他们使用的技术也在不断蓬勃发展，但这并不代表足球分析是一门新兴的学科。事实上，它在几十年前就已经出现了。

把分析学在足球中的应用称为一种"革命"是不恰当的，而能够最好概括的词应该是"革新"——比赛的本质并没有改变，只是进行的方式发生了变化。而我们正处于这场运动中最激动人心的阶段。因为每一天、每一周和每一年都会有新进展。每一点进步都会使这个学科在第一位足球分析师的最初成果上更进一步。而我们所说的足球分析学科的第一人，就是"铁翼司令"查尔斯·里普。

这位英国人是足球分析学历史上一位至关重要的人物——一个纯粹又略显悲情的英雄。他的理论被误解过，他的信仰在很多人看来一文不值，但并不影响他成为这个学科的奠基人。

里普起初并不算足球圈里的人。他1904年出生于康沃尔郡，最早的职业是一名会计，在英国皇家空军新会计部门的一次选拔比赛中获得了一等奖，从而加入了这个团体。1933年的一个晚上，里普有幸遇见了当时所向披靡的阿森纳队的队长查尔斯·琼斯。

琼斯来到他们营中为大家介绍俱乐部的战术系统，着重分析了当时查普曼战舰广为人知的边路体系。这一切让里普热血沸腾，他灵光一闪：何不将他的会计学知识和足球上的兴趣相结合，开创一番事业？之后他开始建立一种注解比赛动作的系统，足球分析师的前身"足球会计师（Soccer Accountant）"就这样诞生了。

照里普的话说，他的目的是"摆脱依靠记忆和个人印象的传统方式来发展足球"。他需要的是事实。里普希望帮助大家看到平常肉眼难以察觉、大脑也不容易记住的东西。

但不幸的是，由于军旅生涯和战争的种种干扰，他在1950年3月18日才第一次真正使用自己开发的系统去分析比赛。这距离琼斯到访他们军营已过去了整整 17 年！那天他观看了斯文登对阵布里斯托尔流浪者的比赛。里普从口袋里拿出一支铅笔和一个笔记本，从此一门新的科学诞生了。"一场连续的比赛，被分解成一系列有球的分离事件，比如一次传球或射门，"里普介绍他的系统，"每一类事件都用一些速记代码进行分类。比如，每一次传球都根据不同的长度、方向、高度、结果和在球场的位置（传球的起终点）而区分开来。"

在之后的日子里，里普无比执着地继续自己的足球分析生涯。直到 90 岁他还依旧亲自去现场看比赛，老先生对于体育和数字的热情丝毫没有减退。里普一生中分析了超过 2200 场比赛，在每场比赛上平均要花费 80 小时。如果算上睡觉时间的话，他用在比赛分析上的时间有整整 30 年。为了观看夜场比赛，他经常佩戴矿工专用的头盔和照明灯，坐在场边完成工作。而谈到里普最伟大的作品，当属 1958 年世界杯时他完成的系列注解：一卷壁纸上包含了 50 页的笔记图形，涵盖了比赛中所有的皮球运行路线。

他收集的数据最终成了一篇学术论文的基础——《英式足球的实力与运气》——由英国国家注册总局的首席数据师伯纳德·本杰明主笔，于 1968 年发表在英国《皇家统计学会期刊》（*Journal of the Royal Statistical Society*）上。而其主要目的是检验里普从 1953 年到 1967 年这 15 年间呕心沥血所收集的数据是否能够揭开一些足球场上的规律[1]。

这篇学术论文篇幅不长，影响却十分深远。它证明了里普的代码系统可以用于科学分析。同时该文章第一次指出：比赛中存在强劲稳定的数字规律。例如，里普和本杰明发现，一支球队平均在每九次射门中，就会有一粒进球。他们同时也发现，一个球队完成传球的成功率和抛硬币一样——差不多是50%——但是每多一脚传球完成时，这个概率就减小一点。他们认为足球是一个随机过程：九脚射门完成一个进球没错，但究竟哪一脚会攻破球门却很难说。

他们还发现，这是一项球权不停转换的运动：大部分控球在一脚传球后就终结了，而且91.5%的传递达不到第四脚。这样的传球规律，在里普观看的大部分比赛中都是存在的，而直到今天，各种比赛中仍然充斥着球权的转换。"在一场普通比赛中，球权通常易手400次。"切尔西的总监迈克·福德曾经谈道。

里普还发现了一项现代足球理论的基石：在对方禁区内夺回的球权中，有30%创造出了打中门框范围内的射门；而近乎一半的进球，都来自于这样夺回的控球。

在里普第一次尝试他注解体系的60年后，2011年的夏天，利物浦重金引进斯图尔特·唐宁和乔丹·亨德森两名球员，他俩之所以被看重是因为他们在进攻最后30米重新拿到球权的能力；与此同时，巴萨和西班牙国家队近年来的成就很大程度上得益于其前场压迫式打法。

里普并不是压迫式打法的发明者，但他却是第一个命名这种打法的人。他的研究帮助人们明白了很多在此之前的所谓"谬论"和各种各样关于足球的思考与谈论[2]。尽管里普在现实中被无数圈内人贬低，他依旧应该被体育人视为一位先锋。其原因并不在于他通过数字的镜子来观察"美丽足球"，而是因为人们无法理解他从数字中得来的真理。

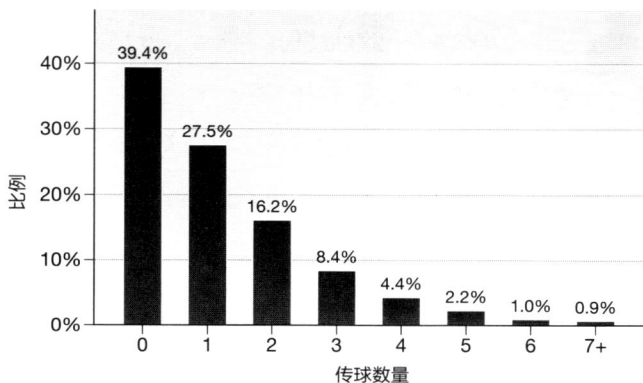

图1 连续传球成功的比例（1953—1967）

来源：里普和本杰明（1968）

注解：横轴代表传球成功的数量，其中 0 代表还没有完成一次传球就被对手拦截；1 代表失去控球权前完成一次成功传球。而图中柱形上的数字表示一场比赛中这一类情况的百分比。本杰明和里普发现，一支球队能够完成超过三脚传球的情况仅占 8.5%。

⚽ 用数据证明观点

里普是时代的产物。这位足球会计师收集数据并非纯粹出于兴趣，而是另有他用。自阿森纳队队长查尔斯·琼斯造访他所在的英国皇家空军基地以来，里普一直专注于用他的发现来帮助球队赢得比赛。为了取得胜利，他认为一支球队需要将破门的机会最大化。而为了达到这样的期望，球员需要尽可能地在场上体现出效率。里普将个人生涯的巅峰之作命名为"实力与运气"并不是巧合，他发掘了"传球成功率不超过50%"的理论，并且他坚信比赛中依靠运气的成分丝毫不亚于技术。里普一直希望能够打破这种格局，让实力征服运气。

他的解决方法就是效率，以最小投入换取最大回报。这种思想在里普巅峰时期极其盛行。在 20 世纪四五十年代的英国，得益于凯恩斯经济学（仅仅调整政府的支出就能控制国家的投资和消费），民众对数据的认可度不断提升。这也是帮助国家度过经济大萧条和第二次世界大战的关键之举：用更少的投入换取更高的回报。

为了成功实践这样的理论，政府所需的就是数据——优质的数据。因此财政部会汇总各项经济活动的数据，通过累计数字来增加效率。对里普来说，这就是他做足球分析的初衷：为了摆脱运气的左右，一支球队需要最大限度地提升效率。具体来说，就是球队能够在更少控球、传球、射门和接球的情况下进更多的球。

里普坚信他拥有相应的数据来支撑他的理论。他之前已经证明：只有差不多 20% 的进球前，进攻队员完成了三脚以上的传递；他也知道，一大部分的破门都源于对手禁区附近重新获得的控球权。以上事实让他确信：从数学角度来看，一支球队将受益于减少无谓传球，加快传递速度。所以长传战术——最少的投入和最大的回报——开始被推崇。

然而现实和理论相去甚远。诚然，里普是一位优秀的会计师，但他并不是一位分析师，因为他一直没有提出一个对分析师来说最重要的问题：我和我的数字在什么情况下会出错？他是我们之后俗称的"线路一足球（route one）"的忠实拥趸，同时他也找到了证据去支撑他的理论。然而只有找到违背理论的证据，才能得出真正有价值的见解——为什么长传球可能是一种错误的战术？里普过于简单地将足球视为一种机械生产，将足球场当作依赖最小投入和最大产出的工厂。此后他又继续与志同道合的主教练展开合作。

这就是里普和棒球数据师比尔·詹姆斯的不同之处。詹姆斯也是一位研究体育的业外人士，他的故事被改编为著名电影《点球成金》（Moneyball），同时也影响了奥克兰运动家队的总经理比利·比恩、波士顿红袜队和整个棒球界。对詹姆斯而言，他所推崇的是发现数字里蕴藏的真理和出现的规律，提炼出可能改变我们对比赛的思考的信息。

里普运用数字来创造战术的尝试之所以失败，是因为他是一个绝对主义者，仅用数据去证明他的想法。事实证明，里普需要改变他渴望找到一个赢球公式的想法，而应该去发现数字中许许多多不同的真相与谎言。

⚽ 用数据分析改变传统观念

我们同样也是时代的产物。我们生活在大数据的时代，我们几十年来所有的病史现在都可以存入一根记忆棒里，我们喜欢的音乐和相册都能被储存在云端，营销人员可以通过社交媒体了解我们的兴趣和喜好，超市的工作人员同样也能熟知我们的购物习惯。在目前数不胜数的领域里，比如医药业、制造业和零售业，分析学都是必不可少的组成部分。在 21 世纪，足球的数据化也悄然兴起。

如今我们能够探索和实践的东西远胜当年的里普和本杰明。**数字游戏，不仅要求我们精练地量化场上发生的事件，还需要从千万个信息样本中找到规律。我们要接受足球的某些元素是有偶然性的。因此必要的时候，我们需要借助强大的计算机和先进的软件来构建复杂的数据模型。**

然而与几十年前相比，现在分析学的目的逐渐改变了。如果说当年里普是希望通过他的理论帮助球队克服原有的无效率问题，那么现在他的后辈想做的则是通过分析信息——纯粹、冰冷的事实——告诉人们他们所知道的关于足球的一切是否正确。分析学的真谛并不在于使用数字去证明理论，而在于弄明白数字真正告诉了我们什么，从而探索我们长久以来的观点是否准确。如果存在偏差，那正确的理解应该是什么？但无论是什么样的探索，挑战传统观念都极其不易。

我们就以一个"真理"为例：一般来说，球队刚刚进球后的防守最脆弱。这种想法普遍存在，而人们也不断说服自己这是有道理的。

其实人类的大脑，就如同赌博公司开发的运算机器一般，因为我们天生就在双耳之间的硬盘里建立了数据库，之后我们基于一些证据来分析、得出结论。但作为一个预测机器和规范制定者，我们内在的电脑并非天衣无缝。人类的大脑，生来就愿意记录和高估那些光鲜亮丽的事情，所以，相比理论上应该发生的事情，实际发生的事情更容易被记起。因此，我们个人的理论和观点，也自然而然地一遍遍被验证：我们只看得见自己所相信的东西。

这正是数字应该发挥作用的时候！

想想你看过的足球比赛吧，在绝大多数情况下，当一支球队领先时，它不会立刻被对手扳平。当然有一些极端情况，比如2004年4月勒沃库森队和沙尔克04队的比赛。当时勒沃库森的门将布特（球队的一号点球手）帮助本队将比分扩大到3∶1，然后慢慢跑回本方的球门，一路还和每个队友击掌庆祝，享受着球迷们的欢呼喝彩。但是对方的前锋迈克·汉克却并未受此影响。他冷静地等待着裁判再次吹响哨声，而当布特还在悠闲地奔向球门时，汉克直接从中圈一脚将皮球吊入门内。比分立刻变为了3∶2。球队的确在刚进球后最不堪一击，看到了吗？

但两位来自伦敦城市大学的学者彼得·艾顿和安娜·布莱恩伯格并不这么认为。他们分析了127场最终比分为1∶1的英超联赛，而且记录下了第一个进球的时间和进球被扳平的时间。之后，他们将第一个进球后所剩的时间四等分：如果僵局在第10分钟被打破，那么剩余的80分

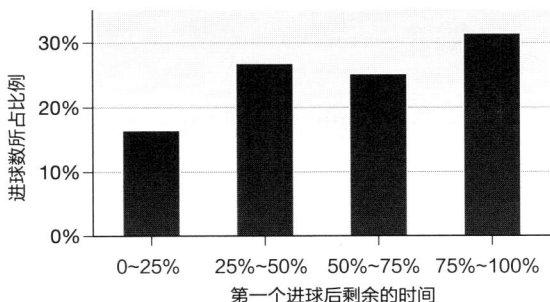

图2　领先球队会立刻丢球吗？

进球数所占比例

第一个进球后剩余的时间

钟比赛就会被划分为 4 个 20 分钟的区间[3]。传统观念认为，对手扳平的进球一般会在第一个区间里发生。但研究得出的结果却大相径庭：球队在刚刚取得领先后是最不可能丢球的。

如同"球队在取得领先后最脆弱"这样的观念，足球圈还充斥着大量类似的观点，被很多人毫不怀疑地接受。特立独行的穆里尼奥就曾挑战传统观念，他指出角球远没有想象中那么有价值。虽然在普通球迷看来，穆帅的球队在比赛中比较依赖定位球（为了抢点，他在每次定位球前都不惜打乱球队阵型的三条线）。实际上，他很藐视英国球迷对角球莫名其妙的热情。"请你掰着手指头数数，全世界有几个国家的球迷给予角球和进球几乎相同的掌声？"穆里尼奥有一次向公众发问，"在我看来只有一个。这样的情况只会出现在英格兰。"

他的说法确实挺有道理：不管是在英超联赛还是英冠联赛，角球都被视为仅次于进球的事。现场的球迷给予每一个角球潮水般的掌声与呐喊，在他们看来，破门似乎已经近在咫尺。这又有什么不对呢？毕竟我们在看《英超精华》节目的时候，经常发现定位球的确是进球效率极高的一种方式。

如果这样想你就错了。数据真真切切地证明了角球数和打中门框范围的射门数是息息相关的：如果一支球队射门越多，它就能拿到更多的角球。反之亦然，正像英超十个赛季的比赛价值图表所呈现的。

然而，射门和角球次数更多的球队并不一定就能进更多球。一个球队攻破对手城池的次数，并不随角球次数的增加而递增，这样的相关性几乎为零。一场比赛里，无论你获得一次角球机会，或是赢得 17 次角球，

图3 角球和射门的关系（2001/02—2010/11 赛季英超联赛）

图4 角球和进球的关系（2001/02—2010/11 赛季英超联赛）

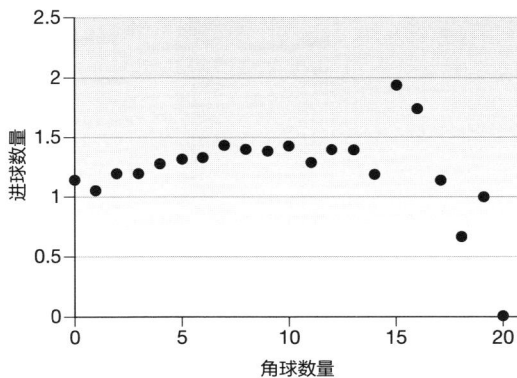

这对于你进多少球毫无影响。

当然，你也许会质疑：角球不至于如此无用吧？虽然足球常识和自身经验总是在说服我们，角球确实至关重要，答案却是否定的。在 Stat-DNA 数据的帮助下，我们逐一检验了 2010/11 赛季（指 2010—2011 赛季，后同）134 场英超联赛中，1434 个角球发出后的情况[4]。我们预想的结果是：角球会带来更多射门，射门又会转化为更多进球，因而角球就会提升进球数。

可是实际情况却并非如此。数据表明，因为对手的防守球员会覆盖整个禁区干扰进攻，所以并非每一次角球都会带来射门。换言之，角球转化为射门的成功率应该不会是 100%。计算告诉我们这个转化率只有 20.5%。也就是每完成五次角球才能形成一次射门。反过来理解的话，五次角球里有四次都徒劳无功[5]。

当继续计算到由角球产生的射门和进球的转化率时，我们又大吃一惊。摆在我们面前的结果显示，每完成九次角球创造的射门才能进一个球。换句话说：由角球形成的射门 89% 都被进攻方挥霍了。

那么这些数字在现实中有什么含义呢？当我们将角球形成射门的转换率和其中射门转化为进球的成功率相乘时，我们的数据表明，平均一个角球的破门数是 0.022 个。简而言之，一支英超球队平均每十场比赛才能通过角球有所建树。

所以每当穆里尼奥看到英国球迷获得角球后欣喜若狂，他都有些摸不着头脑。这也难怪穆帅一直以来的死敌巴萨，作为几十年来全世界技术最精湛球队的代表，更倾向于开出短角球以保留控球权，而不是将角球直接开入禁区。因此很多情况下角球的价值微乎其微，加上因为还要将几个高个子中后卫派到对方禁区抢点，所以自身的后防极其空虚，可能被对手打出快速反击，从净胜球的角度来看，角球几乎一文不值。

因此，如果你们球队下一次获得了角球机会，请再三考虑是不是真的要不顾一切让全员冲入对方禁区。开短角球把球权控制在自己脚下可能是一个更聪明的选择。

数字能够帮助我们从另外一个维度观察绿茵场。很多情况下，我们的经验之举也许并非是最好选择。

⚽ 未来之旅

上述案例仅仅是目前足球分析师工作的一个侧面写照，还有更多深层次的东西正在或等待被发掘。

足球科学开始于几十年前，从那时候开始，几代人一直在不断探索，不断发展。最初，"铁翼司令"里普尝试用他的方法解出一套赢球方程，将球场上的混沌合理化。而他现今的继承者（那些每年在波士顿集会，并研究由 Prozone 和 Opta 提供的无穷无尽的数据的从业人员）坚信他们将会利用目前的信息和知识为球迷带来更精彩的足球比赛，并帮助他们拆穿圈内诸多荒谬的谎言。

从前人们都认为足球比赛太过于复杂和流畅，用数字解析比赛根本无从下手,然而现在的足球不论在场上和场下都早已习惯被拿着"手术刀"

的分析师剖析研究。很多俱乐部明白该怎么做，像 Opta 和 Prozone 一样的公司也十分清楚。越来越多的资金被投入这个领域里，而每天收获的成千上万的数据正是对于投资者的回馈。

有一股风暴正在足球圈蓄势勃发。它将涤除很多旧时代的观念，逐渐转变这项我们熟悉并深爱的运动。我们将在未来学会更加科学和辩证地看待足球，持续地提出更多引人深思的问题。

职业体育联赛在接轨大数据的时代已经有些落后，而在这个体系内部，相较其他运动比如棒球而言，足球的脚步显得比较缓慢。今天很多俱乐部置身于数据迸发的中心地带，却不明白该怎么利用这些新资源，如何了解其中的深意。

数字符号中并没有暗藏成功的法则。现实足球中也不存在所谓的取胜方程和正确答案。不过有一种方法，能够确保我们思考正确的问题，走在正确的轨道上。

请把这本书当作足球未来的宣言和发展蓝图，一本教会你怎样读懂数字的指南。大量的资金已经被投入，用于搜集汇总信息，而现在亟须对数据进行整理、评估和分析了，解读数字想告诉我们的东西。

而这些符号想传递给我们的信息举不胜举。

比如，数据可以指导场上的球员应该多射门还是少射门，俱乐部是否应该坚定地炒掉现任的主帅，向球队老板们反馈花费千万美元的射手是否物有所值。这些都是在过去历史的长河里被反复提出的问题，但一直都以个人经验的方式来做出解答。而现在，我们不仅有数字，还有各种技术能够让我们找到真正的答案。

这本指南是从本次足球革新前线发回的最新报道。

本书将展示未来足球世界的容貌，详细解读著名学者的作品，并呈现开创性的研究成果。书中内容可能会挑战你关于足球的一些认知，也会印证那些正确的猜想。在解答长期存留问题的同时，留给读者思辨的空间。

我们已经在查尔斯·里普的成就上跨出了一大步。足球一直以来都是一场数字游戏，在这一点上，"铁翼司令"完全正确。世间万物皆可量化，而大部分可量化之物都可以提供有用的信息，现今的任务就是去挖掘这些价值连城的宝藏。

欢迎登上这场革新运动的列车，我们将与你同行。

开球之前

足球数字的逻辑

搭上幸运列车

进球:足球里的麟凤之物

他们错失达伦·本特

第 1 章

搭上幸运列车

偶然是符合逻辑的。

——约翰·克鲁伊夫，世界足球史名将、著名足球教练

在意大利第七级足球联赛一场鲜为人知的比赛里，德罗队（US Dro）的门将洛里斯·安杰利正屏息凝神，准备应战对手的第四粒点球。对面走来的是迈克尔·帕尔马，他肩负着特尔梅诺队（Termeno）所有队友的希望走向罚球点。如果他罚失这粒点球，那他的对手德罗队就会晋级第六级联赛。

帕尔马当仁不让地主罚了这粒决定命运的点球，而安杰利奋力扑向了自己的右路。但球打得有些高，飞向了球门中路。安杰利无能为力地凝视着。可是帕尔马又显得有些发力过猛，球重重地击在了横梁上沿，弹向了空中。如同痛失怙恃一般，帕尔马跪在点球点前，倒在了地上。

足球弹起飞到了抛物线顶点，接着开始下坠。与此同时，安杰利已经奔出禁区握紧双拳跪地祈祷，感谢幸运女神的眷顾，接着冲向看台庆祝这伟大的时刻。

而禁区内，足球在小禁区线附近应声落地，另一端帕尔马绝望地捂着自己的头。

足球落地慢慢弹起，以极快的速度向球门方向旋转，然而此时镇守球门的安杰利对于这里发生的一切毫不知情，继续得意忘形地对着看台上的球迷挥拳庆祝。

一下又一下，足球竟然鬼使神差地弹着滚过了球门线。帕尔马眯着眼睛目睹了整个奇迹的发生，并马上起身和裁判确认这粒不可思议的进球的有效性。比赛继续进行。结果德罗队罚丢了下一轮的点球，所以特尔梅诺队幸运晋级。

足球比赛的的确确是一场充满偶然的游戏。接下来这本书将会让你看到进球在这场游戏里是如何的稀有珍贵，以至于各球队每年为此花费上千万。但这些进球不可预知，有时不合常理，难以解释。

这样的情况并不仅仅是在意大利低级别联赛才会发生，在任何时间、任何地点它都有可能发生。一位名不见经传的波兰前锋亚当·切尔斯卡曾经被对手的解围击中背部，却因此得以在禁区外直接破门得分。加里·内维尔和保罗·罗宾逊却遭遇过匪夷所思的厄运。在萨格勒布的一座体育场中，曼联后卫回传给门将罗宾逊。看似毫无威胁的一脚传球却不幸弹在一块翘起的草皮上，使得守门员大脚踢空。这个诡异的失球导致英格兰队最终遗憾地输给了克罗地亚队，无缘 2008 年欧洲杯正赛。

可能很多球员和球迷都见过这样的侥幸或不幸。相比而言，有一个俱乐部更加习惯于接受上天安排的命运，它就是利物浦。两个近年来发生在他们身上的案例，绝佳地诠释了运气的威力。2009 年 10 月 17 日，贝尼特斯所执掌的"红军"做客挑战桑德兰。比赛一开局,对方前锋达伦·本特在禁区角上迎球一脚怒射，利物浦队的右后卫格伦·约翰逊准备上前封堵射门，但球擦身而过，阴差阳错地弹在了一个巨大的红色沙滩球上，发生了折射进入了门将佩佩·雷纳把守的小禁区。面对这样突然的变向，门将措手不及，只能瞠目结舌地看着足球入网，使利物浦开场便 0∶1 落后。在那天的比赛里，利物浦队完成了 15 脚射门，而主队只有 13 次。角球数方面"红军"更是以 7∶1 占压倒性优势。但因为一个沙滩球，贝尼特斯的球队最终还是输了。

可是利物浦队也有被上天垂怜的时候。他们在四年前遇到了千载难逢的奇迹，那也许是俱乐部历史上最辉煌的时刻。2005 年的欧冠决赛中，贝帅的球队在落后三球的不利局势下，在下半场的六分钟内连进三球，创造了一个伟大的时刻：伊斯坦布尔奇迹之夜。

甚至连一位埃弗顿球迷（利物浦的同城死敌），都对当晚"红军"的逆袭深为叹服。但回过头想想，这样的奇迹到底是上天的眷顾，还是"红军"将士自己拼搏出来的壮举呢？这两者是截然不同的。

在解释那次逆转奇迹时，很多人归功于贝尼特斯中场休息时让迪特马尔·哈曼出场，也有人会说源于主帅有效的战术改变，或是更衣室里振奋人心的演讲。还有人认为是"红军"队魂史蒂夫·杰拉德鼓舞了球队——他有永不言败的超人意志。

虽然这些理论都看似合理，但我们没有办法逐一验证。因为我们无法科学地检验如果哈曼没有替补登场，假如贝尼特斯中场休息时在更衣室里说了些别的内容，或是杰拉德早已放弃比赛，那么结果会是怎样？

倘若这般做，就失去了足球原本的意义。虽然利物浦在2005年的比赛中无比幸运地实现了永生难忘的大逆转，但是他们同样因为光明球场的一个沙滩球葬送了三分，所以红军并非总是被赢球光环或霉运缠身。没有什么独门秘籍能够解释这一切。塑料充气球和伊斯坦布尔之夜已经超出了足球数据所覆盖的范畴。如果你是一个年龄够大的运动员或者球迷，你一定知道这些小概率事件迟早有一天会降临在你或你支持的球队身上。

没错，像桑德兰利用沙滩球完成进球，AC米兰在六分钟内痛失好局，罗宾逊被一块草皮“坑”倒在球门前，切尔斯卡用自己的后背远射破门，还有帕尔马的神奇点球，这些事情的发生概率都是微乎其微的。但是，在克鲁伊夫的足球血液里，他坚信：体育竞技是由一直以来的偶然性所诠释的。在足球里，奇迹是必然。

为何爱因斯坦也有错的时候

科学家看上去不像是一个会对足球产生兴趣的群体，可是他们中有一些异类对这项运动一直抱有执拗死磕的好奇心。无论是经济、物理、运筹学、心理学还是统计学，很多领域的期刊上都发表过关于足球的学术研究文章，并且这样的学术报告在未来还会更频繁地出现。

由于学术背景和研究方法的不同，科学家对于足球场上预知性和随机性作用的理解大相径庭，然而他们中大部分人讨论的焦点却出奇一致。这个焦点与几十年前查尔斯·里普（那个最初的足球分析师）尝试解决的问题一样：足球比赛的胜利是取决于实力还是运气？

这个问题即使不算足球中最重要的课题，至少也是课题之一。假设比赛的胜负更多地取决于实力，那么足球的基本逻辑是：强队最终会赢得胜利。如果结局都是这样的话，那么俱乐部老板又何苦每年大费周折购买球员，教练员又何苦劳神费力训练球员，球迷们又何苦为心爱的球队喊破嗓子呢？

所以不管是煞费苦心、彰显高超战术素养的教练们，还是致力于脱颖而出、青史留名的球员们，大多数都倾向于相信前者。尽管有时候球迷们会收获意外的惊喜（如2004年希腊队获得欧洲冠军，朝鲜在1966年世界杯战胜意大利），但他们坚信，只要自己的球队能够签下最优秀的球员和教练，胜利就是水到渠成的。

但是在探索运气到底在足球中扮演何种角色时，我们的结果却出人意料。我们去了各式博彩销售店和实验室，拜访了许多痴迷于足球的科学家，研究了近百年来成千上万场欧洲联赛和欧洲杯赛以及从1938年以来的世界杯。最终我们得出结论：足球基本上是一项50∶50的运动。一半靠运气，一半靠实力。

不仅仅是对足球迷，可能对所有人来说，这样的结论都有些难以接受。连阿尔伯特·爱因斯坦也不相信。起初他在遇到量子力学的随机性时也不愿接受："我，无论如何，深信上帝不掷骰子！"

连爱因斯坦对不确定性都有些抓狂，就更别说球迷们了。我们还不如多花些时间去关注那些舒心简单的问题，比如足球里的美感。

足球是一项追求美感但又游离于美感之外的运动。绝大部分球迷宁可自己的球队输得体面，也不要赢得窝囊（至少他们会这样说）。著名的美国体育记者格兰特兰德·赖斯深有同感，他曾经说："当一个伟大的记分员在你的名字旁做标记时，他写下的不会是你的比分输赢，而是你比赛时的表现。"

那些竭尽全力诠释"美丽足球"的球队一直受人尊敬：1954 年的魔幻匈牙利队，20 世纪 70 年代令人眼前一亮、全攻全守的荷兰队，1970 年和 1982 年不可阻挡的桑巴军团，还有当下以技术扬名的巴萨。相反，2004 年的德国战车、20 世纪 90 年代的意大利队和联邦德国队，包括如今的斯托克城等队，都经常因为它们平实乏味的球风而被球迷痛斥。

但其实"美丽足球"是在转移我们的注意力，甚至经常会混淆事实。就拿 2010 年的世界杯决赛为例，在那场比赛里，荷兰队展现了有些野蛮粗暴的战术风格。就连相信偶然的逻辑学家克鲁伊夫，也不禁讥笑起自己祖国的球队。他评论道："丑陋、粗野、强悍、自私、几乎不忍直视……的反足球运动。"如果全攻全守足球的领导者看到尼格尔·德容和约翰·海廷加的表现，绝对会把他们赶出这个圈子。

然而克鲁伊夫却没有抓住重点：要不是罗本错失了一个绝佳的破门良机，他早就可以帮助范马尔维克的球队取得领先，那么橙衣军团在约翰内斯堡的踢法就能得到回报。"野兽"往往能够完成"美女"做不到的事，而荷兰队本可以抱着"大力神杯"回到家乡。这样看似肮脏的足球风格也许并不适合观赏，但无碍取胜。用前勒沃库森体育总监，那个喜欢夸夸其谈的赖纳·卡尔蒙德的话来说："足球并不是花样滑冰，风格与结果无关。"

美感可以为球队带来附加值，但却不足以帮助球队取胜，更不是赢得比赛的必要条件。

我们没法研究美感（因为这个概念太过主观），然而我们可以分析如何有效率地赢得比赛（如果说"有效率"指的是获得球权、赢得定位球、射门和进球）。即使逐一完成了这些正确的事情，我们发现一支球队也不一定能够战胜对手。

在绿茵场上得势不得分而最终输掉比赛的事例比比皆是。2010 年的一场英超比赛，切尔西打中门框的次数是伯明翰城的 25 倍，但在终场哨声吹响时却不敌对手。伯明翰城队那唯一一脚在门框范围内的射门就攻破了"蓝军"城池。在前一年的一场比赛中，柏林赫塔完成了 17 次射门，而对面的科隆队只有可怜的两次，但柏林赫塔队却和切尔西队同病相怜。在 2006 年的愚人节那一天，萨拉戈萨队全面压倒比利亚雷亚尔队，尝试了令人瞠目结舌的 29 次射门，却依旧 0∶1 惜败。这样"错误的"球队取得胜利的故事数不胜数。可以马上想起的还有 1950 年世界杯美国击败英格兰，1990 年喀麦隆爆冷力克阿根廷，1988 年足总杯决赛温布尔登撼动"红军"利物浦。

回到最近几年，切尔西在 2012 年第一次捧起欧冠奖杯。要知道他们在完成这一壮举之前，在半决赛中死守了巴萨队 180 分钟，在决赛里抗衡主队拜仁 120 分钟。在与梅西、哈维和伊涅斯塔的较量里，切尔西让出了几乎 80% 的控球率。整场比赛，巴萨一共击中五次门框，罚矢一粒点球，错过无数次绝佳机会。做客拜仁，"蓝军"切尔西又被对手围攻，但最终活了下来。

赛后，圈内的权威报纸德国《时代周报》描述切尔西的胜利道："本不应该属于他们，如同一场闹剧。"周报继续评论说，他们的胜利"将作为一场（足球）'事故'载入历史"。在安联球场的那一夜，拜仁一共实现了 35 脚射门和 20 个角球，相比之下切尔西只有区区的 9 脚射门和 1 个角球。"（足球）就是这样不公平。"德国足协主席尼尔斯巴赫总结时谈道。

但这也是足球的一种另类魅力：它不是总奖励那些完成更多射门和传球的球队，它更在乎进球。就像《卫报》记者理查德·威廉姆斯在慕尼黑决战之后写下的报道一样："（足球）是一场进球的游戏，而不是美学的较量。我们虽然更中意这两者的结合，可是这并不是这项运动的主要目的。"

如同沙滩球"自摆乌龙"和原本踢飞的点球神奇地变为进球，这些案例都是偶然事件。然而遇到这样的不可预知，我们和科学家里的超级足球迷们并不会忽略它们或是归咎于上帝。相反，为了能够理解这类出乎意料的事件，我们将其逐一记录并汇编成一个大数据库，再用工具分析。结果验证了克鲁伊夫的那句话：偶然是符合逻辑的。

可是这样的分析又包括两个层面。从长达一年的联赛和杯赛的时间维度来看，进球的分布相对稳定，可预测性很强；但对于每周守在电视机前的球迷来说，不论是主场还是客场，运气极大程度上影响了每一场比赛的进球情况。事实上，足球是一场五五开的体育运动。作为球迷，你所看到的进球有一半都不是因为技术和实力，而是机遇与运气。

　　总而言之，我们发现在足球中有两种赢球的方法。一种是将自己变得足够强大，而另一种就是祈祷自己足够幸运。如果想赢得冠军，那么必须两者兼备；可如果只想拿下一场比赛，只需其一。德国《时代周报》记者的论断无可非议：根据克鲁伊夫的教条来说，足球的历史就是一段意外史。偶然是符合逻辑的。

⚽ 把足球运动员比作普鲁士战马

　　为了更好地解释小概率事件如何影响整个赛季的进程，我们首先要绕点远路，离开足球场一会儿，通过一位法国数学家的理论，穿越到19世纪末一个普鲁士骑兵训练场，并领略一位俄罗斯经济学家的智慧。

　　就像职业足球运动员一样，战马时常也会和人发生猛烈的肢体冲击，比如踢到士兵。根据普鲁士军队1875年开始的为期20年的观察，战马踢人造成的伤害比足球场上的摩擦严重得多。在这段时间里，196位官兵不幸丧生于他们平日最信任的战马足下。这样的事故完全不可预知。士兵与自己的战马朝夕相处，对它们足够熟悉，清楚它们什么时候会受惊、紧张或情绪波动，而且这些战士也绝不会犯简单低级的错误。所以每桩命案都是偶然的，也许一位不走运的普鲁士士兵正好在错误的时间踩到了错误的位置。这些事故没有规律，纯属巧合。

19 世纪末，一位波兰裔俄罗斯政治经济学家拉迪斯劳斯·鲍特凯维茨收集了马踢人的数据，更加深入地分析了这些看似随机的命案。他发明了一张举世闻名的表格——这张表格有 280 个格（14 支分队 ×20 年），并标记出每支分队的年死亡人数。当快速翻阅这个表格时，他发现大部分的格都是空的（51%），这意味着当年那支分队没有意外发生。差不多 30% 的格子显示一人丧生，11% 的格子显示两人丧生，4% 的格子表明有三人丧生，另外有两个格子不幸四人丧生，但没有五人以上丧生的情况出现。

继续观察表格一段时间后，鲍特凯维茨推断，在这样看似偶然的事件背后其实存在逻辑性和一致性。这位俄罗斯学者从一位法国数学家泊松发明的概率方程式中找到了突破口。在《关于刑事案件和民事案件审判概率的研究》里，泊松从数学角度描述了两沓扑克牌洗牌后翻牌 52 次出现相同牌面的分布情况[1]。

处理马踢人的数据时，鲍特凯维茨遇到了一些泊松当年没有注意到的问题：泊松的公式可以推出小数理论——小数理论阐述了，如何预测在给定时间段和地点时，小概率事件可能发生的次数。根据小数理论，只要这些小概率独立事件能够持续发生，我们就能够通过计算一个基准概率得出该事件发生的整体频率和分布[2]。马踢致死就是这样的一类小概率事件。在鲍特凯维茨的数据中，每年每分队马踢致死率在 0.7% 左右。将这个结果对比泊松分布，他发现实际死亡分布和预测分布出奇的一致。换句话说，泊松方程提供了一种预测罕见的、不确定事件的方法。

图5　普鲁士战马马踢致死分布

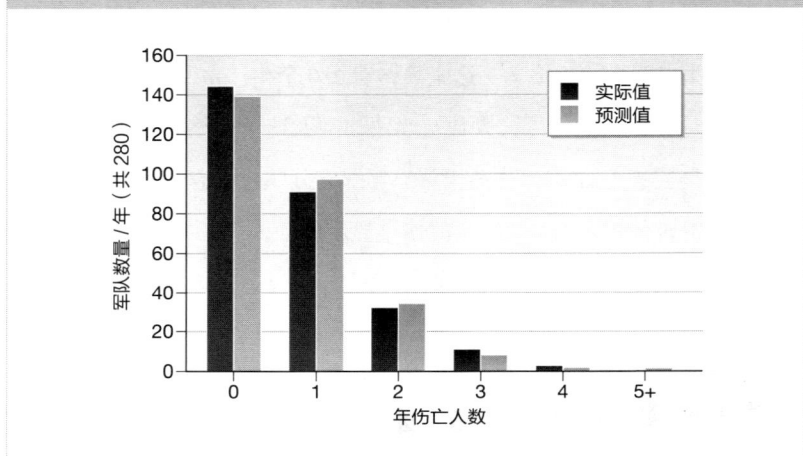

这意味着什么？这说明一系列看似随机的事情，都能归结于一个可预测的模型。鲍特凯维茨对于战马的草料、养殖、锻炼和训练这些方面都一无所知。他唯一知道的就是每年有多少战士死于马踢。尽管我们无法预测每一次致命的马踢什么时候发生，但是却能够非常精准地估测马踢致死的总量。偶然性和不确定性是完全可预测的；我们可以准确地知道会发生多少。就像克鲁伊夫的那句话：偶然是符合逻辑的。

统计学家已将"泊松分布"运用到很多小概率事件上——第二次世界大战中的 V-2 导弹袭击伦敦、交通事故的概率、放射性衰变，等等。

而这项数学工具的运用对于足球有什么现实意义呢？就像马踢、德国炸弹和放射性衰变率一样，进球也属于持续发生的小概率独立事件（究竟有多稀少，我们会在接下来继续讨论），但有连续性和独立性。

乍一看每一次破门都是变化莫测的，而这也是它们为什么如此令人亢奋的原因。

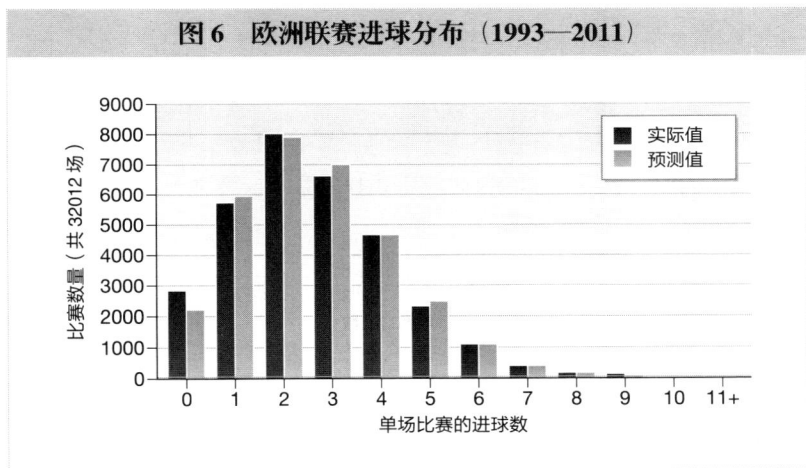

图6 欧洲联赛进球分布（1993—2011）

不过，如果从每场平均进球来说（从 1993 年到 2011 年间，英格兰、德国、西班牙、意大利和法国等顶级联赛场均进球数为 2.66 个），运用"泊松分布"，我们就可以精准地预测在过去 17 年中有多少比赛没有进球，只有一两个进球或有更多进球。通过这种方式寻找比赛的进球规律，我们不需要了解球队的排兵布阵、伤病轮换、教练以及球迷的情况。一个都不需要。足球可能是随机的，但它完全可以预测。

这种预测告诉我们，在下个赛季的英超中，大概有 30 场比赛双方将互交白卷，70 场比赛中一方将以一球小胜，95 场激战将以两粒进球收场，此外 80 场进三球，55 场进四球，还有 50 场超过四球的进球大战。

我们是怎样得到这些数字的呢？一个赛季总共有 380 场比赛，而总进球数在 1000 个左右。根据两位伟大科学家的理论，这两个数字足以让我们建立预测模型。

"泊松分布"同样适用于预测某一种比分情况的分布。

就拿一轮周六开场的英超比赛来说。在 2010 年 11 月 7 日，当天完场的比分分别为 2∶2、2∶1、2∶2、4∶2、1∶1、2∶1 和 2∶0。没有什么异常的比分，但如果将这些比赛和其他某个联赛任意一个赛季的周六场次相比较，它们有多平常呢？是不是那天都以 2∶1 拿下三分的曼联和布莱克本的比赛，比桑德兰以 2∶0 战胜斯托克城的比赛出现的概率更大呢？

来自一家荷兰体育媒体集团 Infostrada 的数据可以帮助我们计算出各种比分的分布（以百分比形式），之后我们就可以看出在 2001 年到 2011 年这 10 年间的英超比赛中，什么样的结局最常见，什么样的结果最稀有。

其中最多见的情况为 1∶1 的平局，这样的比分占所有场次的11.63%，但仅仅比 1∶0、2∶1、2∶0 这样的主场胜利、颗粒无收的平局和 1∶0 的客场胜利的概率高出一点。

进球确实稀有珍贵：超过 30% 的比赛以 0 个或 1 个进球收场；主队以 1 个或 2 个进球战胜对手的情况基本上占据了 50%；之后概率较大的还有 1∶2、3∶1 这样主客双方各有千秋的情况，或者 2∶2 这样比分较高的平局，而这三类结果大约分别占了 5%。剩下的就是其他各种情况了。在我们之前选择作为样本的周末比赛中，只有一场对阵的比分出乎我们的意料——博尔顿 4∶2 爆冷击败热刺。

表1　百分比形式的比赛结果
(2001/02—2010/11 赛季英超联赛)

主队进球数	客队进球数							总和*
	0	1	2	3	4	5	6	
0	8.34	7.58	4.50	1.76	1.00	0.26	0.11	23.55
1	10.92	11.63	5.74	2.66	0.84	0.11	0.08	31.97
2	8.68	9.37	5.03	1.58	0.34	0.08	0.05	25.13
3	4.32	4.37	2.24	0.76	0.21	0.05	—	11.95
4	1.89	1.55	0.74	0.53	0.24	0.03		4.97
5	0.55	0.63	0.24	0.16	—			1.58
6	0.24	0.16	0.11	—	0.03			0.53
7	0.08	0.11	0.03	—	0.05			0.24
8	0.03	0.03	—					0.05
9	—	0.03	—					0.03
总和*	35.05	35.45	18.61	7.45	2.68	0.53	0.24	100

注解：*因为四舍五入，每行每列的数字加起来可能不等于100。

　　如图7至图10所示（足球尺寸的大小和比赛的数量成正比），过去10年间，英超比赛的结果分布，与欧洲其他顶级联赛没有明显的差别。

　　看起来有些奇怪。西班牙的足球风格不是和英格兰大相径庭吗？西班牙人和南美人的脚下功夫不应该和北方身体有些僵硬的撒克逊人、凯尔特人和斯堪的纳维亚人相差甚远吗？其实不然，如果你将任意一个周末欧洲四大联赛的比分相比较，就会发现，它们相差无几。

　　这样的结论可能会令很多球迷感到诧异，但足球科学家们却认为十分正常。所有这些结果都印证了"泊松分布"。很多比赛结果都是可能发

图 7　英超联赛中最常见的比分情况

图 8　德甲联赛中最常见的比分情

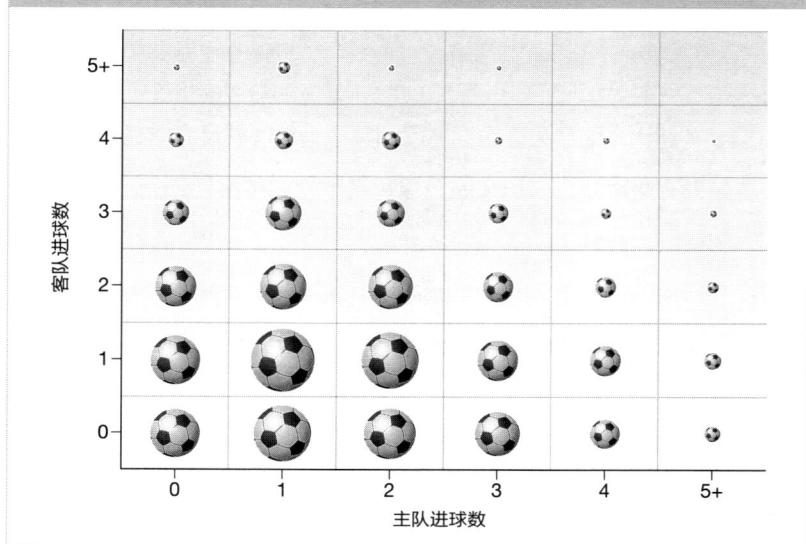

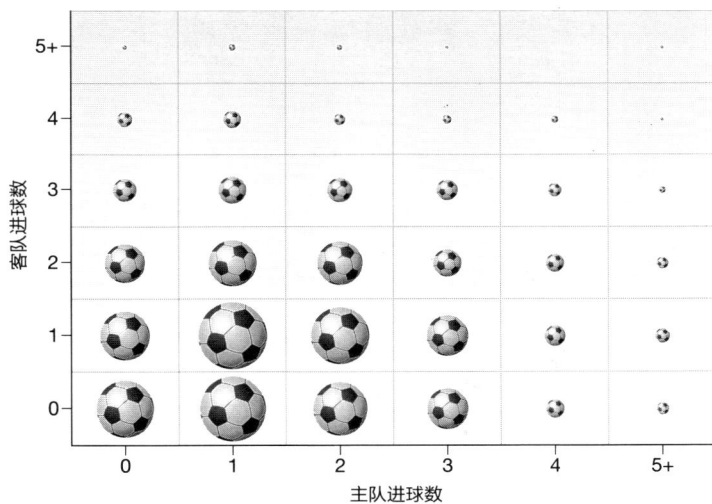

图9　意甲联赛中最常见的比分情况

主队进球数

客队进球数

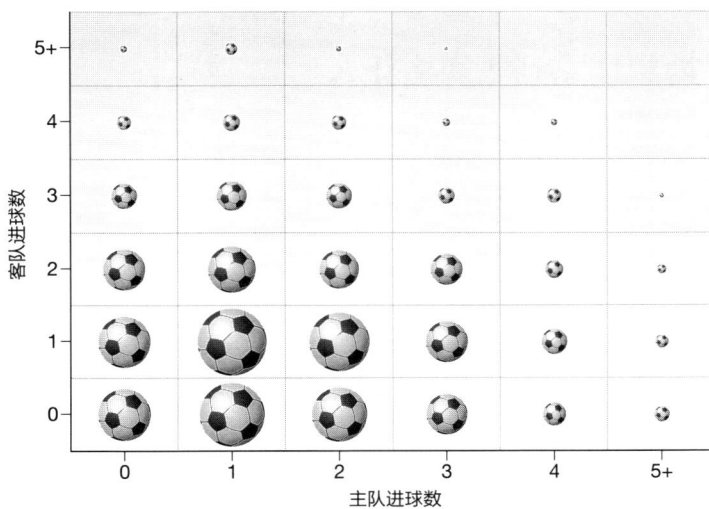

图10　西甲联赛中最常见的比分情况

主队进球数

客队进球数

生的，然而并不是所有结果出现的概率都相似。诚然，我们的方程计算出没有进球的比赛应该占 7.7%，并非英超中的 8.34%；以一个进球结束的比赛应该占 19.7%，而不是实际的 18.5%。但这样的估算已经足够接近事实。

相比于"人踢球"，"泊松分布"之所以更适合于"马踢人"事件，是因为足球中打平场次有重要影响——泊松并没有预计到有如此多 0：0 和 1：1 的比赛。简而言之，多特蒙德威斯特法伦球场里，足球的滚动弹跳比战马的脾气更难捉摸。

但从赛季和联赛的层面来说，足球偶然性的背后毫无疑问地有着深刻的数学逻辑。这是不争的事实。这可能对于主帅和彩民们是个利好的消息，但对于大部分球迷来说，他们更加关心另一个问题：我们每周末翘首以盼的比赛里，运气到底占多少成分？我们球队的命运到底是人定还是天定？

博彩庄家到底知道什么

2005 年对阵 AC 米兰的欧冠决赛只是利物浦队队史上 5000 多场比赛里的其中一场。然而那却是建队 112 年以来，他们第一次在落后三球时化险为夷。也难怪"红军"球迷都早已把"伊斯坦布尔之夜"这个事件神化。

这样令人难以置信的逆转的确很罕见。但它绝不是空前绝后，也没有想象中那么神奇。1954 年的奥地利队比之后的"红军"更加勇猛，在一场世界杯的比赛中，他们仅用三分钟就连进三球，最终以7：5力克瑞士队。查尔顿队有一次在四球落后的情况下反败为胜，以7：6战胜对手哈德斯菲尔德（之后由名帅比尔·香克利执掌）。我们也不会忘记尤西比奥在1966年世界杯对阵朝鲜队的关键战役中一人独中三元，在0：3即将崩盘的情况下，将葡萄牙队从悬崖边拉了回来。当然这样的例子不胜枚举：2000年热刺队半场以三球领先红魔曼联，但最终3：5遭遇逆转；同样是三球落后，2011年凯文－普林斯·博阿滕却在做客意大利南部莱切的比赛中为AC米兰不可思议地完成了帽子戏法（指一名球员在同一场比赛中连进三球）。

我们欧洲联赛的比分表告诉了大家这种比赛发生的概率有多小，不过瑞士统计学家伯努利可以用他创立的大数理论（不是小数）解释这样的情况总会出现。伯努利的基本逻辑是：如果你做一件事足够长久，那么任何结果都可能会发生。

比如抛硬币：如果你连续抛8次硬币，而8次都是正面朝上的概率几乎为零。正面朝上的概率是50%，也可以说两面的概率比是1：1。那么8次连续抛到正面的概率是1/256。

但是假设你每周进行4次这样的尝试，延续40年（不计算每年两周的假期时间），结果会怎么样？你就会总共抛8000轮，共计64000次硬币。而这时候出现一次8个正面就显得不那么难得了。事实上这个概率还很大，真的很大。如果博彩公司开了一个盘，赌过去40年不会发生一次8个硬币同时朝上的话，你要是用整个美国的国民生产总值做赌注，顶多也只能赢6美分。也就是说，这看似天方夜谭的情况必定会出现一次。

为什么会这样？因为如果你做一件事情的次数越多，你就越有机会看到不可能发生的结果至少一次。同理，如果你踢足球的时间足够长（就像利物浦一样），终会有一天能够完成三球大逆转。或者是像纽卡斯尔联2011年对阵阿森纳，枪手2012年迎战雷丁队一样，落后四球时还能扳平。运气的存在会让你看到一支球队整个赛季保持不败、连续输掉前12场比赛，或是在比赛中被一个沙滩球决定命运。长期以来，每件事情都至少发生一次。

我们知道这样的事件属于统计学里的异常值。但它们到底有多异常呢？就如同"伊斯坦布尔之夜"，运气足以改变赛势，这到底有多罕见？

无数真真切切的案例已经证明，运气是任意一场足球比赛中的关键因素。能体会到这一点的人并不只有掌握球队命运的主教练、射手或是守门员，还有那些以比赛输赢为生的人。

运气影响着博彩庄家的事业。倘若比赛结果都是可以预测的话，那么就没有人会去赌博了。然而现实中，虽然可以提前掌握一些影响比赛的因素（比如球队的状态和伤病情况），但进程和结果并不是完全可预见的。这些信息可以影响一场比赛的赔率，而且很多时候其中一支球队是被看好的。这些赔率告诉了我们体育中的一些偶然性和可预测性。

赔率越低，越不容易输球。相反，对手越难赢。而当两支球队实力相当的时候，运气和当天的状态就成了分水岭，在庄家的眼中双方的赔率几乎一样[3]。

如果理解了这个基本道理，那我们就可以开始通过比较足球和其他体育运动的赔率情况，了解庄家是不是认为每个体育项目受运气的影响程度是一样的。我们曾经怀疑过开盘者认为足球是独一无二的运动。相比于棒球，足球的比赛结果是不是更难预测？为了找到答案，我们从 20 个博彩投注中心收集了数据，并集合了 2010/11 赛季 NBA（美国职业篮球联盟）、NFL（美国国家橄榄球联盟）、MLB（美国职棒大联盟）、德国手球联赛、欧洲五大联赛外加欧冠联赛的比分结果。首当其冲的问题是：在不同的国家和体系中，事先被看好的一方有多少最终取得了胜利？

在足球中，这个数字刚刚超过一半。在手球、篮球和美式足球里，被看好的一方基本赢得了三分之二的比赛，而对于棒球来说，也稳稳维持在 60%。换句话说，庄家并不擅长挑选足球中强势的一方。

这就引出了我们的第二个疑问：是什么原因在作祟呢？是因为足球受运气成分影响更大，还是庄家对于这一项特别的运动并不擅长？想要回答这个问题，不仅要知道实力占优的一方是否赢球，我们还需要探究足球中的赔率是不是有系统性的差异。优势方之所以没有像其他运动中的优势方那样更多地取胜，是否是因为他们其实并没有那么被看好呢？

实际上，同样是被看好，但是被看好的程度千差万别：有一些被外界极其看好，而另外一些只是勉强在盘面上稍强一点。如果抛硬币是一项体育比赛，那么不会出现被看好的一方，任何一方赢得比赛的赔率都会是 1∶1，或者像其他很多博彩机构那样记作 2.0[4]。反观真正的体育比赛，倘若实力更强的球队总是拿下比赛，他们的赔率就将会被定格在 1.0。而一场势均力敌的比赛的赔率一般会接近 2.0，一场牌面实力完胜对手的比赛会向 1.0 靠拢。简单来说，战斗力更强的一方赔率会接近 1.0，相反，实力处于下风一方的赔率会远离这个数值。

图11　不同体育比赛中赛前被看好的一方的赢球率（2010/11 赛季）

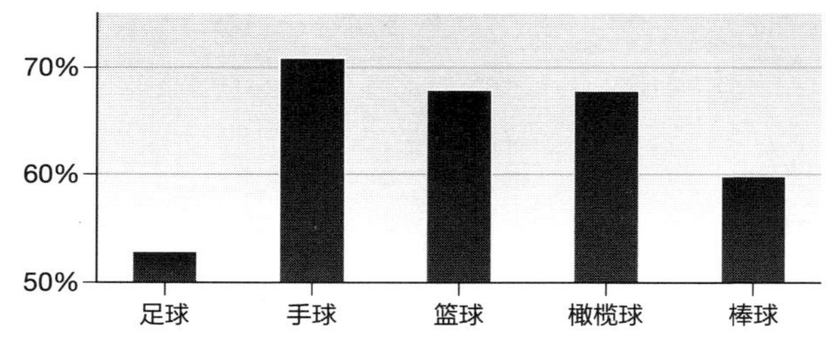

图 12 阐明了图 11 中出现的五项体育比赛中优势方赔率的中位数。其中竖线体现了赔率的分布，直线底端是被看好方优势突出时的最低赔率，顶端是被看好方优势微弱时的赔率。

显而易见，足球和其他四项体育运动完全不同。手球中有更多占绝对优势的球队，他们总是毫无悬念地战胜对手，赔率的中位数在 1.28 左右。此外，NBA 和 NFL 的中位赔率分别处在 1.42 和 1.49。对于棒球来说，赔率的分散度是最小的：赛季里很少出现具有绝对优势的球队，而赔率最小的时候也只有 1.24。但是在足球中，这个数字达到了 1.95。

这在现实中有什么含义呢？被看好一方实际上差不多有一半都名不副实。这个现象应该可以解释为两点原因：在足球比赛里，一是很少进球，二是经常平局，致使足球比赛的赔率很难设定，被看好一方更难取胜。

足球中占上风一方的取胜概率是 50%，我想很多球迷都会对这样的结论大为吃惊。诚然，曼联与维冈的比赛绝不像一次抛硬币游戏。而且，这也不是一个对这个概率最到位的解读：庄家之所以难以把握赔率的尺度是不是因为足球优势方的优势微乎其微呢（那些看似该赢的却没有赢）？

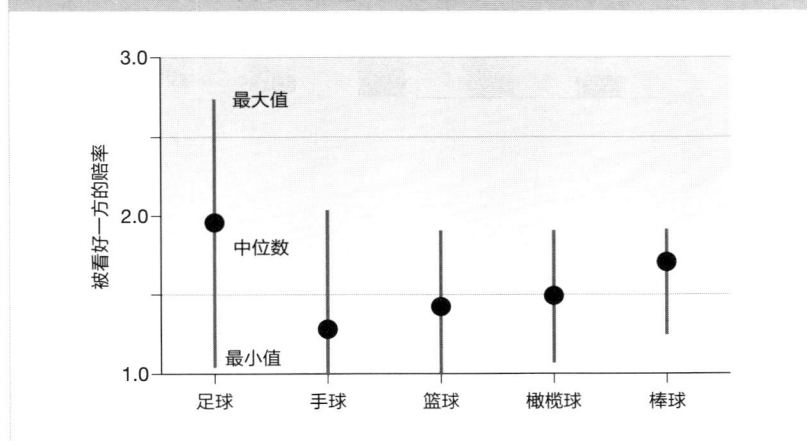

图12　不同团体运动项目赔率的中位数和分布

倘若这个猜想成立，我们就要看看在各种体育项目中，是不是强势的看好方和弱势的看好方有不同的赔率。为了比较被看好方相比于对手有多大的优势，我们计算出了两者的赔率差。旗鼓相当的差距几乎为零，而实力悬殊的相差了至少 50%[5]。

如同资本市场中的评级机构一般，我们也根据数据把比赛分为六个风险不同的类别，就好像二级市场中的"蓝筹股"到"高风险债券"。类似于"蓝筹股"的比赛从投注角度来说相对安全，但收益较小。而投注"高风险债券"的比赛，也许一次的奖金就相当于一个月的生活费了。对于这六类不同的足球比赛，我们比较了其中每类优势方赢球的概率，找出了其中类似风险与回报的关联。最终的结果就呈现在了图 13 当中。

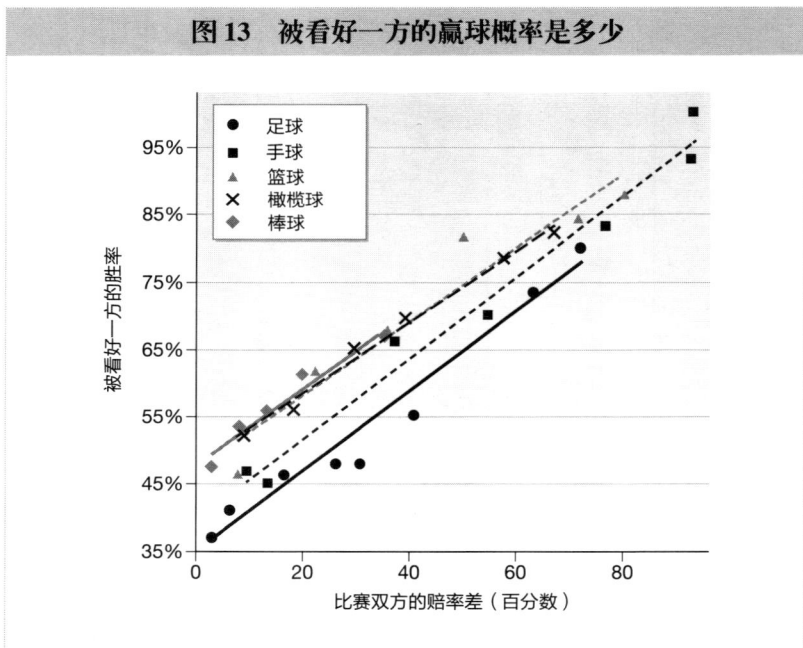

图13 被看好一方的赢球概率是多少

这张图想告诉我们什么？借着图中足球的趋势图（代表了 2010/11 赛季俱乐部的风险与实际表现的关系），我们发现不论比赛一方是多么被看好，整条直线比其他项目的位置低了很多。

就其中的一个点来说，如果一支球队比对手的赔率低 50%，那么在足球中，这样的球队一共拿下了 65% 的比赛；但是反观在篮球中，他们一共取得了 80% 的胜利。整个图表中这样的情况都成立，所以可以说，相比于其他运动，足球中被看好的一方更难以获得胜利，特别是两方赔率仅仅相差 10% 到 15% 的时候。简单来说，足球是一项不确定性更大的运动。不论数字上呈现出多么一边倒的情况，博彩庄家清楚地知道接下来的 90 分钟里，运气带来的影响足以改变一切。这些精明的商人早已熟门熟路[6]。

虽然我们这样的发现只是根据一个赛季的数据得出的，但一项更加全面综合的研究涵盖了很多体育项目的全部历史数据，得出了相同的结论。这个庞大的工程由美国洛斯阿拉莫斯国家实验室（Los Alamos National Laboratory）的理论物理学家埃利·本·纳伊姆、波士顿大学的专家悉尼·雷德纳和费德里科·巴斯克斯共同创立完成。

本·纳伊姆、雷德纳和巴斯克斯三人都对于足球比赛的可预测性十分着迷，他们的共同心愿是计算出优势球队"翻船"的概率。作为缜密、敬业的科学家，他们完全抛弃了博彩庄家们对赔率的设定，取而代之的是利用电脑建立了人工足球联赛：由精密的公式模拟出积分榜。

基于优势方和劣势方的比分结果，其中很多虚拟的赛季帮助他们估算出了和我们计算的赔率差类似的东西。他们认真地钻研了所有历史记录，分析了从 1888 年开始的英格兰顶级联赛、1901 年起的美国职棒大联盟比赛、1917 年起始的美国冰球联赛和 1922 年诞生的美式橄榄球联盟。

合计的总场次竟然达到了 300000 场。

就像我们一样，这三位学者同样发现了足球是其中最难以预测的。和其他运动相比，绿茵场上出现了更多的"沙滩球"和"打中门框的射门"。稳拿冠军的球队并不多，必然降级的俱乐部也很少。在他们观察的超过 43000 场的足球比赛中，黑马获胜的比例竟然达到了 45.2%，而这也验证了我们的发现。

总而言之，足球中即使一支球队准备并不充分、球员势单力薄、更衣室伤兵满营，他们也有将近一半的机会取得最后的胜利。

⚽ 追踪足球科学家

科学界中一些特立独行的超级球迷们迄今所做的远不止上述那点事。他们已经尝试去精准地计算出一场比赛中运气所占的比例。

德国明斯特大学的理论化学家安德烈亚斯·霍伊尔和他的同僚们就是其中的典型代表。他们发现，相对于"马踢"事件来说，"泊松分布"并不完全适用于"人踢"的足球比赛，此外，他们还发现了更多。

其中一个原因是统计数据显示一支已经进了一个或者两个球的球队更有可能进第三个、第四个或者第五个，而这是"泊松方程"所不能体现的[7]。比如，2011 年的曼彻斯特德比（曼城对曼联）——一场曼城球迷永生难忘而曼联球迷却不堪回首的比赛。在那场德比中，"红魔"曼联在自己的家门口老特拉福德球场连续城门失守，接连被对手攻入六粒进球。而曼城队这样强势的表现是得益于很多人所说的难以阻挡的"势头"，还是球队实力的真实写照？

为了判断到底是什么因素对进球的影响最大，是球队的实力和健康程度，还是"比赛的动态"（如红牌、伤病和势头），抑或科学家们俗称的"噪声"（那些无法解释、不可预知的运气成分），霍伊尔团队将数学、统计模型和各种统计技巧运用到了近 20 年的德甲比赛中。结果发现，从数学角度来说，一场足球比赛非常类似于两个球队各抛三枚硬币，三次都正面朝上代表一个进球，而"根据赛季中相应的表现和实力，双方掷硬币的次数在比赛开始前就已经决定了"。

具体来说，一支球队的能力很大程度上决定了一场比赛中射门的次数，而每一脚射门有 1/8 的概率攻破对手大门，这个数字和我们之前的看到最早的足球分析师查尔斯·里普计算出来的结果十分接近。

霍伊尔和他团队的最终结果确信无疑。他们断定运气是决定胜负和赢球数的最重要因素，其次是实力和健康，接下来才是像比赛势头这样的变数。那场由罗伯托·曼奇尼导演的击溃曼联的比赛其实并非球队实力，也不是很多人猜测的"势头"。无非是曼城队更受幸运女神垂青罢了。

这样的观点对于那些认为球队能力决定一切的球迷来说是个不小的打击。但这就是现实，而且我们有更多证据来证实这个观点。

几年之前，来自美国马里兰大学和英国华威大学的两位天体物理学家杰拉尔德·斯金纳和盖伊·弗里曼，也开始对足球比赛的结果产生了浓厚兴趣。

利用了一些代数和贝叶斯统计（Bayesian statistics）的复杂算法，他们开始计算牌面实力更强的球队，有多少时候最终拿下了比赛。或者反过来说，有多少实力更弱的球队带着分数离开球场。通过分析从 1938 年到 2006 年的世界杯，他们发现除了一些三球或四球的大胜外，很难判断其他比赛的走势和赢家。

接着斯金纳和弗里曼在探索的道路上更进一步。他们提出到底有多少比赛体现了两方的真实实力？如果结果与能力相符，那我们就称这个现象为"非传递性三元组"（intransitive triplet）。这个概念很少被人提及。举一个简单的例子：在三场连续的比赛中，倘若尤文图斯战胜了罗马，而罗马又力克乌迪内斯，那么乌迪内斯接下来就不会战胜尤文。因为我们之前已经建立了尤文图斯比罗马强，而罗马比乌迪内斯强的假设。

但是斯金纳和弗里曼发现现实中这样的"非传递性三元组"并没有理论上的那么多。一部分原因可以归结为三支球队的实力差距较小，比如尤文、罗马和乌迪内斯其实相差无几。如果尤文对阵的是乌迪内斯 10 岁以下儿童队或者是一支地方乡村队，那又另当别论了。球队实力间存在的巨大鸿沟会削弱足球的偶然性，差一些的球队基本不可能战胜超强的对手。

当两位科学家翻阅世界杯记录时，他们找到了 355 组三支球队的交叉比拼，而其中 147 组没有出现平局。在这 147 组中，"非传递性三元组"只出现了 17 次，占总数的 12%，这看上去寥寥无几。假如所有的比赛都完全由运气决定，我们应该看到 25% 的"非传递性三元组"。

简而言之，斯金纳和弗里曼的数据从侧面说明了世界杯的比赛胜负有一半由运气决定，而不是技术能力。配置占优的一方仅仅能赢下一半的比赛。所以足球比赛的结果就像抛硬币一样。

其他很多科学家也不约而同地印证了这个观点。比如，在英国剑桥大学公众风险认识系拥有"温顿教授"（Winton Professor）荣誉称号的戴维·施皮格尔霍尔特先生，就十分好奇 2006/07 赛季英超联赛的最终积分榜是不是反映了各队的"真实"力量[8]。他想知道赛季的冠军得主"红魔"曼联是否真的具有最好的球员配置，而不幸降级的三支球队（沃特福德、查尔顿竞技和谢菲尔德联队）是否真是 20 支球队中最差的？

为了回答这个问题，施皮格尔霍尔特首先必须找出最终联赛积分榜中有多少分数仅可用运气解释。历史记录显示 48% 的比赛为主队获胜，26% 平局收场，还有 26% 的比赛客队全取三分，他将这种规律称为48/26/26 法则。假如所有球队的实力水准都是相当的话，那么我们就可以仅凭 48/26/26 法则来计算出所有 380 场比赛的结果。

在这个虚拟的积分榜中，每个球队都有同等的机会争夺欧冠联赛的资格，而谁将降级英冠也难以判断，这从反面说明了 20 支球队有明显实力差距。不过还是有一些比赛能够单从运气角度来解释。从施皮格尔霍尔特教授得出的结果来看，几乎一半的积分都可以归根于"幸运"二字[9]。

在联赛所有的 20 个竞争者当中，他发现只有曼联和切尔西能够自信地稳坐积分榜上半区，概率分别为 53% 和 31%，所以说他们是名副其实的最强球队。然而在"食物链"下游，他可以 77% 确定沃特福德是最糟糕的球队，却只有 30% 的把握谢菲尔德联队会垫底。这个数字和当年侥幸保级的维冈和富勒姆队相差无几。他们并不比谢菲尔德联队强大多少，只是更加幸运罢了。

⚽ 会见"好运教授"

  虽然我们之前谈论了很多科学家的重要成果，但当谈论起这个足球迷们最关心的话题之一时，谁都没有马丁·拉姆斯具有发言权。年过半百的他依旧时尚帅气，头发黑中带白，鼻梁上架着一副凸显智慧的镜框。拉姆斯是德国慕尼黑理工大学训练科学和计算机科学系的教授。这样的头衔可能听起来还不能挑起你的胃口，但事实上当你看到他为奥格斯堡队和拜仁做出的卓越贡献后，就能明白这位卓越的教授一生都在以科学的名义看球谋生。

  拉姆斯花了很多年开发他的计算机和编程系统，帮助学者记录、分析、研究足球场上发生的一切，并找到根源。而他的职业生涯中酷爱的一大课题就是"运气"。

  拉姆斯和他的合作者一起利用科技记录下了绿茵场上所有的"好运"和"霉运"，进球就是为这样的研究量身定做的分析指标。其中有一些破门很明显是得益于日常的艰苦训练，另一些则由那些拥有超能力的天赋球员独自完成，当然剩下的一部分却不是这样的：它可能开始于一次始料未及的折射，一次意料之外的传中，一次冒失的铲球，或是足球诡异的旋转。

  为了检验运气到底扮演了何种角色，拉姆斯和他那些每天守在屏幕前观看比赛、分析进球的同事将射手的好运气归为六种进球方式。这六种类型的破门都始于射手尝试攻门，但最后的进球都带有明显的、可监测的"未被控制"的元素[10]。

拉姆斯和他的团队在过去一共观看了超过 2500 个进球的视频录像，并将所有幸运进球编成代码。他的一位助手亚利克斯·罗斯林详细描述了整个过程：

每个球迷都应该还记得，（2006 年）世界杯的第一个美妙进球是由德国队的菲利普·拉姆打进的，而那个进球在飞进球门前首先打中了立柱，所以本身来说就有些幸运。而之前足球之所以滚到拉姆的脚下是因为对手的一次传球失误，这也更加印证了这个进球并不是计划好的。我同样也很喜欢那场比赛中德国战场的第三粒进球。来自拉姆的传中被防守队员的头轻轻擦到从而改变了方向，克洛泽才有机会正好争顶到球。之后头球被门将扑出，而克洛泽又机警地补射破门。如果不是那一次意外的防守动作，还很难说德国队到底能不能扩大比分。

在观看这样上万小时的进球录像时，拉姆斯的团队究竟将其中多少定义为幸运的呢？虽然答案可能因为不同联赛和杯赛而有所差异，但最终的总数字是 44.4%，同时，他们还发现，幸运进球经常发生在 0∶0 的僵局时。"这个时候，双方依旧在按部就班地根据教练的布置进行比赛，"拉姆斯谈道，"而这个时候，为了打破场上的沉寂，就需要发生一些意外的事情。"

所以可以明显地看出，几乎一半的进球都受益于幸运女神的眷顾。总之，在足球中，不管是进球还是被看好方赢球，都是 50∶50 的事件。

而在这个周末的比赛中，你是欣喜于一场酣畅淋漓的胜利，还是不得不接受一个惨痛的现实，这可能是抛一个硬币就可以决定的事情。但像很多行业内人士经常说的，我们现在完全可以认识到这样的随机性，并很好地加以利用。比如，你尝试更多次射门，是不是就会更加幸运呢？

图14　射门数多的球队的取胜概率（2005/06—2010/11 赛季）

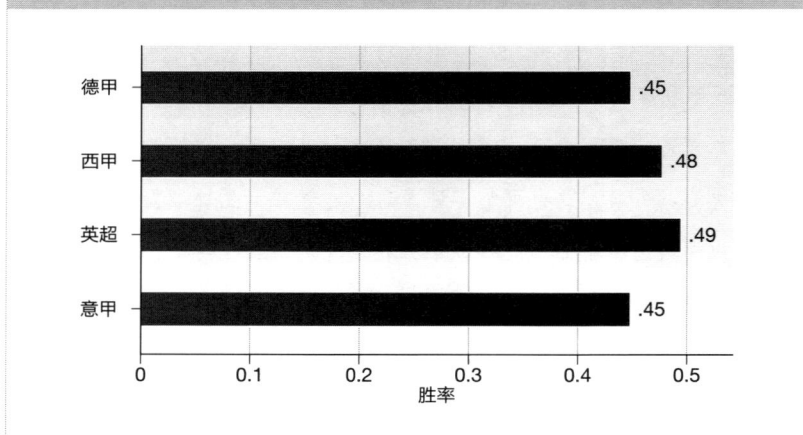

现实并不是这样的。我们在拉姆斯的基础上更进一步，根据 2005 年到 2011 年英超、西甲、意甲和德甲的数据（总计 8232 场比赛），计算了有多少场比赛中，射门数多的球队笑到了最后。结果如何呢？我们得出结论：射门次数多的球队只赢下了不到一半的比赛。整体来说，47% 射门数多的球队拿到了三分，而在意大利和德国，这个数字只有区区 45%。

如果把以上射门数缩小至打中门框范围的次数，胜率也没有高到哪里去。精准射门的次数越多,你可能会觉得越有希望赢得比赛。其实不然。根据不同的联赛，打中门框次数更多的球队，胜率区间只维持在 50% 到 58% 之间。

⚽ 承认足球存在偶然性吧

　　路易斯·范加尔是反克鲁伊夫主义的一员。这位前巴萨和拜仁的主帅是一个控制欲极强的狂人，他和其他一些主教练一样拼命工作，希望能够在足球场上挑战不可能。众所周知，这位荷兰铁帅是一位不折不扣的绿茵场"教官"，因为他有一系列球员必须尊崇的制度和规则。范加尔相信不管是在场上还是场下，必须坚持一套铁律才能让球队最好地运作。有一次，当这个荷兰老头看到队员卢卡·托尼无精打采地弓着背吃午餐时，他立刻大发雷霆。"他的背当时弓得就像一个问号一样，"一位目击者声称，"范加尔看到这一幕，马上就嚷嚷着让这位意大利前锋身子坐直。但前锋并没有在意主帅的提醒，范加尔就径直走到他跟前，一把抓住他的领子。托尼几乎都要被拎出座位了，这时候他才赶紧坐直。其他在场的人没有敢吭声的。真是难以想象。"

　　范加尔自视为主宰自己命运的人。在他的足球字典里没有"运气"二字。

　　没错，一支球队当然需要纪律、规矩、天才球员和一个紧凑的组织。但不可否认的是，运气的确是足球比赛中的重要因素。它在联赛、杯赛

（"泊松分布"已经验证）和特定的比赛中都屡屡施威，而且我们也总结过一半的进球归功于好运，而再强的球队也只赢得了一半的比赛。从难以驯服的战马到博彩行业的庄家，再到科学家们，像我们这样从检验数据到得出结论的过程是前所未有的。我们最终的结果是：足球是一次抛硬币游戏，理性和偶然各占一半。你必须在这样充满偶然性的足球世界里找到一条突围之路。

但这并不意味着足球专业人员就没有用武之地了。"一位教练可以去增加赢球的概率，"一位具有哲学思想的西班牙教练胡安马·利略曾经提出，"作为一名主帅，你唯一能做的就是尽量减少运气带来的影响。"这就意味着你必须尽可能将预算、球员、俱乐部的作用发挥到极致。你需要聪明地花钱、认真地训练和研究战术，并理智地任命你的左臂右膀。

我们无法控制运气。我们需要承认足球场上一半的事情取决于球场，但剩下的50%却是由每支球队自己决定的。这就是足球价值亿万美元的周边产业所要做的。把一场平局变成一场胜利，获取更多的联赛积分，掌握属于我们自己的50%！

我们不可能全部幸运，但我们可以以将自己变得更加强大！

第 2 章

进球：足球里的麟凤之物

上升的一切必将汇合。

——德日进，法国哲学家、古生物学家

就职业来说，安德鲁·洛尼是一个锡匠兼煤气管道工；就兴趣而言，他是一个板球运动员。无论如何，他都丝毫与"足球守门员"挨不上边。和很多苏格兰人一样，洛尼不会拒绝一份免费的午餐和啤酒，附加一下午酣畅淋漓的运动。当他和他的队友们在阿伯丁的奥利恩板球俱乐部出乎意料收到通知受邀参加 1885 年苏格兰足总杯的比赛时，他们没有放过这个机会。嘿，其实这封邀请函压根不是寄给他们的，而是寄给隔壁的奥利恩足球俱乐部的。但在早期的足球比赛里，谁真正上场踢比赛其实并不重要。收到邀请后，这支板球队的运动员费尽心思（比如借用、乞讨或是偷窃），终于凑齐了必需的一切足球装备，并将球队改名为"邦阿

科德"。一切准备就绪后，9 月 12 日球队踏上了一段神奇的旅程。经过
10 小时的风雨兼程后，他们最终到达了比赛地点安格斯，即将挑战强大
的对手阿布罗斯队。洛尼在赛前被队友们推选为镇守本方禁区的门将。

对手阿布罗斯队以"红灯塔"（Red Lichties）的称号闻名（这个昵称
来源于本地区早期港湾指引渔船的特殊灯塔的颜色），是一支经验丰富、
训练有素的球队。上场的 11 位职业运动员井然有序，对面的"冒牌"军
邦阿科德看上去一点机会都没有。

结果和大家预想的一样。《苏格兰体育杂志》（Scottish Athletic Journal）
记载道："足球一共在门柱之间穿越了 41 次，而其中有 5 次被判无效。
就像板球比赛里的跑分记录员一样，那天很多热心的观众都拿着一张比
分表和铅笔记录着。"

这个下午令洛尼心碎，特别是因为阿布罗斯队的加菲尔德公园体育
场的球门没有球网，所以每一次主队破门后，洛尼就必须跑到球门后乖
乖将球捡回场地。他足足忍受了 90 分钟这样的煎熬，不过这也算展现出
了他的体育家精神吧。最后的比分定格在了 36∶0，成为英国成年足球
记录里最惨痛的失利。

与此同时，当邦阿科德队被打进第 6 个球的时候，29 千米外的阿伯
丁流浪者队也成了难兄难弟。他们抽签遇到了劲旅邓迪竖琴队，过程同
样惨烈。比赛结束时，裁判认为邓迪队以 37∶0 战胜了阿伯丁流浪者。
但邓迪的球员们同样发扬了体育精神，承认他们只进了 35 个球。要不然
阿布罗斯队刚刚打破的记录就又要被改写了。

在 1885 年的这一天里，阿布罗斯队和邓迪竖琴队一共在主场打进了

惊人的 71 粒进球。125 年后的今天，他们依然在联赛中打得风水起。2011 年联赛结束的时候，阿布罗斯队和如今的邓迪联队（原来的邓迪竖琴队早在 1897 年就停办了）在整个赛季中一共打进了 68 粒主场进球。虽然进球数依旧不少，但安格斯郡的进球数相比一百多年前已是一落千丈。

足球中进球数的下滑不仅仅发生在苏格兰一角，现在能够达到双位数的比赛已经屈指可数。翻阅俱乐部的队史，如果想找到最显赫的单场胜利或是惨痛的失败，起码都得穿越到几十年前了。也许洛尼不会相信这样的变化，但在足球比赛里，进球是稀有和珍贵的，被所有球队奉为至宝。

这也就是为什么全世界的优秀射手都被球迷尊重、被俱乐部追捧的原因吧。英国的第一位"百万英镑"先生特雷弗·弗朗西斯就是一位前锋；阿兰·希勒在 1996 年以 1500 万英镑从布莱克本转会到纽卡斯尔联后，成为最后一位被誉为"足球里最贵运动员"的英国人；2011 年 1 月，利物浦队花费了 3500 万英镑从"喜鹊"纽卡斯尔联挖来了安迪·卡罗尔（当然也是前锋），使他一举成为当时英格兰身价最高的球员。

理所当然，查阅一遍世界转会费记录，也就相当于翻看一份足球历史中最伟大射手（或是进球输送者）的名录：从斯基亚菲诺到马拉多纳，再到让 - 皮埃尔·帕潘和克里斯蒂亚诺·罗纳尔多。

同样的事情好像也发生在足球界最著名的个人奖"金球奖"上。历史上几乎只有三个偏向于防守的球员捧起过这个奖项，他们是 1976 年的贝肯鲍尔以及之后的马特乌斯和卡纳瓦罗。他们三位之所以能力压前锋获得这个金杯，主要得益于获奖当年他们率领各自国家队夺得了国际大赛的冠军。除此之外，唯一一位获得该奖项的守门员是 1963 年莫斯科迪纳摩队的传奇门将列夫·雅辛。其余的"金球奖"基本上就是每年各大射手之间的竞争了。有些前锋因为他们魔术师般的脚法成功捧杯（最近得奖的梅西就是典型案例），而像舍甫琴科、欧文和乔治·维阿这一类的前锋，也曾因"杀手"本色得到赏识[1]。

足球是一项充满机遇与运气的运动，我们能够做的是力争在所控制的范围内发挥到极致。一直以来，一位优秀的射手被视为能够掌握球队命运和驯服比赛偶然性的关键人物。就像比赛中的进球是麟凤之物一样，这些射手更是抢手的稀世珍宝。

⚽ 足球中独特的稀缺之美

进球不仅仅是足球的主要产物，或两支球队 90 分钟努力拼搏的唯一目标。它的意义也不限于俱乐部每年大费周章签约顶级的进攻球员、主教练，想方设法制定出更复杂有效的防守策略。精辟的见解是：进球定义了比赛。球员的不懈努力，才能换来这种观众在电视机前翘首以待、极其稀罕的瑰宝。

在很多人的观念中，足球是特别的。足球不只是一场美丽的游戏，更是一项世界性的竞技运动。这门全球化的语言早已从里约热内卢的贫民窟走向了亚洲的大草原，其他任何运动都无法取代。我们一直渴望理解足球为何有这样全球性的感染力，为什么足球的魅力如此持久、无处不在？究竟是足球的哪一点吸引了如此多的人？

显然，这个答案离不开进球。*进球就是足球，而它的稀少就是足球施展的魔法。*

为了理解足球为何如此特别，或许最简单的方法是先找到它的特殊性。因此我们首先需要一套机制，将足球与其他类似的体育相比较。这类项目都被科学地定义为"限定时间"的"入侵性比赛"。用通俗的语言来说，这些体育项目都发生于一块规定的场地上，有一声终场哨，并且两支球队尝试着将球攻进对方的场地，就像"入侵"对方领地一样。按照这种标准，篮球、长曲棍球、两类橄榄球、美式足球、曲棍球和冰球，都和足球属于同一类型。

尽管从广义上来说，足球和很多其他运动都类似，但它又迥然不同。*足球由偶然的事件（进球）所定义，而进球又存在于不计其数的无关事件之中，像铲球、传球和手抛界外球。足球的独特之处就在这里。*决定比赛胜负的事件很少发生，但是场上其他一类的活动（比如传球）却总在发生。也许就是这样的物以稀为贵——努力和进球数的不对等——才使得足球如此摄人心魄。

不过"罕见"又是一个极为主观的概念：假设你一个月进一个球，而我一年进一个球，也许你认为的"罕见"在我看来已经很"习见"了。所以，为了检验足球中的进球到底有多稀奇，我们需要将它和同门类的运动相比较。

我们收集了篮球、冰球、足球、美式足球顶级联赛、英式橄榄球联合会和英式橄榄球联盟 2010 年和 2011 年两年的破门数据。这个数据库共包括 1230 场 NBA 比赛、1230 场 NHL、380 场英超联赛、256 场 NFL 的较量、132 场英式橄榄球联合会比赛和 192 场澳大利亚 NRL 的争夺。之后，我们计算了每分钟的进球率（可能的话还计算了射门率）和每次尝试进攻的破门率。

同时，为了让这几项运动的进球数可以比较，我们进行了一些调整：比如，转换了美式足球中每次六分的达阵和三分的射门得分、篮球中的两分球、三分球和罚篮，从而可以将它们和足球中的进球相比较。

我们最终达到的目的是可以计算出一支球队进球（或者进球对等物）的次数。在简单的实验中，我们累计相加了一支球队的总得分数；而在相对复杂的计算中，我们将这些数字转化成了得分的相对价值。但大家不必深究细节，因为不同的算法并不会影响最终的定论。

图 15 中的两列柱形十分醒目。其中一柱是篮球，它明显远远超出了其他项目。如果说足球的独特之处在于其进球之少，那么篮球就以得分之多而闻名。相比于其他任何运动，篮球的得分都相对高出了一截（注意图表左边的比例为对数形式）。

不过最关键的还是处于最左边的足球。如果说在这张图内，篮球柱形的高度像勒布朗·詹姆斯踩在楼梯上，那么代表足球的柱形就如同梅西在一个坑洼地里弯腰系着鞋带。虽然我们并不惊讶足球的平均得分数是整个团队运动项目中平均分最低的，但是它和其他项目的差距如此之大还是令人震撼。

当然还有同样重要的一点：足球运动员在一场比赛里，尝试得分的

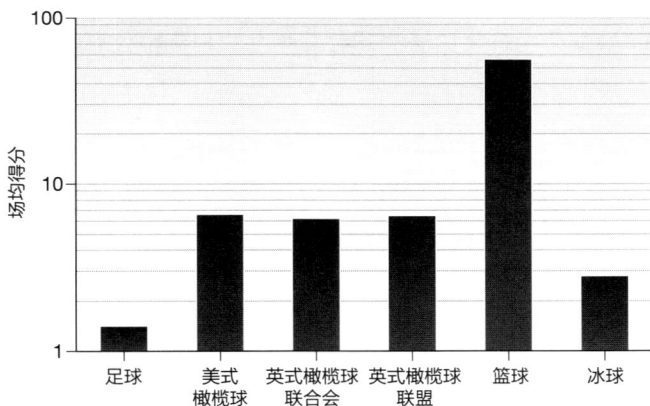

图15　各类体育球队的得分

注解：足球和冰球：进球；篮球：两分投篮、罚篮、三分投篮；美式足球：触地、加分踢球、射门、两分转换和安全球；英式橄榄球联合会和英式橄榄球联盟：落踢射门、追加射门、罚踢射门。

行为也少很多。相比于其他运动，足球中一支球队的场均射门数仅仅比12次多一点。但在曲棍球中，这个数字蹿升至30次，篮球比赛里更高达123次。

　　如果考虑时间的话，显而易见，球迷和球员对于进球的痴心守候愈发彰显了足球的吸引力。在美式足球中，平均每9分钟就有一次得分；在英式橄榄球里，平均时间为12分半；而在曲棍球中，一般需要等待22分钟。但在足球比赛中，一支球队平均需要69分钟才能攻破对手的城门。所以说，足球里的进球总像迟来的犒赏。

更文艺地来概括，足球是一项华丽的低效率运动。

在序言部分，我们曾经提到，在 2010 年国际米兰和拜仁的欧冠决赛中，Opta 数据公司总共记录了 2842 个事件，但其中仅有两个进球。这两次破门都由迭戈·米利托完成，而这名前锋刚刚在前一年被穆里尼奥以两千万英镑的价格招至麾下。2842 个事件中只有两个真正有效，如果相除的话，也就是说每发生 1421 次活动才会有一个进球诞生。相比之下，没有任何一项运动的进球如此徒劳难获。

这或许就是足球的卓殊之处，每进一分球都需要花十分的力气，带给观众百分的豪情和玩味。这也是为什么足球比赛如此令人血脉贲张，因为一个进球就足以将一支球队捧升天堂，把对手葬入地狱。进球堪称足球之绮丽，令人梦寻千百度，蓦然回首，却在灯火阑珊处。

⚽ 揭秘进球之旱

感谢一位名为伊格纳西奥·帕拉西奥斯 - 韦尔塔的巴斯克人，他让我们知道了足球中进球曾经是多如牛毛的（比如在洛尼的时代），然而它的数量早已陡然递减。为何导致了这样的趋势？

帕拉西奥斯 - 韦尔塔是伦敦政治经济学院的一位经济学家。多年前，他开始聚焦足球的主要产物——进球，以及比赛的结果。为了检验是否从有组织的足球比赛开始，场均进球数就在不断下滑，他做了很多优秀经济学家都会做的事：收集了尽可能多的数据，并进行了分析。他集合了从 1888 年到 1996 年所有英格兰职业和业余联赛的比分情况，研究场次达到了 119787 场[2]。

帕拉西奥斯－韦尔塔首先专注于研究顶级联赛。他严谨细心的计算证明了：随着足球的发展，进球数的确在不断下降。在 19 世纪 90 年代末和 20 世纪初，英格兰顶级联赛的进球数就已经出现了下降趋势，从最初场均的 4.5 个进球开始下滑，直到 1925 年越位机制的改变。那一年，国际足联将原来进攻队员与对方球门线之间少于 3 名对方队员视为越位的规则，改为少于两名对方队员。这一举动使得进球更加容易，使每场整体的进球数几乎增加了一球。但好景不长，突然上升的场均进球数在"二战"爆发时又降至 3 球；而在硝烟散去后，数字又慢慢回升了，不过在之后的发展历程中又出现了一些波动。尽管截至 1968 年年底，场均进球数又超过了 3 球，但最终趋势是持续下降的。按照帕拉西奥斯－韦尔塔的计算结果，在 1996 年的英超赛季中，场均进球数是 2.6 个。

虽说场均进球数的递减趋势十分明显，但要知道，在过去的一百多年中，其实有很多因素都表明进球数应该不断增加。比如，其中一个重要因素就是球员能力的不断提升。另外，场地条件和球员训练的医疗环境也比 19 世纪时优越了很多。同时，俱乐部拥有全世界最卓尔不群的人才、技术和资源，不再局限于地区范围。足球的方方面面都在持续发展。

这也是杰夫·科尔文在他的畅销书《哪来的天才》(Talent is Overrated) 中所呈现出的一个论点。在讲述 21 世纪人类卓越表现的根本原因时，他提到："显然在当下的几乎每个领域，标准都在飞速提升。毫不夸张地说，人类每天都在将身边的事情做得更好。"为了论证这个理论，科尔文又举了一些滑稽的例子："现在高中的马拉松冠军足足可以甩掉1908年奥运会第一名至少20分钟，"或者说在跳水中，"1924年的奥运会甚至禁止翻腾两周的动作，因为大家觉得太危险了。而在今天，这样的动作都是小儿科级的。"

如果科尔文的理论是正确的，那么每场的进球数就不应该下降。诚然，当射手们的水平不断提高时，后卫和门将也没有落伍；他们并驾齐驱，所以进球数起码要和一百年前持平才对。不过现实并非如此。

那究竟是什么原因使得进球数在不断创造新低？20世纪出现了一系列规则的修订，但不管是1925年的越位系统修改，一场胜利获得三分机制的设立，还是1992年开始禁止门将手接回传球，都没有决定性的影响。同样，两次世界大战的干扰也没有成为足球长期发展中的关键因素。

假设仅仅是球员的实力（并非战术和训练水平）导致了进球数的变化，那我们就应该察看不同级别联赛的进球数是否不同，而这样的差异也应该随着时间不断改变。简单的逻辑是这样的：我们假定在20世纪初的时候，英格兰顶级和第二级联赛的球员能力是有区别的。但鉴于那时候还处于职业化初期，实力的差距并不会太大。但时过境迁，考虑到运动员年薪高速上升，训练水平快速发展，加上全球性选才的资源差异，目前的英超和英冠联赛水平，相比当年已经不在同一水平线上了。简单来说，就是如今第一级联赛的球员天赋和水准已经远高于第二级别。

同理，我们可以认为，从第二次世界大战结束后，第二、三、四级联赛的球员水平差距也在不断拉大。逻辑上说，如果是球员实力和天赋的改变导致了进球数的减少（比如，门将的防守范围变大，后防球员速度更快、判断更准，中场队员的速度和耐力都升级了几个档次），那么从21世纪至今，不同级别联赛球员的天赋水平差异，导致他们的进球状况开始发生偏离。所以顶级联赛的进球会变得越来越稀罕，进球频率的差异也在持续变大[3]。

验证这个猜想的关键点在于，我们需要证明英格兰足球各级别联赛的水平差距确确实实是在扩大的。因此，我们将足总杯的捧杯情况作为检验标准。因为这是为数不多的一项有着百年历史，且各级联赛球队都有机会进行较量的知名锦标赛。由于不同级别的球队不可避免地会在这项杯赛中碰面，我们就有机会看到高水平的俱乐部是否的确变得更强了。

图 16 体现了从 1900 年开始，第一级、第二级和更低级别联赛球队打进足总杯八强的次数。每一个完整的奖杯代表一支球队，而缺失了顶部和把手的奖杯代表相应的小数。如图所示，在 20 世纪的第一个 10 年里，平均每年有 4.8 支顶级俱乐部、1.7 支二级俱乐部和 1.5 支非联赛球队杀进了最终的八强。

但当你将视线移至右端时，我们可以发现，今天的八强席位和最终的足总杯冠军几乎全部被英超球队囊括，而牺牲的是小俱乐部的席位。当然时不时也有一些例外发生，比如说米尔沃尔和加的夫城队分别在2004 年和 2008 年爆冷闯入决赛。可是总体的趋势依旧是清晰的：从第二次世界大战后开始，第二级别球队几乎将一个半的席位，拱手让给了顶级俱乐部。

这也直观地体现了不同级别球队差距的逐步扩大。

图16 英格兰足总杯表现（按照联赛级别分布，1900—2012）

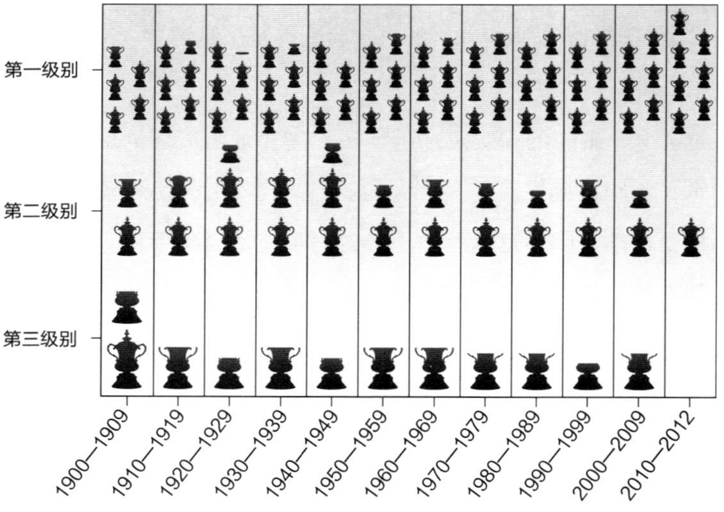

注解：基于进入八强俱乐部的平均数量。

但关键的问题摆在了我们面前：是不是因为实力差距的逐渐增大，导致不同级别球队之间的进球率产生了更大的分歧呢？

进行一系列烦琐的统计测验后，帕拉西奥斯－韦尔塔发现，从历史上最早的进球算起，一级和二级联赛的破门情形是雷同的，而所有联赛逐年的进球分布几乎完全相同。所以不管球员的提升有多么迅速，规则如何变动或战争如何侵扰，足球发展的趋势都是朝着更少的进球而去。实力水准的确在进步，差距也在扩大。尽管如今英超联赛的军中铁卫比1948年时强大了不少，而英乙联赛的后卫却几乎还在原地踏步，但是他们阻挡进球的效率几乎相同。因此我们可以确定地得出结论：如今全世界出现进球稀缺的现象，并不仅仅是由足球运动员日益提升的技巧和运动能力所导致的。

总而言之，我们看到，自从维多利亚时期开始，进球就开始变得稀罕，而且越来越少。归根结底，并不源于足球规则的更改、全球性的灾难或是整体水平的增长。这一切完全是由一种始料不及的力量所驱动。它源自足球本体。

⚽ 伟大的攻守平衡

足球的故事里有两条主线。其一是由头角峥嵘的球员书写。他们天赋异禀，并拥有魔术师般的双腿，总是在寻找簇新的方式将自己变得更加完美。之前科尔文的理论和足总杯的数据都与他们形影相随，这条主线解释了这些金光闪闪的"足球之神"是如何定义足球时代的。迪·斯蒂法诺、贝利、马拉多纳、齐达内，加上如今的梅西，他们从未停止过拓宽足球的界限，持续将这项运动带到气象一新的境界。

还有一条主线，主角是那些想方设法阻挡上述天才的人。我指的并不是防守球员，而是主教练。他们创造出链式防守（catenaccio）、区域盯人，还有清道夫体系，为的就是抵挡住天才球员的步伐。甚至是已经被巴萨和西班牙队演绎得出神入化的传控足球（tiki-taka）也被贴上了防守的标签，被命名为passenaccio。因为它强调将球控制在自己脚下，从而将对手"饿死”在场上。

当足球比赛不断走向成熟时，运动员们也提升了很多。如今的他们跑动速度更快，射门“稳准狠”，带球更加敏捷，传递越发精准。然而当他们的能力达到新的高度时，限制他们的战术同样也接连攀升。

我们脑海中会立刻浮现出越位陷阱、高位压迫、区域防守和三角配合，等等。而这些新的战术，就是绿茵场上进球不断减少的主要原因。不同的防守战术和策略越来越精细复杂，切断了很多进球的根源。当球员个体不断突破自我时，球队也想出了越来越多的方法与他们抗衡。因此，如今场上的 11 人位置分布更加科学、组织架构更加紧密，有效地对进攻球员层层布控。所以洛尼的后代，现在可以免遭他们前辈的痛苦，不用一场比赛中几十次跑到球门后捡球了。

如果放眼历史上足球阵型的更替，势必进一步佐证我们的推测。多年以前，一大批球队竟然习惯于安排七名进攻球员，而仅仅只派两名中后卫和一名边后卫。很快，这种极不平衡的阵型就得到改良，两名进攻球员被主教练后撤，形成了著名的 W-M 阵型。之后，这样的战术逐渐演变成以匈牙利和巴西为代表的 4-2-4 阵型、英格兰教练钟爱的 4-4-2 和如今更为流行的单前锋阵容。近年来，巴萨和西班牙等队都开始尝试无锋阵型，冲锋陷阵的人物变成了“伪 9 号”。简而言之，按照欧洲最著名的战术专栏作家乔纳森·威尔逊的说法，这一座金字塔已经被倒置。

这个比喻实际上告诉了我们很多关于足球本体的变化。曾经那项完全以进攻为主导的运动，现在已经演化为进球和不丢球同等重要。进攻和防守基本实现了平衡。当一支球队能够在更注重防守的情况下仍然赢球（甚至比之前胜率更高），那么越来越多的球队就开始效仿。随着时间的推移，大家渐渐认同了赢得足球比赛的关键在于：在自己不失手的前提下，在另一端逮住对手的差池。

而数字也可以反映出这样的演变。若是 Opta 体育在 1910 年就成立的话，我们估计当时他们在比赛中记录下的大部分事件都和前锋相关，而以后卫为主体的屈指可数。但一个世纪之后，后防球员和中场枢纽触球的机会远比射手多。Opta 的数据显示，在 2010/11 赛季的英超联赛中，每个后卫平均在 90 分钟内触球 63 次，中场球员触球 73 次，而前锋只有区区 51 次的触球。

在很多人看来，这是一个警示。特别是，帕拉西奥斯 - 韦尔塔的发现表明进球数与日俱减，加上防守在足球比赛中的权重日益增长，这些都暗示着，在未来的某一天，进球可能会从这项运动中冰消雾散。

为了推算出那可怕的一天何时到来，我们决定更新帕拉西奥斯·韦尔塔当年的研究数据（他的数据截止于 1996 年）。这次我们更加关注第二次世界大战之后的足球运功，收集了更多近些年来的信息，描摹出进球情况的发展趋势。因为极端的因素（例如，天气、运气，或是一些极其糟糕的球队的出现）就能影响到整体结果，由此我们着重注意减少偶然波动的影响，还原了一幅完整精确的历史走势图。具体来说，我们所运用的统计技术是局部加权回归散点平滑法（lowess smoothing），剔除了很多数据中的"噪声"。最终，一张意想不到的图出现了。

在半个世纪场均进球数持续走低后，过去的 60 年中，这条曲线开始逐渐平缓。进球绝不会化为乌有。在过去 20 年内，甚至自 1970 年开始，进球基本就趋于平稳了。

图17　英格兰第一级联赛场均进球数（1950—2010）

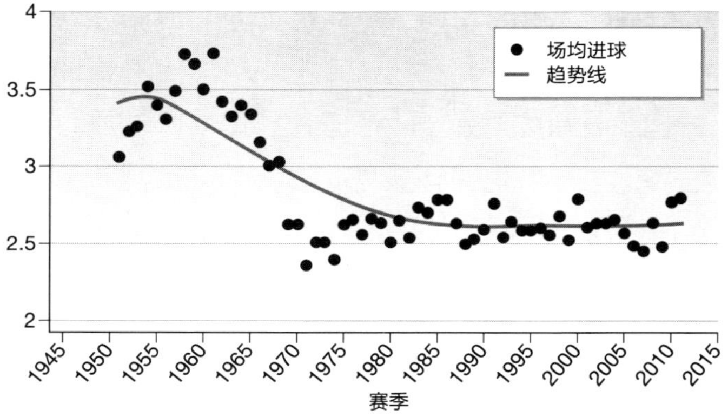

这也代表着足球中的两种发展——进攻手段的不断创新和防守系统的技术革命——已经实现了动态的平衡。

眼下，足球运动的知识库被全球各地共享，成功的战术打法被各队效法，全世界的球队变得越来越相似。早年频繁高比分的出现，其实和球员能力、比赛状态没有太多联系。影响更大的是，强大的俱乐部有更好的训练环境和更先进的战术理念，能使球员在场上组织和运转方面更加行云流水。也就是说19世纪奥利恩板球俱乐部的溃败，并不是由于缺少盘带和传球的技能，或受到雨天和泥地的干扰，而是受限于组织的混乱和对战术系统的无知。

虽然过程比较缓慢，但通过主动的试错和提升（不断减少自己的失误和软肋），世界上的球队已经变得越来越相似。

需要留神的是，简单地查看场均进球数字可能不会让你知道全部真相。因为进球数分别为 0、0、0、6、9 的五场比赛，和每场三个进球的比赛平均进球数是一样的。计算出来的平均数确实能够代表一些事实，但是它不会告诉我们其中有多少极端的球队和比赛出现，或是这些非寻常值是如何一步步变化的。

仔细端量，这些数字大相径庭。当我们开始计算从 1888 年至今足球联赛每场比分的时候，我们发现大部分球队的攻守风格越来越近似。相比过去，现在的球队赢球更加困难。在过去的一个世纪中，两支对垒球队相差的进球数从超过 1 个发展到如今的小于 0.5 个。100 年间，平均每场比赛的进球数差值下降了 50%。倘若只关注最近 30 年，你会发现虽然总进球数已经达到历史的平稳状态，但每一场比赛的进球数差还在下降。

用经济学的理论进行类比的话，就是当某个产业基本成熟后，每个足球运动员的额外产值已经不如起步初期了。并且随着产业不断发展，最有效率的生产技术已经传播到各地。同样地，足球俱乐部也在进步的过程中共享和效仿先进理念，大家都有机会在全球范围遴选英才，因而变得有些同质化。如今的足球产业如同汽车领域一样：在全球化的今天，本田汽车和丰田、大众并没有什么差异化了。但在几十年前，汽车产业中各家公司的发展状况还是有天壤之别的。

我们这样的分析也许可以推翻一个体育界流传已久的理论：糙英俱

乐部的权力和财富，打破了全世界各个联赛的平衡。因为从历史的角度看，目前的足球联赛比100年前更趋白热化。

我们在阿布罗斯的朋友们验证了这个道理：在足球的金字塔中，底层队伍比顶层俱乐部的发展速度更快。开句玩笑话，我们现在已经很难看到一支由锡匠、煤气管道工和板球队员组成的足球俱乐部了。2007/08赛季中的德比郡队可能是英超联赛历史中水平最差的球队了。但从另一个角度来说，他们和当年的冠军得主曼联队的实力差距，比一个世纪前伯明翰城和那支第一次夺冠的"红魔"曼联的差距小多了。

越发激烈的足球比赛有一个重要影响：他们使得进球更加稀少，比起60年前或100年前来说更加珍贵。而这也引发了足球中一直以来一个最大的误区：球迷就是去看进球的。这样的想法可能在越位规则的更改、三分制的设立和手接回传球被禁止后变得更加主流，让很多足球支持者认为，进球就是他们唯一想看的东西。但是正确的理解却是：球迷真正想看的是有决定性的致命一击。

当比赛进球数从陡峭的下坡进入一个平地，比赛双方的进球数差距继续缩小，足球运动已经开始提供给观众一个近乎完美的产品。眼下很多比赛都十分胶着，而且比分不高，球迷几乎整个90分钟都紧握双拳。今天没有任何一支球队有十足的把握能够必夺三分，同样，也没有球队会像奥利恩"板足球"俱乐部那样遇到不可战胜的对手。

在19世纪后期那个盛产进球的年代，也许球迷们认为更多的进球就意味着更多的欢乐。但足球的魅力在于它的物以稀为贵。每个进球都扣人心弦，每次破门都关乎成败。

算上所有级别，今天的英格兰联赛平均每场比赛制造 2.66 个进球。尽管进球数偶有波动，但从长期来看，这个数字惊人地稳定。不管你相信与否，这个赛季你看到了 1000 个进球，在下个赛季甚至下下赛季你仍会看到这么多进球。足球似乎已经找到了它的平衡。

⚽ 上升的一切必将汇合

"我踢球的方式决定了我是谁。"乌拉圭作家爱德华多·加莱亚诺在他的散文集《足球往事》(*Soccer in Sun and Shadow*) 里写道。踢球风格体现了每个团体迥然不同的特点，也能让他们有机会展现自己无与伦比的一面。"告诉我你如何踢球，我就知道你是谁。"从古至今，足球通过林林总总的风格展示。选择如何踢球是每个球员个性的体现。现在全世界很多球队都英雄所见略同：即"坚持自我"至关重要。

这样的独特性能够唤起很多真挚深切的情感，将足球的美更多元地体现出来。然而足球世界里的多样性却时常被人误解。不管你身处何地，当地的足球圈都存在着一种强烈的信念，即坚信外国人、局外人或是移民通常都难以理解这个新世界错综复杂的地貌。在英格兰，这样的信条可以从"斯托克城雨夜考验"充分反映出来。这个有些耳生的名词，代表着一种英国人的传统观念：只有当新来的外国球员，在不列颠尼亚球场的飘泼大雨下有了抢眼的表现，他们才会被认为能够在英超生存下去。

这种看似狭隘、有些凸显自身优越性的态度不仅发生在英格兰。在德国，当前切尔西技术总监弗兰克·阿内森加入汉堡俱乐部时，带上了之前的两位同事——前"蓝军"球探李·康格顿和史蒂文·休斯敦。现实却不尽如人意，他们被当地人指责并不了解德甲联赛。

起初，外界对于休斯敦和康格顿的到来抱以十足的期待。休斯敦最早在保险机构担任研究员，之后在 NBA 的休斯敦火箭队开启了体育职业生涯，并成为第一批以"技术"分析闻名的球探。他使用数据剖析对手、潜在的签约对象和本队的球员。

2011 年，我们曾与这三位足球界专家在一起商讨他们的计划。他们将把自己新创建的分析法带入这个德甲的老牌劲旅。汉堡队在德国已经被称为国家的"恐龙"了，因为他们是唯一一支在德甲历史上保持全勤，并从未降过级的球队。可是不管是在场上还是场下，一切并不顺利。他们被认为将一种完全不入流的异教思想带入了球队。德国球迷不止一次表示，德甲是极其特殊的联赛。而有意思的是，英格兰人同样声称自己的联赛是高等身份的象征，西班牙和意大利人也认为他们的联赛天下无双。

可能在某些方面，这些联赛是有区别的。裁判响哨的频率也许是其中之一。但是当比较起足球运动中最重要的部分时，没有哪国的球迷敢夸耀自己是绝无仅有的。因为除了一些表面上的区别，谈到足球里最重要的指标，世界上最强的四大联赛竟然出奇地一致。上升的一切必将汇合。

但这并不表示你的出身背景和你在绿茵场上的表现毫无关系。2011

年，政治经济学家爱德华·米格尔、塞巴斯蒂安·赛何和尚卡尔·赛提纳斯分析了一位球员所在国家的政治动乱情况和他在足球场上暴力倾向的联系。其中，场上的暴力倾向程度由他得到的红黄牌次数来衡量。

他们的探究逻辑通俗易懂。如今很多职业足球运动员都来自贫穷、社会不太稳定的国家，但另外一部分相对而言出身较好，祖国繁荣昌盛、民主自由。这种与生俱来的区别，是否对他们在绿茵场上的表现有影响呢？答案是肯定的。根据 2004/05 和 2005/06 赛季五国联赛（英格兰、法国、德国、意大利和西班牙）和欧冠的统计数据，米格尔他们发现了其中的**联系：当一个国家经历的战争数量越多时，这个国家球员领到黄牌的平均数量就会随之上升。**

"哥伦比亚和以色列两个国家就是其中的典型。自从 1980 年开始，这两国每年都发生国内战争，而来自哥伦比亚和以色列的球员在球场上也格外地凶悍。哥伦比亚的防守型球员科尔多巴就是这样的一位运动员。在他们研究的两个赛季中，科尔多巴一共被裁判出示了令人震惊的 25 张黄牌。"

同样的巧合发生在家乡为非经合组织国家（更加贫困和专制）的球员身上。虽然这项研究并没有深挖这种规律背后的原因，但这些研究人员向我们证实了来自不同国家的球员（拥有不一样的文化和政治背景）的确展现出了千姿百态的比赛风格[4]。

此外，不同地区的足球特色也可以在球队的阵型上体现出来。我们可以将英超和西甲做一个比较。Opta 体育的数据表明，西班牙球队在 2010/11 赛季 57.8% 的比赛中运用的是 4-2-3-1 阵型，然而英超球队只在 9% 的比赛中使用这样的阵型。

相比之下，英格兰主帅更习惯使用传统的 4-4-2 阵型（使用比例占 380 场比赛的 44.3%）。英格兰球队第二痴迷的阵型是 4-5-1（比例占 18%），不过这套体系似乎对于伊比利亚半岛的斗牛士们并不适用，使用比例只有寥寥可数的 1.3%。这样的区别很大程度上体现了两国对于足球战术理解和运用上的差异。

我们再来看看比赛纪律上的差别（也许一个正直的英格兰老头可能会直接地说，纪律就是你在球场上"跳水"的频率）。我们对比了 2005/06 至 2010/11 赛季中英超和西甲比赛犯规和出牌的次数，情况天差地别。两国联赛这项数据的比较相差了将近 40%：一场英超联赛平均犯规数为 24 次，西甲则多达 34 次。

出牌次数也是如此。英超裁判平均每场出示 3.2 张黄牌，但是西甲主裁更为严厉，平均出示 5.1 次，差距为 59%。

此前提到过的米格尔、赛何和赛提纳斯的研究也发现了这个问题。即使在考虑了球员的位置、年龄、能力和背景后，他们计算出的西甲的出牌次数也远比其他联赛多。

不过不论是阵型还是比赛风格，表面上微小的差别并不会对结果产生太大的影响。也许听起来匪夷所思，但在 21 世纪，足球顶级联赛的比赛结果的确惊人地相似。比照足球中最主要的几个元素，它们都相差无几，而其中最重要的一项就是进球。

当谈到"进球"这个足球中最核心的要素时，之前所有的发现，还有加莱亚诺的理论都站不住脚了，很多其他的关注点也变得无关紧要。

我不在意你的联赛是更依赖外援还是本土球员，不关心你的宏伟蓝图是被米歇尔斯、克鲁伊夫、罗科还是链式防守的大师埃雷拉所启迪。或许英格兰球员的确更加雄健和强壮，阿根廷球员更令人捉摸不透，巴西运动员更富有艺术感和创造性，来自韩国和日本的球队更规矩、训练更加刻苦。但当我们仅仅看待进球时，这些观点或事实都不再重要。

之所以我们如此笃信顶级联赛的进球情况几乎一模一样，是因为我们之前在最好的联赛中，做了一个探析进球实质的实验。为了定义最好的联赛，欧足联的记录成了我们的衡量标准。他们的数字显示，近年来四大联赛的水平鹤立鸡群，这四大联赛就是我们熟知的英超、德甲、西甲和意甲。图 18a 涵盖了从 2000/01 赛季之后一共 11 个赛季里的场均进球数。

你能将四个联赛对号入座吗？如果不行的话，也别太难过。不管你在哪里比赛，队中的成员来自何处，顶级层面的足球比赛在本质上基本如出一辙。但是这样的趋同性并没有在荷甲、法甲或是美国大联盟这样的非顶尖联赛出现。只有在金字塔顶部，赢球之道才会殊途同归。

图 18b 和 18a 的图形完全一样，只是加上了各自对应的联赛名称。也许每年会有一些波动，不过这四项联赛的平均进球数都比三个稍微少一点。我们的数据采样囊括了十多年，这期间几乎没有例外，一直保持着稳定。无论每周末去哪一个体育场，这些联赛的观众一般都会在每场比赛中目睹 2.5 到 3 次破门的发生。

很多读者会讶异这样的结论和我们一直以来的观念相背离。我们总是认为不同的踢球风格、战术体系和人员配置，使得每个国家的足球比

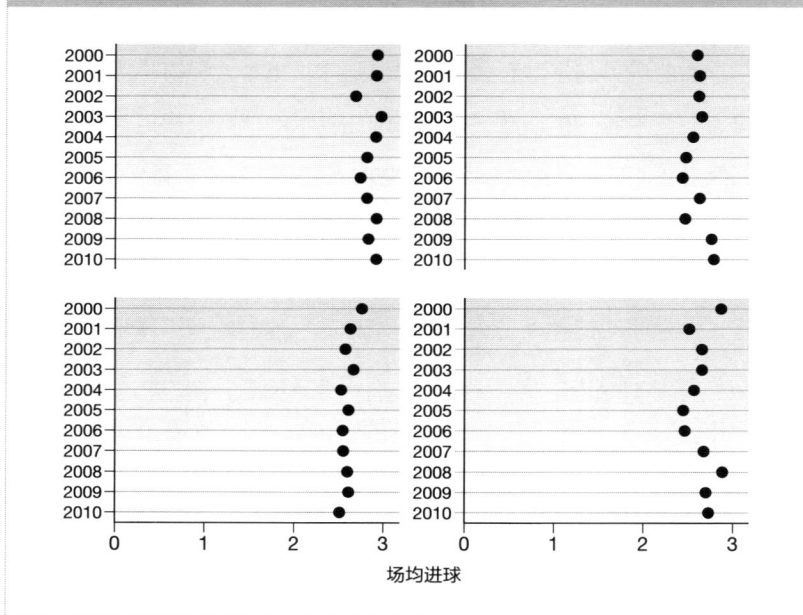

图18a　欧洲四大顶级联赛的场均进球数（2000/01—2010/11）

赛呈现出不同的风格。比如，意大利的比赛更讲究防守，西班牙的足球踢得更加优雅，还有英格兰的比赛更注重身体对抗。足球文化在不同的国家和大洲有天壤之别。我们都知道这些。

那不同国家产生的进球呢？"告诉我你如何踢球，我就知道你是谁，"就像加莱亚诺曾经留下的名言。没错，很多出现在英格兰的进球都始于边路传中，被雷霆万钧的头球完结。西班牙取而代之的是一连串的精细配合，而亚平宁半岛的进球多发生于电光石火般的快速反击。

但如同进球风格无关最终结果，很多其他可以量化的比赛关键点（像

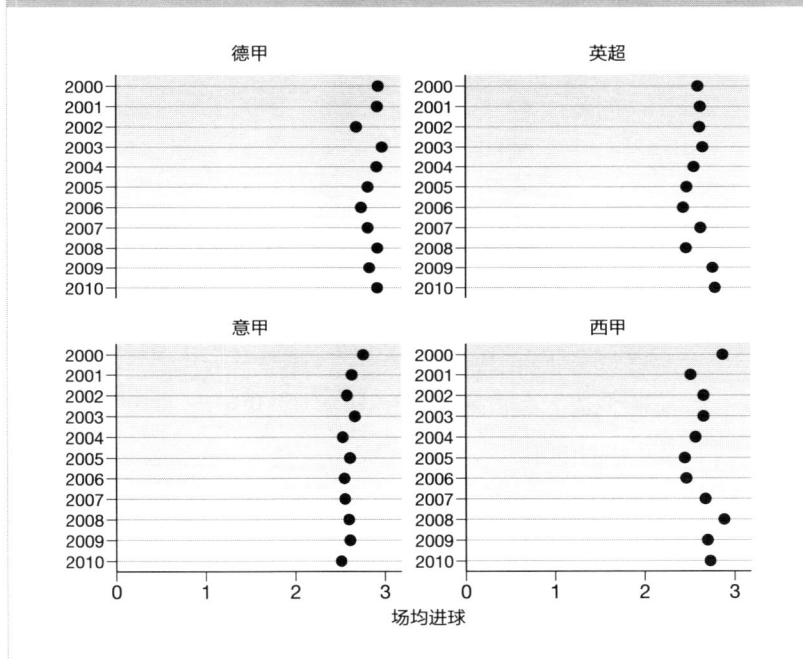

图18b　欧洲四大顶级联赛的场均进球数（2000/01—2010/11 赛季）

传球和射门），大体上都在四大联赛中保持一致。来自 Opta 体育 2010/11
赛季的数据表明，四大联赛一支球队平均每场比赛完成 425（德甲）到
449（意甲）次传球。在意大利，其中只有 54 次是长传球，而德甲依旧
最高，为 59 次。这两个联赛同样处于短传球的两个极端，分别为 332 次
和 356 次，差距仍然微乎其微。顶级联赛的球队都神肖酷似，如果不是
因为球衣差异，你说不定还难辨雄雌。

　　这种发展的趋同性也能在很多其他方面体现出来。数据显示，四大

表2　欧洲四大顶级联赛的场均传球数（2010/11 赛季）

	总传球数	长传数	短传数
德甲	425	59	332
西甲	448	56	355
英超	438	57	343
意甲	449	54	356

联赛总共 78 支球队的场均射门数都在 14 次左右，打中门框范围的射门数在 4.7 次左右。他们平均每场都获得差不多 5 个角球，还有 0.14 次点球。

　　还有许多相似的主要数据，比如任意球、传中和头球的次数，我们就不再一一列举了。

**表3　欧洲四大顶级联赛的场均射门数、
角球数和点球数（2010/11 赛季）**

	射门数	击中门框范围数	角球数	点球数
德甲	12.9	4.6	4.9	0.14
西甲	13.0	4.8	5.4	0.15
英超	14.5	4.6	5.5	0.13
意甲	13.8	4.4	5.3	0.14

　　总体来说，尽管西班牙的裁判吹哨和出牌的次数可能更多，英超的比赛速度比意甲更快，但是所有这些区别都没有我们想象中那么大。一

个联赛每年自身的差别，都比四大联赛之间的区别要大得多。

足球的传统观念总让我们觉得自己是举世无双的。但我们需要承认，当一场复杂的足球比赛简化到最核心的层面时，我们就相差无几了。不论地球上的足球运动员在哪里工作，不变的是，进球同样珍贵，同样瑰丽。

第3章 他们错失达伦·本特

有时候在足球这件事上，你必须进球。

——蒂埃里·亨利，法国著名足球运动员

预算部长十分恼火，他扬声恶骂这个事件是"粗鄙的"；体育部长同样呵斥"应该受到强烈谴责"；甚至连共和国总统都加入了他们的阵营。但这并不是什么议会的性丑闻，或是其他令所有法国群众勃然大怒的新闻。都不是！其实这就是以上几位大佬对于巴黎圣日耳曼俱乐部的卡塔尔老板们一个决定的反应。2012年夏天，巴黎俱乐部的老板决定支付给他们的新援明星前锋每月100万欧元，总计4年。请记住，这是税后的价格，每年总计花费3500万欧元，还要加上2500万欧元的转会费。

即使这名球员天赋异禀，阿拉伯石油土豪腰缠万贯，很多人也难以理解如此极端的"金元行动"。但在"大巴黎"的这个案例中，原因极其简单。他们并不是简简单单斥资 1.65 亿欧元得到了一个球员，他们得到的是对胜利的保证。

这位主角就是兹拉坦·伊布拉希莫维奇。虽然在职业生涯中一直处于风口浪尖，但他无疑是一个不折不扣的冠军赢家。在 2003 年到 2011 年期间，不管身处哪一家俱乐部，这位瑞典球王每年都斩获了联赛冠军。8 座连续的奖杯包括一次荷甲冠军、一次西甲冠军和六次意甲桂冠。他不只是一个运气的象征，因为这 8 年里，他仅仅只有一次赛季进球数少于 14 个。他绝不是一个搭便车的乘客，而是掌舵的船长。

源源不断的进球让伊布声名鹊起。当然我们不应该把伊布转会巴黎的这一单天价交易孤立拿出来说，因为现在的转会市场里，每一位高产射手都被不可理喻的高薪萦绕着。毕竟他们是足球比赛中引爆全场的人。我们沉迷于他们的进球，因为进球定义了比赛。

就拿 2011 年 1 月转会窗口的截止日来说吧。那是一个跌宕起伏的夜晚。子夜过后，利物浦前锋费尔南多·托雷斯以 5000 万英镑的高价转投"蓝军"切尔西。

就在失去了这样一位偶像球员后，"红军"梅尔伍德训练基地上空立即响起了机翼旋转的轰鸣声。在以破队史引援转会费纪录的 2360 万英镑锁定阿贾克斯射手路易斯·苏亚雷斯后，利物浦队又以 3500 万英镑的价格压哨拿下了另一位中锋安迪·卡罗尔。后者匆匆登上直升机，在转会窗关闭前从纽卡斯尔联空降到这座新城。

世界各地的进球都无比稀有。在 63% 的比赛中，英超球队的进球数在两球以下；在 30% 的比赛里，90 分钟一无所获。进球对于个体的球员

来说就更屈指可数了。在 2008 年到 2011 年的英超赛季中，一共有 861
位球员有机会登场亮相，总计 30937 次出场表现。其中 28326 次（91.6%）
的出场，球员最终颗粒无收。令人更为吃惊的是，45% 的球员在整整三
个赛季中一球不进，而四分之一的球员（221 位）在这段时间里，没有
完成一脚打在门框范围内的射门。在 17322（56%）次登场机会中，球员
就连一次射门也没有完成。超过 80% 的时间里，一位运动员要么没有射
门机会，要么就实现了一脚打门。超过三年没有射门，与进球无缘。难
怪从古至今那些能够在人缝中找到机会射门，还能取得进球的射手在转
会市场里如此吃香。也难怪在伊布的一生中，他的出现几乎就意味着奖
杯与胜利。俱乐部每年都为前锋一掷千金，因为他们知道进球有多么重要：
进球能够赢得比赛，赢球能够带来三分。

　　然而，我们更想说的是，并非每粒进球都有相同的价值。一些进球
相比于另一些，更被珍视。

⚽ 从"银本位制"到"金本位制"

　　毫不夸张地说，伊布的一部分工资应该献给一位足球界的开拓者：
吉米·希尔。在他的晚年，希尔已经习惯于在荧屏前以解说员的身份和
大家见面。但在 20 世纪 50 年代，他曾是英国职业球员工会（Professional
Footballers' Association）的主席。也许在组织成立时，他并没有立下显赫
战功，但他在其他很多方面都是创新的引领者。

他曾破天荒地取消了英国足球界最高工资（每周 20 英镑）的限制。这样历史性的举动，逐渐让英超联赛的薪金水涨船高。

在废除工资限制后，希尔在 1961 年成为了考文垂俱乐部的主席，发起了一场轰轰烈烈的"天蓝革命"（Sky Blue Revolution），使得球队一下子跻身精英行列。它将俱乐部的主场战袍更调为天蓝色，销售出了史无前例的比赛日节目套餐，并且亲自为球队写了一首队歌。之后，他还委托修建了英格兰第一座全座席球场。

但相比于这些创举，希尔为人类留下的最大遗产还是设立赢球奖励三分机制。此前他一直认为，对于观众来说，足球比赛过于保守和无聊。他本能地感觉到进球数每个赛季都在不断减少。希尔对此的解决方案虽然简单，但意义极其深远：他希望让赢球更有价值，从原来每场取胜获得两分，变成每场三分。这样的革新等同于用"金本位制"取代"银本位制"。从 70 年代开始，"三分制"在英格兰足球依斯米安联赛（英格兰的地区性男子足球联赛）开始试运行。1981 年，这项提议最终在英格兰足球协会（Football Association）顺利通过。

这个伟大的发明正式启动后非常成功，很多人为之叫好。1995 年，国际足联（FIFA）也跟上了发展的脚步，要求所有成员国使用三分制。时任主席约瑟夫·布拉特称之为"体育界最重要的决定，并且回馈了攻势足球"。从理论上来说，对于胜利一方的奖励增加了 50% 后，越来越多的球队会愿意冒更大的风险，由此带来了更多进球和一项更具观赏性的赛事。

如何检验这个新制度是否达到了预期的效果，原以为非常简单。粗略一想，我们只需要比较新规定设立前后的进球数即可。但这样的方法却并不可行。因为样本数量并不够大，所以可能会有很多其他因素影响最终的结果。比如，升降级球队数量的改变、俱乐部拥有者和教练组的更替，甚至连天气的变化都有可能对最终结果造成影响。因此我们需要一种更为严谨的实验方法。

两位德国经济学家——亚历山大·迪尔格和汉娜·盖尔想出了一个法子。他们分别收集了三分制创立前后10年一共6000场联赛比赛和1300场杯赛的数据。之所以将杯赛的比赛纳入考量，是因为它们并没有受到三分制的影响（在锦标赛中，只有晋级和淘汰之分，与积分无关），从而成为实验的控制组。

经过长期的研究，迪尔格和盖尔有了重大发现。1995年后，足球比赛中有一个方面出现了重大变化，但这并不是进球。在联赛的争夺中，黄牌出现的频率急剧升高。虽然足球的进攻性增强了，同时防守球员的拦截、推搡和铲球也更加凶悍。

此外他们还发现：出现平局的场次大幅下滑。这一点相信大家很容易理解，因为之前平局和获胜的奖励只相差一分，并没有很大差距。不过现在两种结果相差两分，赢球的回报更大。与此同时，增加的还有一球小胜的场次。

在全新规则的作用下，教练员更加谨慎，越发注重防守。很多情况下，换上的替补球员都是为了巩固防线，而大脚解围也不断增多[1]。进球数也许并没有急遽提升，可是每个进球都更加关键，能够一锤定音。简单概括来说，三分制实际上并没有回馈攻势足球，而是回报了"功利"

足球。

虽然新规定并没有增添太多进球数，伊布的工资中还是应该有希尔的一份。因为从很多方面来看，三分制的引入不但没有增加太多进球数，反而使得进球更加困难，所以现在的前锋需要应对更加严酷的防守环境。不论法国预算部长的态度如何，至少对于一个俱乐部来说，像"瑞典神塔"伊布这样能够常年保持进球高效的射手真正是价值连城。

这并非鼓励俱乐部为这样的高龄前锋盲目挥霍，毕竟转会市场里泥沙俱下。不过，亘古不变的真谛是：**进球是奇珍异宝**。而我们提出的全新论点是：**并非每个进球都价值千金**。

⚽ 足球世界的"浮动汇率"

在足球世界里，积分和进球同样宝贵，二者之间有着千丝万缕的联系。很多人就在思考，我们能不能计算出顶级联赛中每个进球的统一价值呢？现实生活中，我们有从英镑转换到美元，从欧元兑换成英镑的标准汇率。那同理，就应该有一个进球和积分的兑换率。

如果这样想，那你就错了。按照汇率的思维，转换成美元时，进行兑换的第一块英镑和第八块英镑并无差别。但是第一个进球和第八个进球对于积分的转换率却有着天壤之别。所以足球里的兑换率很大程度上取决于已经完成的进球情况。

我们构想了一个非常直接的方法来看待这个问题：找出一支球队

场均积分和进球数的联系（图 19）。为了保证结果代表一个长期的趋势，我们使用了四大联赛（德甲、意甲、英超和西甲）2000 年起的所有数据。而伊布的新东家法国的巴黎圣日耳曼队，并没有被纳入我们的数据库中。

图 19　欧洲四大联赛的场均进球与积分关系图（2000—2011）

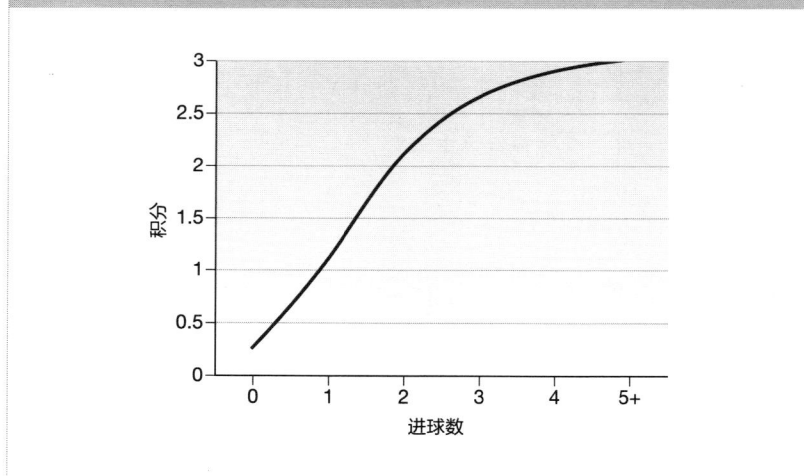

通过观察图表，我们能够发现的第一个法则是：只要进四球以上，基本可以确保胜利。当然历史的长河里总会有一些例外出现，像 1930 年莱斯特城和阿森纳，1960 年查尔顿和米德尔斯堡这两场 6∶6 的平局。但是除去这些个例后，我们基本可以确定，一旦你打入第五粒进球，那几乎就可以安枕无忧了。

也许你不会惊愕，足球比赛中如果一球不进，你拿到的积分可能屈指可数。这并不是说一场比赛颗粒无收就意味着一分都带不走，因为7%~8% 的比赛最终以互交白卷收场。所以有些时候，90 分钟打不进一个进球，也能拿到一分。

上述都是一些极端情况。我们需要重点关注的是，在曲线的中间部分斜率最大，也就意味着这部分的进球最有价值。

从数据角度看，一个进球基本相当于得到一个积分；打入两粒过球，你赢球的概率就更大了。但有时候即使打入三四个进球都不能确保三分，比如，阿森纳曾在四球领先的情况下被顽强的纽卡斯尔联扳平，可怜的雷丁队在 2007 年对阵热刺和朴茨茅斯的比赛中都打进四球，但依旧不敌对手。

这样的规律在四大联赛中都适用。尽管依然存在一些细小的差别，比如，在西甲中的进球比在德甲更为珍贵一些。但总体而言，进球在这四国联赛的价值相差无几。在这项运动的顶层，足球"货币"的价值是非常逼近的[2]。

这条曲线阐明的首要观点是：**进球并非生而平等。对于扼杀比赛的唯一进球和大胜中锦上添花的进球来说，价值差之千里。**数字告诉我们，相比于一粒进球，打入三个进球并不能给你三倍的积分；狂砍四个进球（比三个增长了 33.3%），也不能让你获得 33.3% 额外的分数。

换句话说，因为已经完成的进球数的不同，每个进球的积分转化率是大相径庭的。

图 20 诠释了一支球队的第二粒进球价值千金（相比之前，提高了0.99 个积分），然而一般无关大局的第五粒进球只能换取 0.1 个积分。

而这样的定律没有国界，不论是在意大利还是在西班牙，两粒进球的价值旗鼓相当。也许当年转会后迟迟找不到状态的卡罗尔和托雷斯会反对这个观点，他们会认为第四、第五粒进球对自己有价值、很重要。然而事实屡屡证明，至少对于球队的取胜概率来说，每个进球的意义迥然不同。

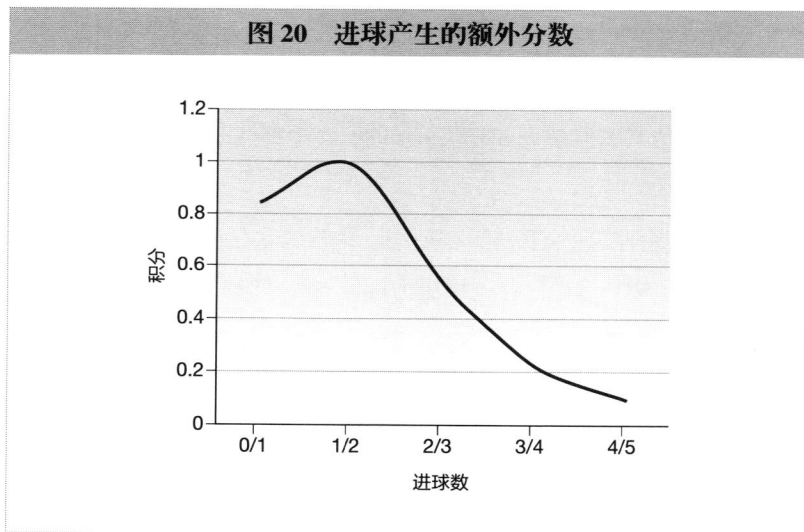

图 20　进球产生的额外分数

某些时候，锦上添花的进球举足轻重。近年来最有说服力的案例就是 2011 年 10 月曼城 6∶1 血洗老特拉福德的比赛，那场大胜中他们获得了 5 个净胜球。就是这 5 球，最终意想不到地帮助他们在积分榜上力压曼联，成功问鼎英超联赛。但这都是例外。对于那些希望赢球的球队来说，最有益的一点箴规就是：他们需要知晓哪些球员能够打进关键进球。

⚽ "锋值"积分榜

这样的告诫听起来有些空洞，但对于比赛结果尤为重要。如果说第一个和第二个进球比之后的破门更为关键，那么我们一直以来单纯以进球数衡量射手价值的方法就存在纰漏。

有些前锋只能在大局已定的情况下，再到对手的伤口上撒把盐；但是另外一部分前锋，却能够在关键时刻撕开敌人的防线，真正通过自己的进球帮助球队掠取积分。这些球员更加卓异，是比赛的胜负手。为了更好地评判前锋，我们不能仅仅习惯于查阅射手榜，因为每一个进球的含金量是截然不同的。

很多人至今难以体味这样的真理。当回眸 2009 年到 2011 年的英超比赛时，我们发现当时英格兰身价不菲的两名运动员托雷斯和卡罗尔都并非"锋"有所值。其实其他很多射手的进球比他们的进球更值钱。

借助 Opta 体育关于进球时间的数据，我们统计了每位球员攻进全队的第一个、第二个或第三个进球的数目。此后我们再利用之前建立的进球与积分转换标准，计算出了每位球员为俱乐部创造出的额外积分。要比较前锋价值，这样的积分贡献榜更为科学[3]。总体而言，射手榜和这个新的积分榜顺序相差不大，但还是能够找到很多令人兴味盎然的对比。比如，2009/10 赛季的英超射手王德罗巴只贡献了第三多的积分，而

2010/11 赛季并列榜首的贝尔巴托夫在新的排行榜中只名列第四。

在 2009/10 赛季中，为球队创造积分最多的是韦恩·鲁尼（但他一共打进了七粒点球），而后一赛季的桂冠被曼城的阿根廷前锋卡洛斯·特维斯摘得，他也是当年并列的最佳射手。这意味着什么？我们可以认为，虽然德罗巴和贝尔巴托夫在当赛季进球最多，但鲁尼和特维斯的进球可以帮助俱乐部得到更多的分数。

除了注视积分榜的榜首，这份名单的余下部分可能更加耐人寻味。对于那些为了保住联赛席位而在中下游挣扎的球队来说，能挣得分数的球员更加紧要。比如，在 2010/11 赛季中，虽然进球数少了 5 个，但西布朗的前锋奥德姆温吉创造的积分与贝尔巴托夫创造的积分仅差毫厘。对于他和他的球队来说，虽然没有打进那么多球，但每个进球创造的积分更加可观。前一年路易斯·萨哈的进球同样令人叫绝：他的 13 粒进球和迪福为热刺队打入的 18 粒进球价值毫无差别。

但这个积分榜中真正的英雄却是达伦·本特。倘使当初切尔西管理层能够采纳我们评价前锋的方法，也许在 2011 年冬天，他们就不会将 5000 万英镑浪费在托雷斯身上，或许会用一半的价格将达伦·本特迎入旗下。因为他是那两个赛季中最稳定的积分贡献者，他能够以一己之力扭转球队的命运。球队倚重本特的程度超乎想象。假设阿布当年预知这个数字，他必定会不假思索签下这位本土中锋。本特才是真正的足坛天王。

当我们计算个体球员为球队创造积分的百分比值时，本特连续两年拔得头筹。在 2009/10 赛季里，他为桑德兰队贡献了 45.5% 的积分。而位居榜眼的来自西汉姆联的卡尔顿·科尔也为球队创造了 27.9% 的分数，但与本特相去甚远。

在之后的一个赛季，本特再次一马当先。如果算上他当年效力的两支球队，本特一共奉献了 31.5% 的积分。紧随其后的是布莱克浦的杜德

表 4　英超联赛前 20 位积分贡献者（2009/10 和 2010/11 赛季）

球员姓名	俱乐部	边际积分	进球数
2009/10 赛季			
韦恩·鲁尼	曼联	20.64	26
达伦·本特	桑德兰	20.02	24
迪迪埃·德罗巴	切尔西	19.59	29
卡洛斯·特维斯	曼城	17.67	23
费尔南多·托雷斯	利物浦	14.34	18
弗兰克·兰帕德	切尔西	14.22	22
杰梅因·迪福	热刺	12.39	18
路易·萨哈	埃弗顿	11.31	13
埃曼纽尔·阿德巴约	曼城	10.93	15
加布里埃尔·阿邦拉霍	阿斯顿维拉	10.86	13
弗朗西斯科·法布雷加斯	阿森纳	10.68	15
卡梅隆·杰罗姆	伯明翰城	9.77	11
卡尔顿·科尔	西汉姆联	9.75	11
乌戈·罗达列加	维冈	8.92	10
弗洛伦特·马卢达	切尔西	8.36	12
迪米塔·贝尔巴托夫	曼联	8.34	12
尼古拉·阿内尔卡	切尔西	8.26	11
约翰·卡鲁	阿斯顿维拉	8.04	10
凯文·道尔	狼队	7.93	9
德克·库伊特	利物浦	7.91	19

球员姓名	俱乐部	边际积分	续表 进球数
2010/11 赛季			
卡洛斯·特维斯	曼城	15.70	20
达伦·本特	桑德兰／阿斯顿维拉	15.01	17
罗宾·范佩西	阿森纳	13.60	18
迪米塔·贝尔巴托夫	曼联	13.04	20
彼得·奥德姆温吉	西布罗姆维奇	12.57	15
DJ·坎贝尔	布莱克浦	11.59	13
德克·库伊特	利物浦	11.29	13
拉斐尔·范德法特	热刺	11.17	13
哈维尔·埃尔南德斯	曼联	11.13	13
克林特·邓普西	富勒姆	10.90	12
查理·亚当	布莱克浦	10.27	13
弗洛伦特·马卢达	切尔西	9.36	13
萨米尔·纳斯里	阿森纳	9.20	10
韦恩·鲁尼	曼联	9.17	11
安迪·卡罗尔	纽卡斯尔联／利物浦	8.92	13
迪迪埃·德罗巴	切尔西	8.72	11
凯文·诺兰	纽卡斯尔联	8.68	12
阿萨莫阿·吉安	桑德兰	8.62	10
费尔南多·托雷斯	利物浦／切尔西	8.62	10
史蒂文·弗莱彻	狼队	8.32	10

利·坎贝尔（29.7%）和奥德姆温吉（26.7%），他们同样能够在最关键的时候不负众望。

从这个积分榜上看，托雷斯和卡罗尔也没有那么糟糕。西班牙金童在 2009 年个人表现不错的赛季里排名第 5。不过在之后转投"蓝军"的赛季中，表现却令人大跌眼镜，和桑德兰队的吉安并列第 18 位（仅仅高于狼队的史蒂文·弗莱彻）。由于在 2009/10 赛季，纽卡斯尔联仍处在英冠联赛，卡罗尔当年并未上榜。不过在成功升级后，他立刻蹿升至这个排行榜的第 15 位。兴许未能预料他的后劲会江河日下，但说不准利物浦高层当年也是估算过这个积分榜的。

⚽ 提前离场的指南

进球的价值千差万别，这个道理不仅可以用于转会运作上，更重要的是，它适用于足球的真正板块——夺取联赛冠军、进军欧洲赛场，在食物链的另一端就是顺利保级。

我们已经领略到了：在曲线的中间，一些进球比另外一些珍贵。

拿第一个进球来说。我们确信只要每一场比赛进一个球，就注定不会降级。譬如在每个赛季 38 场的英超联赛中，倘若平均每场比赛打入一球，根据计算，最终的联赛积分会在 43 分左右。按照过去 10 个赛季的标准来看足以保级，甚至在某些年份拿到 34 分或者 35 分就能够留在英超[4]。在顶级联赛生存下来意味着高额的收入。单说电视转播收入一项，英超和英冠的差距就大约为 4500 万英镑，而这个数字还在扶摇直上。

对于那些更有雄心的球队来说，平均一场进一球还远远不够，毕竟赢球的概率只有 25%。于是每场比赛稳定的第二粒进球就十分关键，令人望眼欲穿。

我们的结果显示，只要打入第二个进球，赢球的概率就超过了50%（图21）。假定一支球队势如破竹连入三球，那么支持者可以心无挂碍提前离场，这样可以机敏地规避赛后的交通拥堵。如果你的球队能进到四球，防线也相对稳固，没有丢掉三球的话，你完全可以胸有成竹地提前离场。

从积分角度来说，进球数和比赛结果并非呈线性关系，而是S形。在足球中，更多的进球并不一定能够带来更多的分数。也许你会说第三、第四个进球很有娱乐价值，但是对于最为重要的目标——积分和排名——这些进球无碍大局。

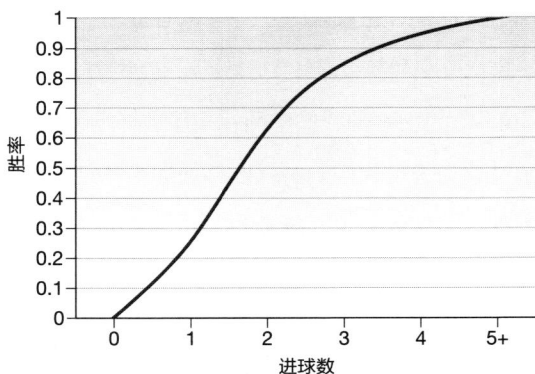

图21　进球数和赢球概率

但要记住每个进球都关系着比赛双方。一次破门，代表着一个进球和一个失球；每一次射手的欢庆就是后卫的一次劫难。这条对于进攻方来说向上的 S 形曲线，对于防守方来说，就变成了一条向下的雪道：第一个进球会让你付出十分的代价，而第二个进球可能就已经将你击溃。

很多人疑惑，为什么如今除了几个特例之外（像布冯和费迪南德），大部分的金元还是堆积在进球者的身上，而不是球场另一端那些阻截他们的人？球迷们最享受的的确是进球，但进球的价值在于它的稀有。假如本方的防守端破漏百出，被灌进无数个进球，那么这些前锋就如同摆设，根本不能为球队博得任何的积分和奖杯。

⚽ 同质和平衡的日子

"今天，很多事情都被强迫走上了相同的道路，"具有发展眼光的乌拉圭足球作家加莱亚诺写道，"这个世界从未如此不平等，而又让人们生活在相似的模式里：在不久的将来，肉体或因饥饿而死，灵魂或因困乏而逝。"

如果看到我们的研究结果，他或许会更加颓丧。在精英层面，全世界的足球从本质来看如出一辙。虽然从巴西到德国，从加纳到苏格兰，足球文化有着霄壤之别，但是从进球规律来看，各国的顶级联赛神肖酷似。

我们臆想加莱亚诺对进球变化的历史趋势和同质化的顶级联赛嗤之以鼻。不仅进球变成了足球比赛中的珍品，就连全球范围内杰出射手的进球效率都越来越逼近。或许相比于意甲，英超联赛中断次数更少、节奏更快，但最终的结果十分类似。

如果他对足球的多样性束手无策，加莱亚诺唯一希冀的就是足球的美感："经过这么多年后，我终于认清了我是谁——一个渴求美丽足球的乞丐。我走向这个世界伸开双手，来到体育场中乞求道：'看在上帝的分上，请让我看到一次美妙的配合吧。'接着，当那奇妙的瞬间映现时，我跪地感恩上帝。我毫不在乎到底是哪个队，或是哪个球星完成的那个动作。"

我相信很多球迷也是如此。他们都有迷恋的一种踢球风格。有人喜欢节奏明快、直捣黄龙的方式，比如曼联和多特蒙德常用的防守反击；有些人痴迷眼花缭乱的传控足球，就像巴萨和西班牙队那样。但不管你是哪类球迷，我都提议你探究每个进球的价值，由此才能更加深切地领悟比赛。

他们知道进球代表着生存和胜利；他们祈祷本队射手能够打进更多绝杀的进球；他们希望球队老板能够加大投入将伟大射手纳入囊中；他们但愿教练能够完善球队的阵型架构，让前锋有尽可能多的破门机会。

足球史无异于一部进球史。足球的发展可以从进球的变化中体现。几十年来，进球数是如何一步步达到而今的平衡点的？那些打开胜利之门的射手是如何越来越受到大家尊崇的？球队是怎样努力找到新的破门之术和防御之策的？就是这样对于战术和创新联翩而至的探索（进攻端折桂更丰、防守端折戟更寡），让足球这项运动展露出当下的景致。足球不再是一项一边倒的进攻游戏，而是两种力量的抗衡对峙，一场明与暗的较量。

绿茵场上

足球"智慧"和少即是多

明与暗

遛猴游戏

长传的消失

游击战式足球

第 4 章

明与暗

我们踢的是左派（足球）。人人为我，我为人人。

——何塞普·瓜迪奥拉，前拜仁队主教练，

现执教于曼城队

足球的历史里，不乏伟大的传教士和哲学家。但很少有人能像路易斯·梅诺蒂那样具有远见卓识。这位老头长发飘飘，嗜烟如命，曾经带领阿根廷队夺得 1978 年世界杯的冠军。

很多人都熟悉梅诺蒂的绰号——"瘦子"（The Thin One）。他睿智、传奇、个性，异于常人，这都和他怪异的外表十分契合。当他的祖国被一个残暴的右翼军政府统治时，梅诺蒂作为一位毕生的共产主义者勇敢地接过了国家队的教鞭。从职业生涯来看，可以说他是一个实用主义者。但如果听到这样的评价，他一定会极其愤怒。在足球场上，他认为自己是一位纯粹主义者。

梅诺蒂信奉的教条非常简单：足球就是比对手多进一个、两个、三个球。他从不在领先的情况下鸣金收兵。我们知道在现代的足球比赛中，越来越注重的是攻防两端的平衡。但是在梅诺蒂的世界里，没有调和的空间。他的进攻华丽激情，但防守对他来说，意味着功利和痛苦。要么是光明，要么是黑暗。

在梅诺蒂的思想观念中，有"右派"足球和"左派"足球之分。作为一个共产主义者和纯粹主义者，他认为前者积极向上，代表着创造力和乐趣，后者消极胆怯，唯一在乎的是结果。"右派足球向人们暗示了人生就是一场艰苦的搏斗，"他曾经谈道，"这样的足球需要牺牲。球员要有钢铁的意志，并且要用尽所有办法赢得比赛。有权势的人要求球员们乖乖听从命令，努力在场上发挥。结果就是创造了一群有用的白痴[1]。"

说实话，梅诺蒂的球队比他声称的更加看重体系。其实他自己也是一个矛盾体（作为一个马克思主义者，却为残忍的右翼军政府卖命）。但无论如何，他的一言一行都极具煽动性。他认为皇马的终身技术总监豪尔赫·巴尔达诺和前德国队主教练、现任美国队主帅克林斯曼都是他的同道中人。此外，克鲁伊夫、瓜迪奥拉、温格、贝尔萨、泽曼、罗杰斯和霍洛维这些名帅也是他理论的追随者。

大部分球迷都会赞同他的观点：进攻应该被鼓励，防守只是一种最后的补救方法。这就是为什么从古至今，转会市场、俱乐部、各类奖项还有集锦制作人员都簇拥着优秀的进攻球员。相反后卫总是被低估，不管是从商业角度还是其他方面来衡量。假如说足球的最终目标是进球，那么我们当然要尽一切可能获得它。

但阿根廷人这种"长矛必将刺穿坚盾"的想法真的现实吗？我们应该如何验证这个想法的对错呢？没错，梅诺蒂的执教方法可以被看作一种理论，但这样"进球多比失球少更重要"的想法只能算是一种假设。就像科学界的其他假说一样，这个假设也能够通过数据验证。在数字面前，梅诺蒂的猜想还能坚不可摧吗？像英国著名生物学家托马斯·赫胥黎的名言，他也会遭遇"科学的伟大悲剧——用丑陋的事实扼杀了美丽的假说[2]"吗？

在足球世界中，最美丽的假说应该就是"进攻能够击败一切"吧。每个赛季上亿英镑砸在锋线上，各家俱乐部为前锋争得头破血流，还要付上高额的薪水。毕竟，他们是这场游戏的明星，能够掌握球队命运。如果拥有顶级的锋线组合，那在通往荣誉之路上你将不可阻挡。这样的逻辑虽然有些牵强，但是在我们的潜意识中，一直认为足球就是进球，进球就是足球。

但是从理性角度来看，我们是应该更注重增加进球还是减少失球呢？我们应该要求所支持的球队，买进一名更加优秀的中锋还是后卫呢？在长达一个世纪的时间里，凡是有过踢球经历的人，大部分都会支持前者。但这样的做法是否真的合理？前锋就远比后卫值钱吗？我们是不是在以正确的方式进行比赛？

⚽ 赢球还是不输球

为了完全解开这个疑团，我们收集了欧洲四大联赛近 20 年的数据。

首当其冲的问题是：是不是进球最多的球队就能赢得联赛冠军呢？

答案是否定的。平均来看，联赛攻击力最强的队伍只赢得了一半（51%）的联赛冠军。在过去 20 年中，英超赛季进球最多的球队拿下了12 座冠军奖杯，而在德甲这个数字只有可怜的 8 座。所以说即使打造了联赛的最锋利的前场组合，也不能保证冠军就到手了。

那在球场的另一端呢？是不是丢最少的球就能夺得锦标？答案同样是否定的。

最强的防守球队，只拿到了过去 20 年中 46% 的冠军。其中英超和西甲最低为 40%，而意甲最高，但也只有 55%（见图 22）。相比之下，如果在一个赛季中进球最多，也许你最终捧起奖杯的概率稍大一些，但假如要确保冠军，还远远不够。

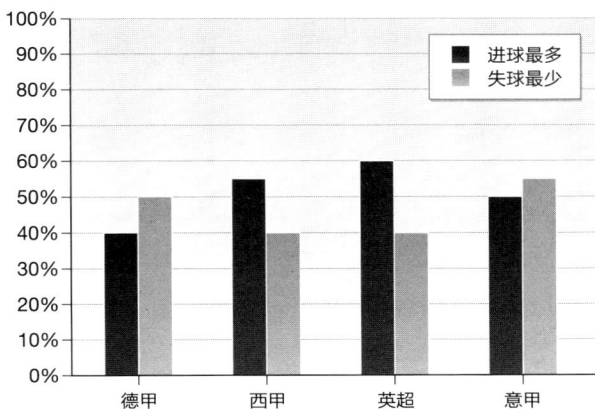

图 22　进攻、防守和赛季冠军比例（1991—2010）

对了，以上两种获胜方式并不是同一回事。因为在大部分情况下，进攻最犀利的球队并不是防线最稳固的。在我们数据库中的 80 支冠军队里（四大联赛乘 20 年），只有 16 支在攻防两端都做到了最好。

有时候，最后冠军花落谁家也是有一些运气成分的。比如，2012 年的英超联赛里，曼城在最后一秒绝杀对手，力压曼联登上宝座，但说实话，这个冠军并不太有说服力。所以一个更科学的方法是找到进球、失球数和联赛排名的关系。如果说你的进球数和最终联赛排名有紧密的关联，那么梅诺蒂和他的信徒们也许就是正确的。而假如和排名更相关的是失球数，那么阿根廷老头所鄙夷的"右派足球"就并不像他说的那么不堪。

图 23 展示了从 2001/02 到 2010/11 的英超赛季，球队分数和当赛季进球数的关系[3]。

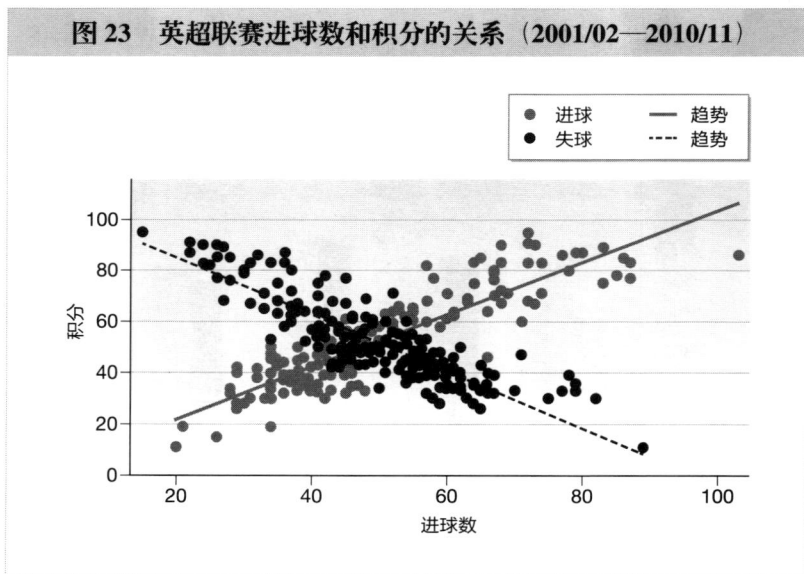

图 23　英超联赛进球数和积分的关系（2001/02—2010/11）

在英超中有两种方式可以拿到积分：进更多的球和丢更少的球。两条趋势线的斜率近乎相同，而且两个点集也和它们的趋势线十分紧密。这些数字告诉大家，我们不能证明梅诺蒂究竟是正确的还是错误的。然而更关键的是，数字暗示了走任何一个极端都是不对的。可能足球就是一项在灰色地带的运动。

但我们的方法其实也有一点不足：它没有向我们展示每支球队是如何拿到这么多分数的。他们可以赢球，也可以不输球。按照吉米·希尔的新规定，赢一场再输两场和连续打平三场产出的积分是一样的。

那如果这两种获得三分的方式摆在面前，你会如何取舍？你也会像梅诺蒂那样蔑视"右派"，还是和他态度相反？你会希望自己的球队享受一场胜利的喜悦，再连吞两连败的苦果，还是干脆一场都不赢呢？我们清楚梅诺蒂会如何选择。当然还有很多和他背道而驰的主帅，而穆里尼奥可能就是一位典型。也许他会牺牲赢球的光环，而选择逃避失利的耻辱。我们想要知道的，并不是这两种方式孰好孰坏，谁更符合道德伦理。我们希望了解的是一个更基本的问题：是赢球更好，还是不输球更好？

为了得到答案，在已有英超联赛数据的基础上，我们展开了一次更加严谨复杂的回归分析。这个新方法可以帮助我们在了解一支球队攻防两端的表现后，预测它的最终成绩，并且可以评判出矛与盾，哪一项才是更强大的装备。而其中的秘诀在于，我们可以计算出那支球队的进球数和失球数，与它赢球场次的关系。

这样的回归分析给予了我们一些因子（系数），从而可以单独计算出每增加一个进球或者不丢球有多大的影响。相比于我们上一章用到的转换率，这个方法更加烦琐：我们要忽略一支球队的防守表现（丢掉了 X 个进球），来检验每增加一个进球的价值；反之亦然——我们控制表现球队进攻的变量，来看每少丢一个球的意义。

在 2001 年到 2011 年期间，根据以上的计算，我们得出：每多进 10 个球基本相当于多赢 2.3 场比赛；而每少被攻破 10 次球门，等同于多获得 2.16 场胜利。相比较来说，在英格兰足球联赛中，每个进球和失球对于赢球的贡献几乎相同。

但当我们反过来计算对于输球场次有什么影响时，进球和丢球的差别就逐渐显了出来。虽然优秀的前锋组合可以帮助球队远离失败的苦海，但数据表明，稳定的后防团队在这方面贡献更大。

那两者的贡献究竟相差多大呢？答案告诉我们，每多进 10 个球，一个赛季就能够少输 1.76 场比赛；而每少失 10 个球，竟可以在英超联赛少输 2.35 场球。因此当谈到避免失利时，少丢一个球的价值，比多进一个球高出 33%。

这些结果到底告诉了我们什么？它们证明了梅诺蒂是错误的。进攻并不是唯一赢球的条件。每年 5 月在积分榜冲刺时，矛与盾同等重要。即使不考虑前锋的产出，只要你的球队能够打造一条更坚固的后防线，那么赢得冠军或者逃离降级区的概率也会更大。

总而言之，仅仅靠攻击线赢球的想法太过天真。更重要的是，努力去让自己的后防无坚不摧。不论是适合大众口味的"左派足球"，还是追求务实主义"右派足球"，都没有一个完美的赢球秘诀。最好的策略其实是"中间派"。

⚽ 一次伟大的实验：我们看了场比赛

丹尼尔·阿尔维斯可能是这个星球上最好的右后卫之一。但从另一个角度来说，在梅诺蒂的眼里，这个为巴萨效力的巴西国脚也是"左派足球"的一位代表。

"切尔西，"这位剪了头发的边后卫，在打进 2009 年欧冠决赛后说道，"没有进入决赛完全是因为胆小。他们明明有多一人的优势，还是主场作战。如果他们向我们发起猛攻，那估计笑到最后的就是他们了。但他们没有像我们一样的足球理念。你龟缩防守，那你就会被击倒。应该做的是不断勇敢向前。躲在禁区里，就是一群失败者。大胆前进的才是真赢家。切尔西没有勇气向前一步对我们进攻。从那一刻起，我就知道他们已经放弃了比赛。"

"躲在禁区里，就是一群失败者。大胆前进的才是真赢家。"有这样想法的绝不止阿尔维斯一人。足球场上有正确的踢球方式，当然也有错误的。而总有一天，正确的方式将会被证实。这样的对比早在足球组织成立初期就有了。在 1882 年 11 月，《苏格兰体育杂志》（*Scottish Athletic Journal*）的一篇文章就体无完肤地批判了"某些乡村俱乐部"的做法。他们竟然将两名球员，安排在离自己球门不到 20 米的地方。在那时候，很多人认为防守是足球比赛里的禁忌。体育比赛就应该全员总攻，并尽一切可能比对手的得分多。

这种早期的观念也影响到了现在。意大利球队虽然把链式防守练到了炉火纯青的境界，但同样也把自己的联赛贴上了沉闷无趣的标签；而2004年虽然出现了希腊神话，但也没有多少外国人为之喝彩。（其实我们推测，从心底里说，极其看重成绩的意大利和希腊人，也是愿意以一种积极进攻的方式取得辉煌的，而不是死拼防守。）**可以说，在一个崇尚攻势足球的地方，再优秀的后卫也会被看低**。很久以来，进攻型球员赚得盆丰钵满，还赢得了无数奖项和球迷的芳心。而对于中后卫来说，虽然谈不上贫穷，但他们一直是足球界的弱势群体。

这样的情况处处可见，阿根廷也不例外。这个国家的足球格言就是：获取胜利，取悦观众，击溃对手。阿根廷的足球理念重视带球的艺术，还有一点狡猾的劲儿。相比于欧洲足球，他们的比赛风格更加独立、自由。也难怪生长在这片热土上的梅诺蒂如此热爱进攻。因为他的足球文化如同其他的足球文化一样，使他理所当然地热爱进攻。

这本质上并没有什么不对。回想起来，我们最难忘的足球记忆大部分都是美妙的配合，还有石破天惊的进球。相比于博比·穆尔和卡莱斯·普约尔，我们大部分人更崇敬乔治·贝斯特和梅西。但是我们对于足球中进攻的迷恋有一个明显的消极影响：防守和后防球员的作用都被低估和误解了。还记得我们之前讨论过，在"金球奖"的历史中，最终有幸登台领奖的后卫和门将是多么凤毛麟角吗？其实这一切的背后都有着深奥的心理学原因。这些原因帮助我们了解了为什么人们更容易记住进球。即使统计数据已经告诉我们事实并非如此，但是仍然有很多人认为进攻比防守重要。

　　首先,最根本的原因是享乐主义在人们的心里作祟。享乐主义主要是:为了满足基本的生理和心理需求,人们通常会寻求快乐并逃避痛苦。足球一贯以来都与进球、赢球息息相关。对于球迷来说,进球就意味着欢乐。但如果有人破坏了这样的过程,那么本该享受的喜悦就烟消云散了。其次,足球所有的积极情绪都和进攻相关:创造机会、打败对手、释放激情。防守天生就带着一些消极情绪,给人一种压抑的感觉,它想着的是如何逃避失利。

　　而重要的是,人们天生更容易记住积极向上的事。心理学家称这种现象为"决策偏差"(decision bias)或者"动机性推理"(motivated reasoning)。从小时候开始,当我们面对那些与我们想法相左的理论时,就会产生偏见。所以当检验一些客观证据或信息时,我们总会不由自主地寻找那些支持我们观点的证据。人看到的往往是自己希望看到的东西。因此,客观地收集和分析足球数据异常困难。

　　1954 年,阿尔伯特·哈斯托夫和哈德利·坎特里尔两位进行了一次名为"他们看了场比赛"的研究。这个研究的主体,是一场在达特茅斯和普林斯顿大学间进行的橄榄球比赛,他们调查了观众分别在这场比赛中"看到了"什么。

　　这场对决发生在 1951 年。整场较量十分胶着,裁判给双方判罚了多个犯规,而最终普林斯顿艰难地取得了胜利。但更令人关注的是,这场角逐十分具有争议性。第一个焦点是普林斯顿队的一个四分卫。他品学兼优,这次比赛是他大学生涯的告别演出。不幸的是,比赛进行到第二节,他不仅鼻子被撞破而且还造成了脑震荡,不得不提前离场。之后在第三节，一位达特茅斯的四分卫因为对方凶狠的铲球导致腿部严重受伤，也下了场。

赛后，哈斯托夫（一位达特茅斯的教职员工）和坎特里尔（一位普林斯顿的教授）询问观众究竟发生了什么。整场比赛被摄像机记录下来，而被采访的观众会重新观看一次录像，再回答他们在比赛中看到了什么，是谁让比赛变得如此肮脏。

不出意料，答案千差万别。即使刚看完一遍录像，也仅仅只有36%的达特茅斯学生认为自己的球队是罪魁祸首，而86%的普林斯顿学生觉得是对手先开始恶劣犯规的。相比之下，53%的达特茅斯学生和11%的普大支持者认为两方都有错。当被问起他们是否觉得比赛公平时，竟有93%的普大学生否认，而只有不到一半（42%）的达特茅斯学生同意他们的观点。根据观众回馈，普林斯顿的学生还认为对方的犯规数是自己的两倍。

很明显，人们"看到"的"事实"差别很大，很大程度上取决于观察者更倾向于哪一方。根据耶鲁大学法学院教授丹·卡汉的解释，在这一项经典研究中，"出于对自己院校的支持和忠诚，学生们的感情影响了他们的认知……学生们并不知道这样的因素早已扭曲了自己的判断能力。"

当然，这样的情况总是发生：一些老英格兰球迷发誓，1966年世界杯决赛中的第三粒进球一定越过了门线，但德国人绝不承认。对于有些人来说，C罗是一个艺术家，并且总受到对手的侵犯；不过在另外一些人看来，他就是一个喜欢"跳水"的伪君子。*我们的大脑更容易接受我*

们希望看到的东西。这种先入为主的自信，很难动摇[4]。

汤姆·吉洛维奇是康奈尔大学的一位心理学家。他深知人类这样的特点。这位教授曾经研究过人类头脑处理信息、做出决定的过程。相比于这个，他更出名的成就是完成了体育界最有影响力的研究之一——《篮球中的热手效应：随机事件的错误认知》。在篮球术语中，"热手效应"（the hot hand）指一个球员相信自己手感特别好，能够屡投屡中。但这篇论文向人们揭示了：其实这个传说中的效应并不存在。而篮球中的"连续命中"，就成了一个谜：

篮球运动员和球迷总是认为，在一个球员投进一球后，下一次投篮的命中率就会更大。但是在研究了费城76人队的投篮数据后，他们并没有发现每次投篮之间的联系。同样，这种关联也被凯尔特人队的罚篮统计和康奈尔大学男女篮的投篮实验再次否定。前一次投篮的结果也许会影响康奈尔球员对下一次的预测，但并不会改变后一次的真正表现。

如同其他很多运动一样，在篮球中，如果一个球员连续得分，那么大家就会称他的手感"热得发烫"。而任何与他相关的人（球员自己、他的对手、队友、球迷，甚至是裁判）都会觉得他已经不可阻挡了。然而，吉洛维奇和他的团队的计算，证明了这样的感觉是完全错误的。事实上，从整体来看，这一连串投篮的命中率，和球员的平均命中率水平几乎一样。所以，假设一个球员的赛季命中率是50%，那么不管他前一个球投得怎么样，他后一次投篮就像抛一次硬币。

尽管这个研究十分简单直观，结果也被不断验证，可是这篇论文依旧在篮球圈内引起了轩然大波。有些时候，场上的球员就是"知道"那个哥们儿已经"进入了自己的节奏"。而直到今天，这个结论还在被全世界体育迷和研究者不断争论着。很多人至今不愿接受这个现实。

但吉洛维奇却对这些人的指指点点十分开心，即便是在看到了篮球界大师奥尔巴赫的反应后。"红衣主教"奥尔巴赫曾经被评选为 NBA 历史上最伟大的教练，同时，他也是吉洛维奇支持的凯尔特人队的标志性人物。在读过这个研究后，这位老头不为所动。"所以，他不就是做了个研究吗，"他简短地评论道，"我完全不在意。"

吉洛维奇承认，这样的反应并不令他意外。"因为我是凯尔特人队的忠实拥趸，所以我当然希望红衣主教能够喜欢我的研究，"他告诉我们，"但我开始越来越习惯于这些人的不理解，他们的评论反而不断增强了我们的信心。热手效应的迷信本来就是一个认知错觉。因为很多人相信他们肯定'看到'过这样的证据，所以就非常抗拒我们研究的结果。"

和体育圈沾边的人，总是看到他们想看到的、被教导他们应该看到的和相信他们会看到的。他们看了一场比赛。即使事实并非如此，但奥尔巴赫就是"知道"热手效应的存在，我们就是认为足球中进攻重于防守。

⚽ 马尔蒂尼法则：不会叫的狗

即便弗格森是英国历史上最成功的教练，他有时候也会因为自己的错觉而迷失方向。2001 年 8 月，这位苏格兰老头执意要将荷兰国脚、后防中坚斯塔姆卖给拉齐奥。"这笔转会震惊了所有人，"英国著名记者西蒙·库珀写道，"有些人推测，这是因为斯塔姆刚刚出版了一本愚蠢的自传，激怒了弗格森。事实上，虽然弗爵爷没有公开解释，但一部分原因是基于斯塔姆的比赛数据。在研究比赛数据时，弗格森发现斯塔姆的铲球数已经大幅度下降。再加上这名后卫即将年满 29 岁，由此主教练推断他已经处在下滑期。所以，弗格森卖了他。"

弗爵爷后来将这个决定，称为他职业生涯的最大错误。毫无疑问，这个故事的一个目的是为了警告了大家，不能简简单单将足球简化成几个数字。然而更重要的是，这证明在足球里，防守不仅仅被低估了，而且完全被错误地评价了。很大程度上来说，当我们尝试理解防守时，另外一种心理现象在背后作怪：我们对那些发生了的事情记忆犹新，却忽略了很多没有发生的事情。就像心理学家埃利奥特·赫斯特解释的："在很多情况下，人类和其他动物很难注意并使用那些未发生事件带来的数据。这些没有实际发生的事件不那么明显，难以让人记忆深刻，并加以应用。"

所以，人们总是低估了那些未发生事件的影响，而只关注于呈现在肉眼前的东西。这就严重影响了我们思考足球的方式。我们认为球队的进球，比未发生的丢球更加重要；比起发生在眼前的铲球，我们忽略了那些球员出众的位置感和杰出的阅读比赛能力。这就是弗格森出错的地方。那时的他应该进行一些"反事实思维"（counterfactual thinking）。斯塔姆的铲球是不如以往多了，但这并不代表他实力的下滑。他提升的介值，凸显在很多肉眼难以察觉的方面，而这些都是弗爵爷看不到的。

西班牙国脚、前利物浦中场球员哈维·阿隆索非常了解这个现象。

阿隆索告诉《卫报》的记者，他几年前效力于红军时，很惊讶地发现很多队里的年轻球员，扬扬得意地夸耀自己的"铲球能力"。"我很难想象在（足球的）发展中，铲球被当成了一种素养，让人积极地去教去学，成为了一种踢球风格，"他在采访中谈道，"球员怎么能这样看待比赛？我完全理解不了。铲球是一种万不得已才最后使用的工具。我们不能过度渴望和依赖它，不能把它跟防守能力画等号。"在阿隆索的眼中，当有人进行铲球时，那一定是球队的运转出现了什么错误。

说到这里，我们马上想到有一个人，能将这样的法则完美地体现在比赛中，无人能及。他就是 AC 米兰俱乐部和意大利历史上的一位传奇人物——保罗·马尔蒂尼。马尔蒂尼以很少铲球而出名。切尔西队的足球运营总监迈克·福德先生曾经对此评价过，他说马尔蒂尼"每两场比赛才铲一次球"。他之所以不用这样有些肮脏的技巧，是因为他总能提前到达正确的位置解除危机。最好的后卫从不铲球。防守的艺术，就像一只从来不会叫的狗。

即使对于经验丰富的弗格森来说，这样的观点都难以接受，因为我们需要利用"反事实思维"去明白这些事情。也就是说，我们要在脑海中想象出一个和事实相反的世界，即一个完全不存在的世界。

那个总是打破神话的篮球心理学家吉洛维奇曾经暗示过，人们为了明白一个事件，已经事先在大脑中有了因果关系的解释，所以"反事实思维"很难完成。总而言之，当解释一些事情的结果时，人们倾向于更认真地思考已经发生的事情，而不是没有发生的。

吉洛维奇有一项独门绝技，可以直观地演示这个现象。请看图 24。

图 24　隐没 vs 出现

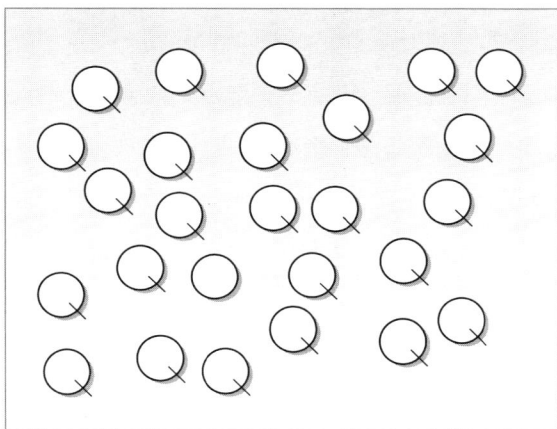

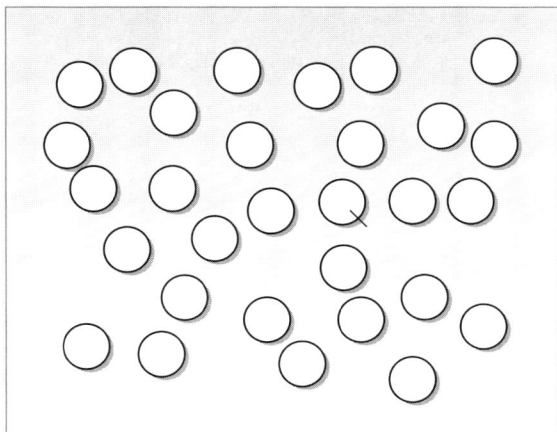

在上半部分，请找到一个没有线穿过的椭圆（大部分都是 Q，但请找到一个 O）；在下半部分，请找到一个有线穿过的椭圆。在第一个图中，找到 O 形有点困难。但在第二个图里，想搜索到 Q 形就容易许多了。这是因为我们能够更容易地发现一些已经存在的事情，在这个案例中就是那条斜线。明白这个例子后，我们现在应该能够更好地理解为什么在球场上，人们总是更关注铲球，而不是那些不明显的、没有发生的防守。

类似的现象，也发生在大家熟悉的点球大战中。科学家发现，如果一名球员越紧张，他就越不会注意自己的周围，而更可能会看向守门员。如果教练叮嘱某个球员，一定不要把球踢到门将的控制范围之内，他就越可能盯着对方门将看。这个现象是心理控制的一种反过程。当一个人努力去控制不做某件事时，他就越可能去做。

让我们回到之前讨论的现象。习惯于关注眼前的事实，而疏忽一些无形的东西，这样的偏见让人很难全面地看待防守。进攻有一种最佳结果：进球。防守却恰恰相反，最好的结果就是不被破门，但这样的事件不会实际发生。一脚没有完成的射门、一次没有成功的传中和一次被截断的直塞球都会产生这个结果。所以现在我们就不难理解，为什么"金球奖"的名单里总没有防守球员的身影了吧。

这种心理现象的影响还不止于此，它还关乎足球分析的准确性。为了解答梅诺蒂摆在大家面前的问题，我们还不能仅仅比较进球和失球，而需要一种更烦琐的分析方法。我们知道进球、失球和一支球队的成功紧密相连。虽然不丢球可能会更好地避免失败，但总体而言，它们两者对于最终成绩的影响程度几乎相同。但为了更彻底地比较进攻和防守，我们还是需要比较一个进球和一次不失球的价值。让我们来看看结果吧。

我们之前得出，每个进球的价值相当于增加一个多积分。同理，我们也可以量化一球不失的价值。我们可以这样简单地想：一球不丢至少可以保证得一分，最高可能拿到三分（如果球队进球的话）。从 2001 年到 2011 年这十年间的英超比赛里，我们计算出了每次零封对手的平均得分（和大体上每一场的丢球数）。

结果表明，在图 25 中我们可以看到，一场比赛一球不丢基本可以获得 2.5 个积分。所以相比于进一个球，一场比赛不失球的价值竟然是它的两倍多。即使是被对手攻破一次球门，也能平均得到差不多 1.5 分，也超过了一个进球的价值 30% 多。

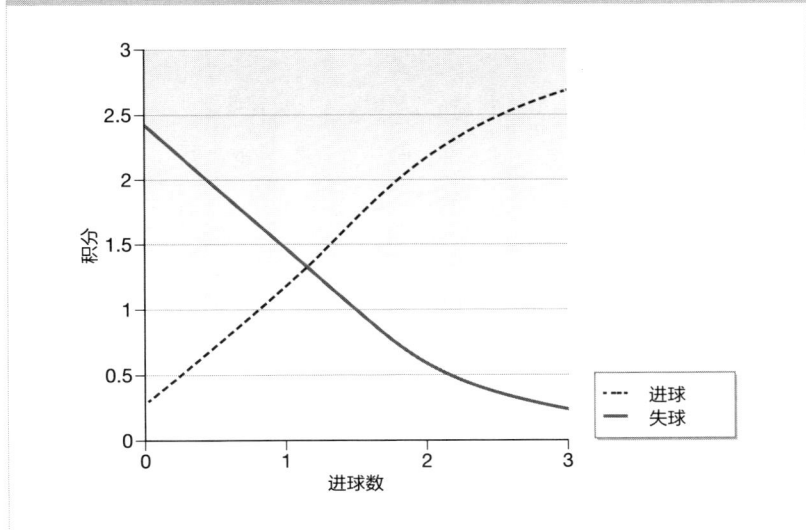

图 25　英超进球数和失球数对应的积分（2001/02—2010/11）

　　我们可以从另一个角度看待这个问题，计算一下一支球队要进几个球，获得的分数才能和零封对手持平。在英超中，这个数字是"超过两个"。如图所示，一场比赛不失一球产出的分值和打进两个球差不多。而在其他顶级联赛中，这个数字差异不大。所以在 90 分钟里固若金汤的后防，比前锋攻入一球重要得多。如果从"数字游戏"的角度来理解，可以用一个不等式来概括：0＞1。没有发生的进球比发生了的更有价值。

阴和阳

　　古往今来，防守一直被足球研究者忽视。它从来没有受邀进入数字游戏的世界。也许那时候查尔斯·里普和梅诺蒂倡导、宣传的足球风格不太一样，但两者的共同点是，他们都没有发现足球是一场进攻和防守并存的游戏，一场明与暗的较量。里普仅仅关注如何让球队进更多的球，而梅诺蒂宣传的是进攻如何优于他眼中无聊暗淡的实用主义——防守。一直以来，在关于怎样踢好比赛的辩论中，防守几乎从来没有被正眼瞧过。

　　甚至如今那些极其发达的数据公司，也只习惯于把视线聚焦在球场的一端。那些进攻的各个环节——传球、助攻、传中、射门和进球——都很容易被捕捉、编码和计算。而能够量化的防守动作——铲球、解围与争抢——总被认为是一次性的防御性行为，没人相信它能创造出什么积极的东西来。与球相关的事件都被一一追踪记录，但那些无球事件总被无视。即便是完美的盯人、精准的拦截，还有出色的位置感，都难以出现在人们的视野里。

大家已经习惯了无视那些没有发生的事情。即使它们不比球场上吸引观众眼球的事情更重要，至少两者不可偏废。

尽管我们已经证明了保证不失球的重要性，特别是 0>1 的道理，目前球场中的掌声也只会给予那些进球。而且现在精英俱乐部在做决策的时候，进攻也依然是核心的讨论点。有些人可能会持不同观点，但我们推测，门将和后卫今后依旧难以成为顶级球队的主教练，因为防守至今没有被完全理解，其真正的价值也没有被发现。当然，这其中也有自我选择的成分。爱出风头的人，乐于享受在前场拼搏时的悲痛与荣耀，也不愿意受困于防守位置的枯燥与沉闷。自然地，他们退役后就更想成为风光的球队主教练，而不愿选择没有那么闪耀、更为保守的人生。比如在 2011/12 赛季的英超联赛结尾时，20 支俱乐部中，没有一支球队的主教练曾经是守门员，也只有区区五位是后卫出身。

所以打个不太恰当的比喻，足球这项运动患上了精神分裂症。虽然不输球和赢球同等重要，但事实上人们却疯狂地迷恋后者。为何如此？一种可能是相比于结果，一些足球文化更看重艺术感。也就是说，他们认为输赢是次要的事情。但在历史上，德国人和英国人一直将其看作一种愚蠢的做法。这种想法只有那些奇奇怪怪、游手好闲的拉丁人才有。

其实话说回来，足球并不是体育界唯一轻视防守的运动。棒球圈的数据教父比尔·詹姆斯就曾经强调过："防守这件事情，本来就难以衡量。这是每一个体育项目都存在的问题。在所有运动中，防守数据比进攻数据简陋得多。这还不只是体育的问题，在人们的生活中也是一样。想想看，战争和爱情中不就同样如此吗？"

这也意味着，我们因为自我选择性的记忆和理解，扰乱了理性的思维。梅诺蒂的观点是错误的。比对方进球多可以赢球，那些比对手丢球少的又何尝不可以呢？克鲁伊夫就曾经这样描述过意大利人：他们不能击败你，但是你会输给他们。

换句话说，进攻和防守两者谁也离不开谁。把自己的锋线组合打造得星光四射，也许会很受球迷喜欢，但我们最终追求的依旧是足球中两种元素的和谐。在中国的古代，有"阴"也有"阳"，因为它们代表着平衡与融合、矛盾和共存。足球中也是一样。有的进攻中交融着防守元素，像巴萨的传控足球就是典型代表。而有的防守中也暗藏着进攻，比如很多球队惯用的防守反击战术引诱对手阵型前移，再让他们杀死自己。就如同阿森纳传奇主教练赫伯特·查普曼很早之前所说的："一支球队有可能会进攻过度。"

支持纯正"左派足球"的梅诺蒂看似诚实，但潜藏着一点欺骗性。他的球队其实没有声称的那么自由激进，而他自己曾经也承认过："我的目标就是，要比那些自以为是的道不同者进得多。"我们说过，梅诺蒂是一个矛盾体：他虽然口口声声倡导着足球和生活中的不平衡，但却是一个兼容左右、攻守并用的实践者。

这绝对不是对他的批评，因为足球最正确的路径，就是走这样的中庸之道。如果梅诺蒂像他自己说的那样天真、激进，那么他绝不可能带队捧起"大力神杯"。他也不会被人们誉为体育界的一位伟大思想家。

人类的大脑和记忆可能会自我混淆，让我们更加相信并在乎肉眼看到的东西。但这样的做法是危险的，有可能让你付出惨痛的代价。而看待进攻和防守就是这么一回事。进球绝对比不进球强，所以 1>0。然而，一球不丢却比只进一个球宝贵得多，由此我们得到 0>1。因此只有当后防线坚如磐石时，投入几千万改造前场才有意义。

瓜迪奥拉在本章开头对于"左派足球"的重新定义完全正确。足球场上首先必须人人为我，我为人人。每个人都需要既当爹又当妈，兼顾进攻和防守。而更重要的是，为了成功，我们一定不能被光明蒙蔽了双眼。我们也需要学会在黑暗中生存。

第 5 章

遛猴游戏

　　如果不能拿球，你就没办法赢球……如果我们控球，他们就没办法进球。

　　　　　　　　　　　　　　　　　　　　——约翰·克鲁伊夫

　　塞普·赫尔贝格的语录堪称经典。这位西德的功勋教练在 1954 年的世界杯中，带领自己的球队战胜了当时的江湖霸主匈牙利队，创造了举世闻名的"伯尔尼奇迹"，并一举夺冠。他一生中妙语连珠，其中很多格言流传至今，甚至更是成了许多足球人的口头禅。举个例子吧，你一定听过有球员或者教练说过："下一场比赛永远是最艰难的。"这句话就出自于赫尔贝格之口。

　　他最著名的语录还是与足球相关。在赫尔贝格的思想中，足球一直是最核心的部分。他始终认为，只有足够了解足球，才能更好地理解比赛。

在他看来，足球"总是场上状态最好的球员，它跑得比谁都快"。还有一句话，如果是普通人说，肯定会被嘲笑，觉得太过天真。但如果是有世界杯经历的人说，可能会显得另有深意。这句话就是赫尔贝格最著名的"足球是圆的"。

这位老叟总是希望用这句话来警醒所有的球迷、球员、记者和他的老板：足球场上的一切都变化莫测。其实这句话已经不是赫尔贝格的本意了，因为它在过去几十年间被不断简化。我们最好回顾一下他最初是怎么说的。他的原话不仅仅是"足球是圆的"，而是"足球是圆的，所以比赛局势随时会变"。因此他的意思是，在比赛终场哨没有吹响之前，一切皆有可能。

从某种意义上来说，如果比赛由它的结果来定义，那么足球就是进球。每一支球队都拥有敞亮的一面，即积极进球。每一方也都有阴暗的一面，即阻止进球。而在这样积极和消极、阴和阳的中间就是足球。假如一方得到了它，就相当于走到了向光面。相反，没有得到的一方就处在背光面。所以赫尔贝格就说过，为了将比赛理解透彻，第一步是要了解足球：得到它的意义是什么，而没有它又有什么影响。

近些年来，很多球队想方设法尽可能多地将球控制在自己脚下，这样的趋势越来越流行，而有的球队甚至开始为了控球而控球。按照之前的比喻来说，他们想多待在向阳面晒晒太阳。说到这里，大家第一个想到的代表球队应该就是巴萨，或是西班牙国家队。他们迷恋足球，也经常因此受益。21 世纪以来，巴萨接连拿到西甲联赛和欧冠冠军，而西班牙队在欧洲杯和世界杯上称王。

很多其他球队也同样酷爱控球，只不过形式有些不太一样。阿森纳就是其中之一。1996 年，阿尔塞纳·温格从乔治·格拉汉姆手上接过阿森纳教鞭后，彻底改变了之前保守的打法。"温格的训练都是围绕着控球、传递、团队整体性展开的。"先后为两位主帅效力的后卫奈杰尔·温特伯恩曾向记者描述道。

前斯旺西主教练布伦丹·罗杰斯也钟爱控球战术。然而当记者问起温格，他认为自己和罗杰斯的风格是否有相同点时，这位"枪手"的功勋教头立刻否认了。他将斯旺西的战术定义为"无效的控制"——90 分钟无止境的控球，无的放矢。曾经路易斯·范加尔的拜仁，也被这样批评过。为了控球而控球，这是对"光明"的眷恋。

但并非所有人都喜欢在"光明"下比赛，有些球队在"黑暗"中过得也十分开心。这样愿意放弃控球权，主打防守反击的教练以穆里尼奥为首，当然还有泽曼、孔蒂和多特蒙德主帅克洛普。即使没有高人一等的控球率，这些教练也能把球队带得有声有色。这就是"黑暗"的魅力。不过有的教练就拿捏不好尺度，打法变得有些丑陋。比如，20 世纪 80 年代的温布尔登队，格拉汉姆·泰勒的沃特福德队，还有近年来托尼·普利斯执教的斯托克城。所有这些喜欢生活在"黑暗"中的队伍，十分"任性"地把控球权交给对方，但是总能够在无球情况下展现出自己的特质、足球的艺术。

这两类风格截然不同。我们就拿阿森纳和斯托克城来说吧。这几乎是今天英超"光明"和"黑暗"的两个极端了。在 2010/11 赛季，根据 Opta 的数据，阿森纳球员整个赛季能够触球 30000 次[1]。他们的控球率傲视全联盟，达到了压倒性的 60%，单场从未低于过 46%。在大部分比赛中，都能占到 2/3。

但斯托克城队的这些数据就要大打折扣了。一个赛季的触球数只有18451次，在联盟垫底，平均控球率更是低至 39%。而当年两支球队在不列颠尼亚球场相遇时，主队斯托克城的控球率惊人地低至 26%[2]。在整个赛季中，这支球队仅在一场比赛里比对方控球时间长。

我们相信，这些主教练都深知这些数据。但就如同我们之前论证的：高人一筹的控球率并不能确保胜利。事实上，在 5 月那场阿森纳客场面对斯托克城的比赛中，虽然"枪手"的控球率达到了 75%，也完成了 611次传球（斯托克城只有可怜的 223 次），但结果呢？他们竟然以 1∶3 输给了主队。

这样的故事比比皆是。巴萨，应该是全世界最细腻的球队了吧。但他们在 2012 年的欧冠半决赛里，还是两回合战败，不敌切尔西。要知道那支巴萨战队由梅西、哈维和伊涅斯塔坐镇，第一回合的控球率达到79%，第二回合更是达到令人惊骇的 82%。但两场比赛都未能取胜。同样那个赛季，在面对穆帅领军的皇马时，同样的剧情再度上演。巴萨全场占尽优势，控球率为 72%，不过最终依旧不敌对手。就像赫尔贝格说的，足球是圆的，一切皆有可能。

我们希望将这些案例逐一分析，看看究竟这是因为大数理论，还是缘自运气。之前我们已经了解到足球比赛中的运气是多么重要。我们也知道，即使实力更强，在半数比赛中也难以赢球。但我们不能仅仅将强队不赢球的原因简单地归咎于命运的提弄。而是应该探究，为什么在拥有更高控球率、场面完全占优的情况下，还是无法全取三分。是不是要做一些事情，控球率才会真正发挥作用？控球到底是一种赢得比赛的策略，还是作茧自缚？

为了探寻这些答案，我们需要做的第一件事情就是：定义"控球"（in possession）。这是一个足球人脱口而出的术语。虽然足球中的数字被重视的并不多，但不管是在电视机、收音机中，还是酒吧里，都可以听到它。因为数字本身已经成了衡量球队表现的一个重要标准。观看巴萨和西班牙队的比赛时更是如此。追本溯源，"控球"是什么意思呢？只有解析好这个疑问，我们才可能继续研究控球的价值。

⚽ 如何真正"控球"

首先，让我们来定义"控球"。在词典中，possession 的意思是"拥有某样东西"的状态。而"拥有"某样东西意味着要实质地"掌握"某件物体。在足球中，指的是用你的脚完全控制足球，控制那个周长 68 到 90 厘米、重量在 410 到 450 克的球体。

这听上去挺简单的。但当我们用生物力学的方法去严谨定义"某个人完全拥有足球"时，问题就有点复杂了。赫尔贝格观察到"足球是圆的"，那么问题就来了。人类的脚，生来就没有被设计成能够控制某样东西的形状，更别提那个又大又重的球体了。

而当我们看顶级联赛一场普通比赛中足球运行的示意图时，我们就会发现，球员更难真正"拥有"足球了。Opta 为我们随机提供了一个 10

分钟的足球运行轨迹图（图 26），反映的是 2011 年 3 月 19 日阿斯顿维拉和狼队的一场比赛。足球在绿茵场上窜来窜去，它杂乱的运动轨迹也许会让你想起一幅杰克逊·波洛克的画作，而不是一系列职业球员有意为之的传球路线。

图 26　比赛第 11~20 分钟的足球运动路线
（2011 年 3 月 19 日，阿斯顿维拉队 vs 狼队）

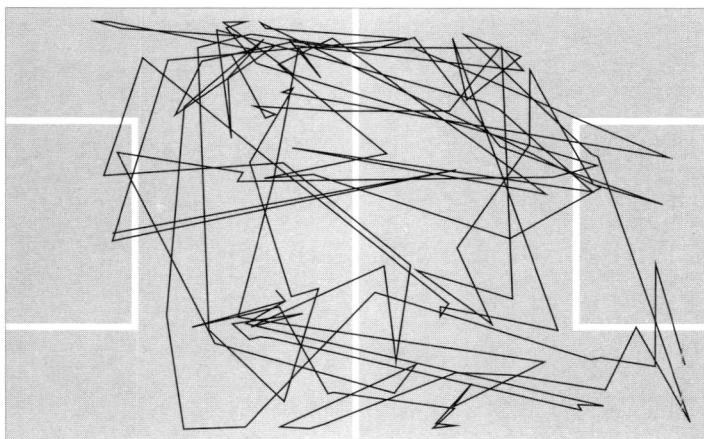

乍一看，这幅图上的路线杂乱无章，毫无规律可循。当我们在这张图中再加上数据时，就变得更没有条理了。场上的足球宛若有着自己的思维，为了逃避各样的控制，四处逃窜。每个角落都有它的身影。

但这并不意味球员就不必提升触球技巧了。因为他们依然能够影响球的移动、速度和方向。而且只要对方碰不着，就可以给自己一种完全控制住了球的感觉。不过这也仅仅只是一种幻觉：除了在守门员手中或是某队拿到任意球的时候，没有一方是完全把持这个球的。因为只有在这两种情况下，球员才能够完全控制它。

或许在足球的两个"近亲"——英式橄榄球和美式橄榄球中，"控球"这个概念更合理，但它仍然是我们理解足球的基础。

除了任意球、界外球和门将拿到足球时，在其余大部分时间内没有一方完全控制了足球。只不过可能是在某一个瞬间，较对方多控制了一点而已。

当然，在足球中更为重要的是，足球在哪里终止（当然最好是在球门里面了）。球队想方设法去做，同样又担心对手也如此。如同我们已经分析过的，其实"拥有"这个词不太精确。更贴切地来说，为了更充分地理解比赛，我们更应该讨论的是：足球如何在球场上运行，同时哪一方更多或更少地控制足球。

最直接的方式，就是去琢磨脚对足球各种各样的"不完全控制"，比如在维拉和狼队的比赛中，球员触球和准确传递的次数与频率。

触球的科学

根据 Opta 的数据，在一个英超赛季里，所有球员触球的总次数累计起来，几乎达到 50 万次。信不信由你！每场比赛平均 1300 次（每一方

650 次）。从球员角度来说，每人平均每场的触球次数在 60 次左右。这里的关键词是"触"。其实在足球中，触球的机会远远超过真正控球的机会。有一位睿智的科学家接下来会向你证明。

克里斯·卡林是一位来自英国的体育科学家，现在长期在法国居住工作。圈内人都十分向往他的职业——里尔队的比赛分析师，而里尔队可是 2011 年法甲联赛的冠军。他工作的一大重心就是管理球员的跑动量和疲劳程度，他为此辛勤地操劳着。

近几年来，卡林一直在研究职业运动员的"体能活动概况"：测量他们在场上做了什么以及相应的时间、速率和影响。其中，卡林精细测量出了球员们真正持球的时间，还有带球跑动的时间和速度。利用多机位追踪系统，卡林从 30 场法甲联赛中总结出数据，并绘制成每位球员的活动示意图。

卡林发现，球员的绝大部分活动并非和足球在一起。的确是"绝大部分"活动，毫不夸张。当他摘出球员触球、控球的时间和频率时，令人诧异万分：在一场比赛中，一个队员平均的持球时间为 53.4 秒左右，带球跑动的距离只有 191 米。

也就是说一场比赛下来，一位球员真正和球在一起的时间都不足一分钟，差不多是总共上场时间的 1%。当你考虑到球员的跑动距离时，数字同样震撼。一位球员的平均跑动距离是 11 公里，而他带球的距离只占其中的 1.5%[3]。

当球员真正持球时，每回触球次数只在两次左右，而每次控球的平均时间只有可怜的 1.1 秒[4]。虽然这个数字可能会因为球员的位置不同而发生一些改变，但不可否认的是，球员在场上和足球接触的机会寥寥无几：99% 的比赛时间里碰不到球，98.5% 的跑动是空跑。即使有机会拿到球，也一闪即逝[5]。

卡林的研究,让我们更加深刻地理解了足球。简单来说,如果将"踢球"定义为触球并和它一起跑动，那么足球运动员实际上能够"踢"的时间屈指可数。但是，假设将这个定义的范围拓宽："踢球"是短时间的个人持球，加上高频率但短暂的触球，还有传球，那么球员能够"踢"的时间还是比较可观的。这意味着比起拿到球，懂得如何控好球、设计接下来的一系列传球更为重要。

这样说来，我们俗称的足球中的"控球"有两层含义：第一，拿到球权；第二，长时间控球。而谈到后者时，又有两个核心问题：控球的时间有多长？控制得有多好？总的来说，"控球"所包含的两个特点是：球队可以争取到多少次控球机会，以及每次控球的时间长短。

这两个特点看上去有些类似，但实质上迥然不同。理论上来说，得到更多控球的机会并不一定是件好事。比如，一支球队最希望的是开球时拿到一次控球权，之后一直在本方控制下，直到最后一秒进一球。这显然是理想化的。所以说得现实一点，如果想要有效地控球，我们需要减少失误，避免对方拿到球权，同时尽可能将球控制在自己的脚下。

⚽ 控球是多元的艺术：如何不用脚传球

一场比赛中,一支球队到底有多少次"控球"的机会呢？更准确地说,在双方之间，球权的换手次数是多少（其实是换"脚"）？在与球接触的有限时间里，球员究竟做了些什么？

为了计算总的"控球"次数，最简单的方法就是叠加一支球队将球失给对手的次数。在一场普通的美式橄榄球比赛中，一支球队平均的控球次数是 11.5 次（在 10 至 13 次间波动）。所以在普通的 NFL（国家橄榄球联盟）比赛中，一场球权的换手次数是 23 次。换个角度来看，就是两队一共有 23 次机会在橄榄球上做文章（当然，每次控球能够创造的机会或许不止一次）。

篮球中，投篮次数和得分远远高于其他运动，而控球和换手的次数也基本上是足球的 10 倍。在一场普通的 NBA 比赛中，球队平均每场能够获得 91 次到 100 次控球的机会。两方一起算上，总共就是 180 到 200 次。

那我们的足球呢？首先，我们得定义好"控球"。严格来说，控球需要一个队员首先赢得球权，然后完成两脚连续传递，或是一次射门。Opta 体育认为，这样是有控制力的控球。在英超联赛过去的三个赛季里，Opta 的数据显示，每支球队平均每场能够完成 100 次这样的控球，一场比赛几近 200 次。按照这样传统的算法，一支球队能够获得至少 100 次这样的良机（和篮球的数字差不多）。

假设我们定义得宽泛一些，将所有球权换手的情况都纳入其中的话，足球就更像一场乒乓球赛，而不像篮球比赛。这样的控球缺乏效率，因为实际上并没有完全"控制"下来。比如，一次拦截、犯规，或是直接将球又送还给对手，这样的情况都算是控球。这样，球权交换的次数是原来的两倍。在过去的三年间，英超球队一场比赛的平均球权易手数在190 次左右，两队总计 380 次[6]。

让我们继续看看，这两种不同定义的真正差异。在一场普通的英超比赛中，100 次严格定义的控球里，可以完成 10 脚命中门框的射门和 1.3 个进球。但在宽松的定义中，100 次"控球"只能创造出 6 脚在门框内的射门和 0.74 个进球[7]。由此看来，足球并非比拼控球数的运动，核心在于如何将每一次控球做到极致。

这些数字在顶级联赛中都适用，即使是那些以控球闻名的球队也是如此，比如说阿森纳。根据 Opta 的数据，三个赛季以来，温格的球队一场比赛的失误数（将球权交给对手）从未低于过 140 次，有时候甚至达到了 240 次，平均下来是 175 次。

实际上，不管俱乐部是否秉承了"控球哲学"，以上的数字都大同小异。按严格定义来推算，在英超的三个赛季里，前十名的球队平均被对手控球 101.4 次，按宽松定义来估算，被对手控球 187.9 次；而后十名的球队相差无几，分别为 99.1 次和 189.3 次。所以说"控球"历来都是你来我往、瞬息万变的。

在一场普通的英超比赛中，一方有将近 200 次机会对足球产生影响。其中，绝大部分都是有球的一方在试图传球。一个球员在球场上最常见的行为是花样繁多的传球：短传、长传，用头或是用脚传中，球门球，一脚传递，拨给队友。球场上超过八成的事件可以归类为传球。而足球比赛中的其他事件则分别占了 2% 左右，如射门、进球、任意球、带球、扑救，等等。一言以蔽之，"控球"就是将球给队友。换句话说，"控球"

等于不失误的传球。

这同时意味着"控球"需要团队，而不只是单打独斗。"控球"表现的是球队的能力，而非个人的才华。为了更好印证这一点，我们可以看看 StatDNA 分析师贾森·罗森菲尔德的数据。罗森菲尔德感兴趣的方向是一个球员的技术（球员自身可控的，与外在环境无关）对传球成功率有多大影响。他的直觉是，传球成功率与球员的脚下传球技术关联甚微，而跟球员传球时所处的环境，或者说传球的难易程度密切相关。他觉得，传球在特定环境下是件身不由己的事情。

为了验证他的直觉，罗森菲尔德借助了数据：statDNA 收集的巴西足球甲级联赛的 10 万次传球。为了公平地评估一个球员的传球能力，他需要根据传球的难度系数，调整传球的完成程度。显然，在禁区里和在紧逼防守下传球，要比两个中后卫四下无人时的倒脚困难得多。当他算上传球距离、防守压力、传球所处区域、传球方向（是否向前传递）和传球方式（不落地、头球、一脚传球）这些因素后，一个奇葩的结果诞生了："考虑难度系数后，所有球队和球员的传球成功率几乎完全相同。换句话说，所有球队和球员的传球能力几乎一样，因为传球难度与传球成功率是近乎完全负相关的。"

这意味着什么呢？从本质上来说，在巴甲水平以上的比赛中，我们没有办法从任何形式的传球中看出球员们传球技术的优劣。每个人都可以在有优势的区域、没有防守压力或者队友近在咫尺的情况下完成一次传递。因此，决定传球成功率的不是一个球员的脚法，而是球员所处的特定环境。

虽然球员的"传球"技术可能类似，但并不意味着他们拥有相仿的

"控球"技术。上述数据并没有考虑球在到达队友脚下前发生了什么。罗森菲尔德认为:"哈维之所以是一位'优秀的传球手',是因为他可以将球传到一枚五毛的硬币上吗?还是因为他可以找到防守的空隙,运用他的控球技术避免对方压迫,然后在难度相当的情况下传出更高质量的传球?很多球员拿球时太犹豫,停球后身体没有办法调整到舒服的传球姿态,令自己在传球之前举步维艰。"

换句话说,足球里的"控球"不单单与传球有关。在职业联赛金字塔的塔尖上,传球的影响微乎其微。更重要的是,跑到合适的位置上接球,帮助队友摆脱足球,为球队保有控球权,让队友在正确的时间到达正确的位置。许多教练曾经告诫队员:你不是在用脚传球,而是用你的眼睛和大脑!足球是一项脑力运动。

当一支强队向前进攻时,它会不遗余力为传接的两位球员创造并寻找空间,使得传球的环境更为轻松。相反,一支弱队则无力创造那么多空间,因此传球的环境就变得更加困难。*其实强队的传球技术并不一定胜于弱队。他们只是找到了更随心所欲的位置,所以传递起来左右逢源,得心应手。*

⚽ 传球的质与量

从逻辑上来说,一支球队在一场比赛中的传球次数和传球技术不一定密切相关。一些技术精良的球队,譬如国际米兰、皇家马德里和切尔西,在对阵巴萨这样的球队时可能选择放弃球权，因为他们的战略部署决定了他们要打防守反击。而一支弱队可能会通过中后卫之间相互倒脚的方法去拖延时间。因此，传得多不一定传得好。

但是现实比赛中的数据却显示，这种想法是荒谬的。如图 27 所示，传球成功率与传球总数成正比。传球多的球队有更高的成功率，或者说，成功率高的球队有更多的机会传球。从这张包含了英超 2010/11 赛季 380 场比赛的图看来，控球的战术和技术息息相关。无论是在一场比赛还是一整个赛季里，提高传球的成功率，往往意味着更高的控球率。

图 27 中的每一个圆圈表示球队在比赛中的表现。很明显，传球成功

图 27　英超 2010/11 赛季平均传球次数与精确度（全部比赛）

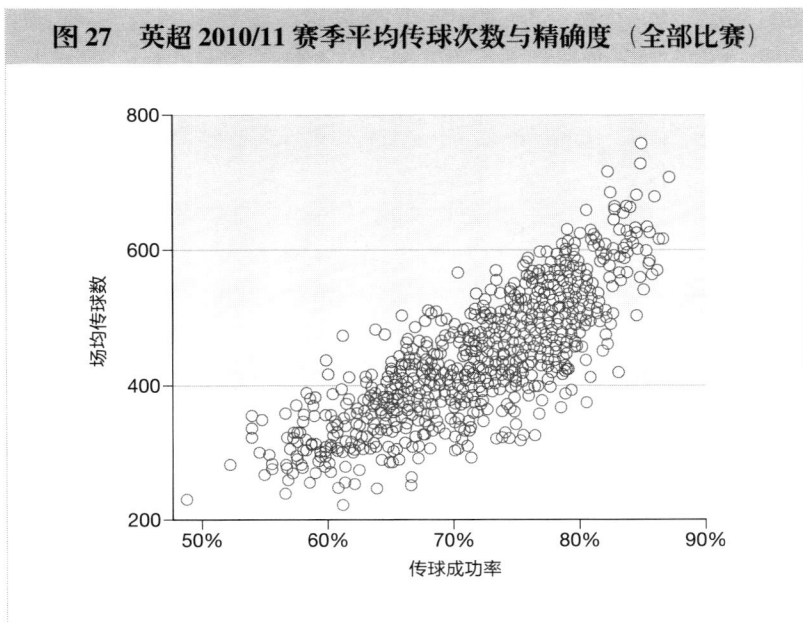

率越高，完成传球的次数也越高[8]。整个赛季平均下来，控球的图表也很直观，如图 28 所示。

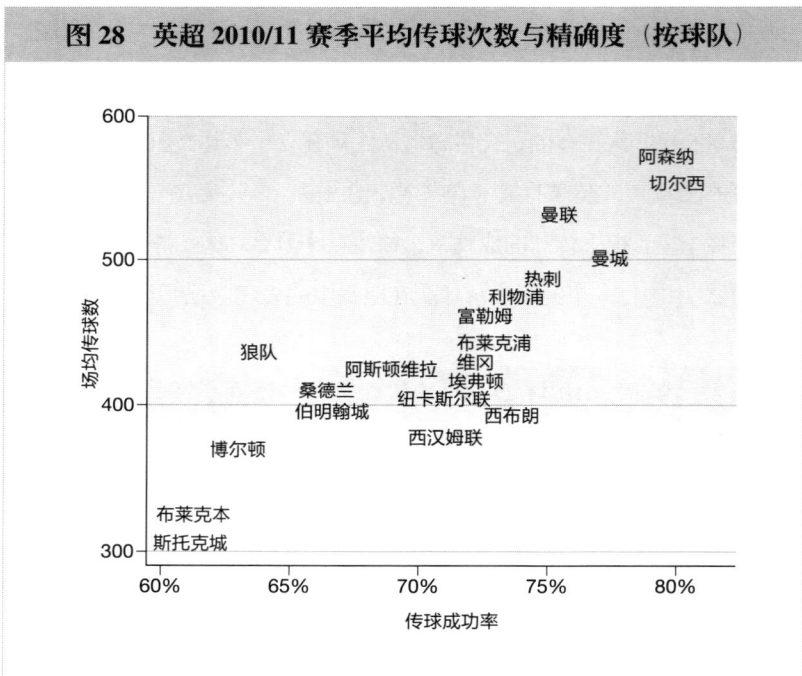

图 28　英超 2010/11 赛季平均传球次数与精确度（按球队）

阿森纳和切尔西每场会试图传球 550 次；而布莱克本和斯托克城则仅仅只有 300 多次。

阿森纳和切尔西每 10 脚传球可以成功 8 次。而埃伍德公园和不列颠尼亚球场的主人布莱克本和斯托克城，虽然分别穿着和前两支球队同样颜色的球衣，传球成功率却只有六成，仅仅比抛硬币高出 10 个百分点。

顺理成章地，传球更好的球队应该失误更少。然而，当我们要预测失误和夺回球权这两项数据时，传球总数和成功率并不同样有效。传球成功率高的球队，失去球的概率明显更低。但一支球队的传球总数和失误数之间却没多少关联。除了一场比赛传球总数在 500 次以上的球队（阿森纳、切尔西和曼市双雄）很少失误之外，其他球队失误率和它们传球的次数基本无关。在英超 2010/11 赛季中，桑德兰、阿斯顿维拉、纽卡斯尔联和西布朗的传球次数十分接近，大约每场 400 次。然而它们的场均失误数字差之甚远，分别大约为 170、180、190、200 次。

那些不失误、不丢球的球队，就是那些特别擅长玩"遛猴游戏"的：他们懂得安全地传球，绕开防守队员。他们倒不一定是传得最多的——传球数是个战术决定。能传球给队友才是控球质量的真谛。传球成功率的关键，并不在于传球者的脚下活有多么精细，而是在蜗步难移的困境下，传球者和接球者化繁为简的协同能力。

⚽ 控球的价值

通常来说，足球哲学里有两大派系。一派喜欢欣赏足球在草皮上跳出优美的舞蹈，就好像巴萨、阿森纳和西班牙队所做的那样，将对手细火慢炖地"处死"。另一派，如同若泽·穆里尼奥、萨姆·阿勒代斯以及其他大部分球队那样，更乐意看到简单直接、快速高效、杀伤力强大的进攻。前者通常与温婉联系在一起，而后者常常跟冷酷相关。然而这样的词汇只不过是主观判断和娱乐消遣罢了。

不过至少从现在看来，巴萨和西班牙国家队的成功，让传球派略胜一筹。在 21 世纪初期，传球成为了足球界的时尚。于是便有理论声称：控球有助于赢得比赛。

我们不关心理论，我们关心的是事实。我们想知道，在场上皮球的持守方，是否有着更多赢球的机会。如果"控球"有用，真实的比赛数据应该会告诉我们。

研究这方面的足球分析师，通常是从国际比赛中得出结论。

25 年前，威尔士大学加的夫学院行为分析中心的迈克·休斯用 1986 年世界杯的数据得出了控球影响输赢的结论。休斯和他的合著作者们做了个统计，想看看强队和弱队的踢球方式有何不同。他们用一张编码表，将场上不同的事件和模式分类，对比了进入半决赛的球队和第一轮被淘汰的球队。

作者们发现，控球的确和球队成绩有关系，因而控球打法是获得成功的一种可行的战术。强队有着远远高出弱队的触球机会；它们将球从本方半场传过中线时，绝大部分是在中路，而弱队则大多是在两翼。更为关键的是，弱队在前场和后场失去球权的次数都远远高于强队。

2001 年的美洲杯之后，迈克·休斯和他的同事史蒂夫·丘吉尔做了一个分析，验证了强队和弱队踢球方式不一样。除此以外，他们还发现强队可以更久地控制足球，而且可以在所有超过 20 秒的控球中创造更多射门机会。强队还在将球传到对方半场，或是主要射门区域方面，远远强于弱队。数据表明，有效地传球——将复杂的事情变得简单——是这些球队成功的关键。

不是只有南美洲人才能管理好球权。2004 年，利物浦约翰摩尔斯大学体育与锻炼科学研究所的一队科学家，收集了 2002 年韩日世界杯中 40 场强弱对决的比赛数据。他们发现强队的多次连续传递更多，并且有更多的连续向前传球。

不过，世界杯这样的国际比赛可能比较特殊：淘汰制使得比赛结果的偶然性陡增，而且样本容量会比较少。既然如此，不妨看看一个完整的联赛赛季中的数据。学者 P.D. 琼斯、尼克·詹姆斯和斯蒂芬·梅拉勒分析了英超 2001/02 赛季的 24 场比赛，比较了强队和弱队的不同。结果如何？控球率对任何比赛的最终比分都有影响吗？某些比分状况下会有更大的影响吗？

请注意，不管强队还是弱队，在落后的情况下，都会有更长时间的控球。没错，无论何时何地都是如此。领先的一方丢掉的球权更多，而落后一两球的一方试图挽回比赛，因此夺回了更多的球权。胜负双方之间唯一的不同，就是无论比分是多少，强队控球的时间要远远长于对方。

控球跟成功密不可分。这并不是因为根据场上比分所采取的某种策略，而是跟球队的技术水平有关。控球是一种能力：当你被防守压得喘不过气传不出球来时，我却能创造出轻松传球的机会。总而言之，在漫长的赛季中，懂得珍惜脚下的足球，并且善于运用它的球队，就能脱颖而出。

⚽ 球场两端的博弈

利物浦名帅比尔·香克利对足球的尖刻言论广为流传。其中有那么一条，乍听上去有点奇怪。他曾经抱怨，在阿姆斯特丹的一个雾夜里打进五球的阿贾克斯是"我们所遇到过的防守最好的球队"。而年轻的克鲁伊夫在那场比赛中起到了关键的作用。

克鲁伊夫当然不会违逆这样的评价。这位年轻的大师明白，控制好足球，是同时做好进攻和防守的关键手段。他在温布利的半场线后，导演了那场荷兰队 2∶0 战胜英格兰队的胜局。赛后他谈道："如果不能拿球，你就没法赢球。"他或许会加上一句："如果我们控球，他们就没办法进球！"这就是说，通过提高传球成功率，减少失误，获得更多传球机会，球队不仅仅可以有更多的进球和更少的失球，还可以赢得更多的比赛。

为了查明克鲁伊夫的观点是否正确，我们收集了英超三个赛季合计 1140 场比赛的数据，也就是 2280 组球队的表现[9]。答案清楚地显示在了图 29 和图 30 中。

在进攻方面，控球好的球队的确射门和进球更多。而在防守方面，他们也的确失球更少。他们同时还有更多打中门框范围的射门，而且被射中门框更少，这自然对进球和守门有着重要的影响。此外，传球更好的球队场均进球以 1.44∶1.19 占优，在防守上也是几乎一样的差距。数据同时告诉我们，不管我们参考哪种控球的数据（控球率、传球成功率、

图 29　英超 2008/09—2010/11 赛季不同控球情况下的进球数

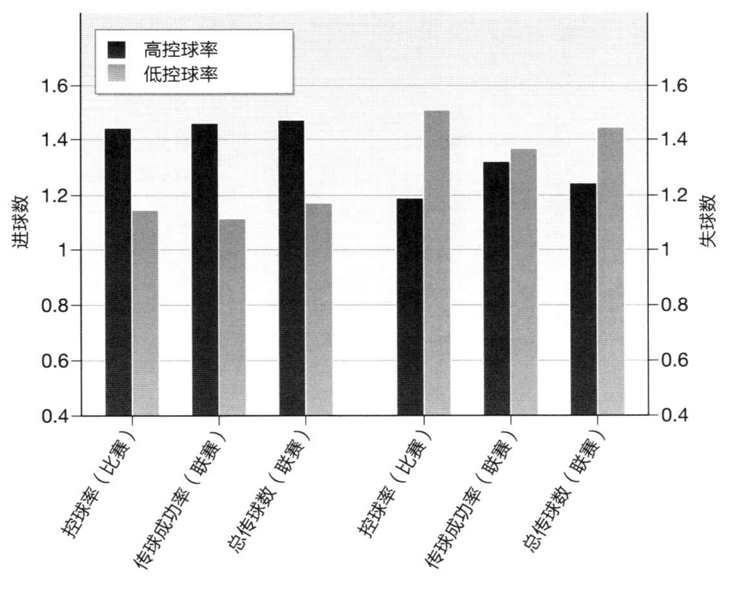

传球总数），结果都是，更多的控球可以带来更丰盛的果实。

当我们观察另一种控球的参量——失误数的时候，我们可以看到同样重要的影响。失误少的一方，在进球数上大约以 1.5∶1.1 占优，同时丢球也更少[10]。在场上保持控球，可以让球队射门更多的同时，失球少 0.3 到 0.5 个，也就是每场几乎 1 个球的差距。

如此看来，更多的控球的确让队伍赢多输少——持续控球、减少失误意味着更多的胜利、更多的分数和更伟大的成功。控球率高的球队有

图30　英超 2008/09—2010/11 赛季不同失误情况下的失球数

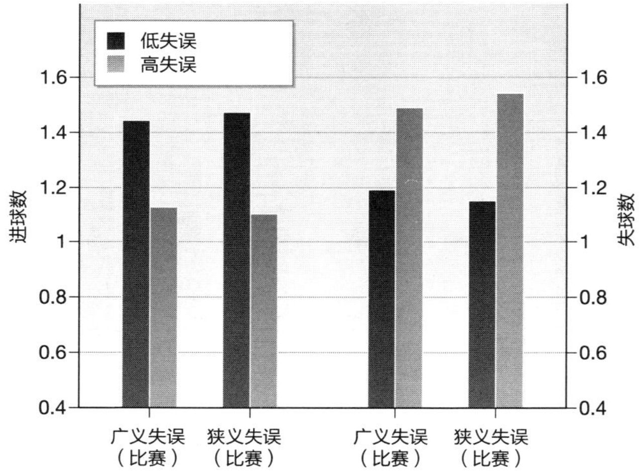

着 39.4% 的胜率，而控球率低的只有 31.6%。不管按照哪个控球的参数（控球率、传球成功率、传球总数），拿到更多的球权都可以提高 7.7% 到 11.7% 的胜率（图 31）。

传递准确固然重要，而避免失误是威力强大的制胜法宝。在任何比赛中失误数较少的一方有着高达 44% 的胜率，而失误数较多的一方只有区区不足 27% 的胜率。有球不错，但不丢球更好。

我们已经发现了冠军的归属不仅由胜利决定，避免输球同样重要。在这点上，控球好是举足轻重的。有更多控球的球队输球率减少了 7.6% 左右，与提高胜率的数字差不多。失误又一次扮演了至关重要的角色：

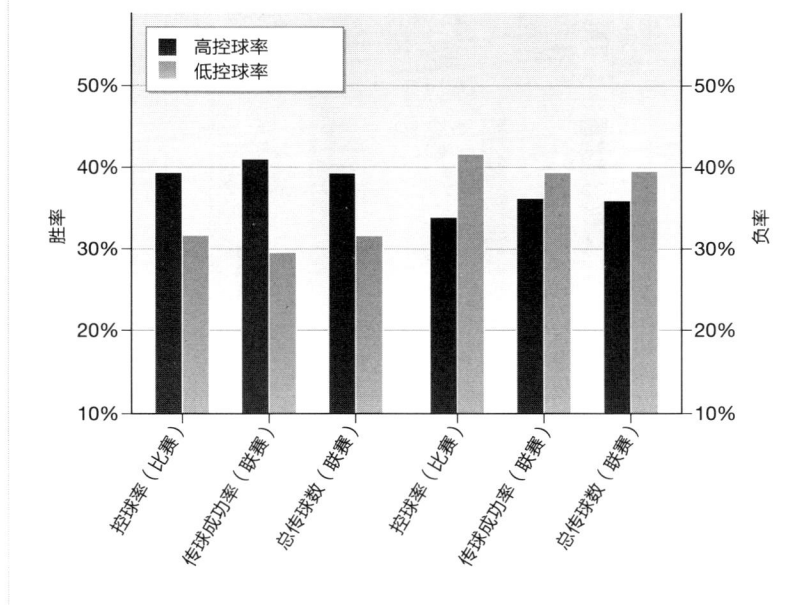

图 31 英超 2008/09—2010/11 赛季不同控球情况下的胜率

传球成功率和总传球数，在避免比赛失败上的作用不及使比赛获得胜利，但避免失误却作用惊人。当球队失误数比对方多时，负率达到了 47.7%，而当失误数比对方少时，他们只会输掉 28.4% 的比赛（图 32）。在攻防两端，控球不容小觑，毋庸置疑。

所有这些都在赛季末一目了然，拥有更多控球的俱乐部占据了积分榜的上半部分，而缺乏球权的球队通常只能为保级而战。为了展示这条规律有多么灵验，我们将球队整个赛季的积分和他们所有比赛的平均控

图32　英超2008/09—2010/11赛季不同失误情况下的负率

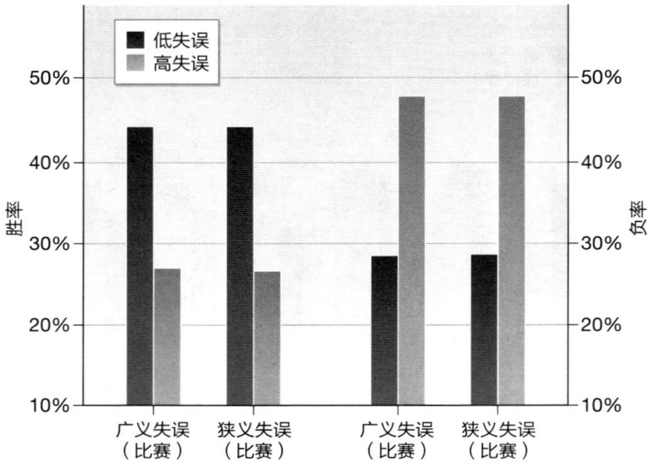

球率绘成了图表（图33，每个圆点表示一支球队一年的表现[11]）。

有更多控球的球队不一定会所向无敌，但他们会赢多输少。赛季控球率更高的球队的平均排名是6.7，而控球率更低的球队则只有13.8。基本上，控球更多加上失误更少，等于一个更为成功的赛季。

不过，如果我们仔细检视图33，会发现一些特例，尤其是在图表的左半边。英格兰足球看上去像是明显地分成了两个联赛，积分榜下部缺少控球的球队和积分榜上部擅长控球的球队。

如果我们再认真看看，可以在"第二联赛"找到一支别具一格、控球不多，却在为生存而战的关键战役中屡战屡胜的球队。他们甚至在积

图 33　英超 2008/09—2010/11 赛季联赛积分与平均控球率

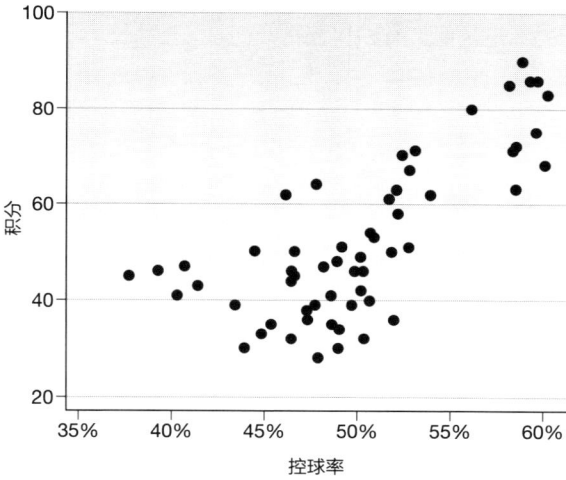

图 34　斯托克城 2008/09—2010/11 赛季联赛积分与平均控球率

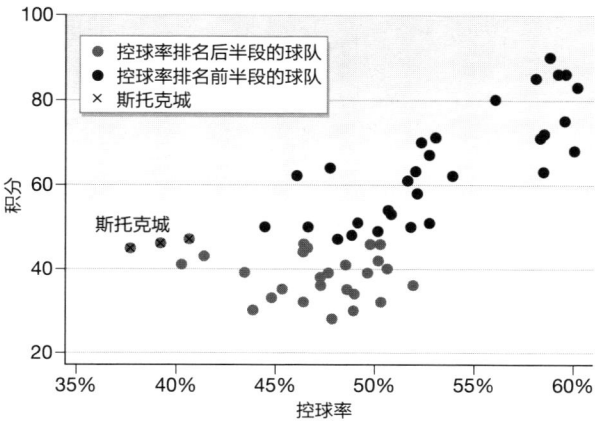

分榜上，排到了一些控球率远远高出他们的球队前面。这支战队就是斯托克城（图34）。不知怎么的，他们已经掌握了不控球的艺术。他们只是一个特例吗？还是他们有独门秘籍？

第6章 长传的消失

不管是长传还是短传，正确的就是妙传。

——鲍勃·佩斯利，前利物浦队主教练

无论你是否喜欢"陶工"斯托克城队的风格，他们的成绩都是无法否认的。虽然主教练托尼·普利斯在他的球员时代没有什么辉煌时刻，但作为教练，他却是英伦赛场中不可小觑的一位重要人物。在 2013 年被解雇之前，他以一己之力帮助斯托克城在英超中立足，同时还能经常与豪门俱乐部"掰掰手腕"。能否经受住不列颠尼亚球场那寒风刺骨的考验，已经成了衡量一支球队战斗力的标准。对于那些有志争夺联赛冠军的球队来说，更加关键。英超的新军们，在这块场地频频落马。

普利斯厥功至伟。如果说斯托克城是长传世界里的巴萨，那么普利斯就是这里的瓜迪奥拉。英国《金融时报》曾经评选出 1973 年到 2010

年间让人惊喜的教练员排名榜,普利斯名列前茅。《金元足球》(*Pay As You Play*)是近年来一本关于足球转会经济的佳作。根据该书作者的计算结果,相比于很多资历更老的教练,普利斯的转会操作性价比更高。因为他平均获得一个英超积分的花费更少[1]。

但这位主帅毁誉参半。原因就在于他所追求的长传战术乏味至极,难获各界欢心。我们可以通过数据看出他究竟有多么喜爱长传:斯托克城是英超 20 支球队中长传次数最多、在对方半场控球最少的。那这样的球队早应该被英超唾弃了吧?出乎意料的是,这支球队不仅生存了下来,还不断"走向小康"。

为什么会这样呢?其实答案很简单:他们就喜欢远离足球。在这个"控球为王"的时代,他们是坚定的共和主义者。对于普利斯来说,少即是多。斯托克城的球员相信如果自己不控球的话,更有可能进球,也更不容易丢球。很多人打趣说,也许他们唯一控球的时候,就是德拉普准备投掷界外球前,在边线外紧紧抱着球的那一刻了。

斯托克城队,早已习惯了少"踢"足球。他们所说的"踢",不仅是尽可能少地把球放在草坪上,用脚上的功夫去控制,而是真正地把"踢"比赛的时间缩短。因为如果足球在场内运行的时间越久,他们拿球就越多,他们的表现可能越糟糕。这就是我们理解普利斯如何在斯托克城取得成功的关键。这样的道理也同样适用于眼下的水晶宫队。

⚽ 为什么"少即是多"

在一场普通比赛中，没有人能够真正踢 90 分钟足球。根据 Opta 体育的数据，在 2010/11 赛季的欧洲四大联赛里，平均有效比赛时间是 60 到 65 分钟。在英超里，这个数字是 62.39 分钟[2]。但如果有斯托克城的比赛，有效的比赛时间就会大大下降。在那个赛季，他们的有效比赛只有 58.52 分钟。

打个比方来说吧。斯托克城就像一个调皮的小学生，偷偷把时钟从教室的墙壁上摘下来，然后把分针往前调一点，再挂回去。没过多久，调整过的时钟就告诉大家要放学了。相比之下，曼联队真正比赛的时间最多，平均每场达到了 66.58 分钟。所以，一般"陶工"们的比赛时间，比"红魔"曼联少了足足 8 分钟。一位英超俱乐部的首席球探将这个数据告诉了普利斯，但普利斯坚称自己完全不知情。他和球员们只是坚守自己的风格，而对于这些数字一无所知。

但是他也不至于太过惊讶。在普利斯的管理下，斯托克城有组织地使足球远离球场。从这种意义上来说，他们是控球主义的敌人。球员们十分清楚，只有出现死球的情况时，才是他们真正的控球机会，而其他的一切都不确定。因此他们酷爱一种死球情况：定位球。

在斯托克城的比赛里，有效时间的确比其他的比赛短。在一些极端情况下，他们真正处于比赛状态的时间甚至低到不可理喻的 45 分钟。其中界外球，就是他们消耗时间的一大法宝。在 2010/11 赛季里，他们一共抛掷了 550 次长界外球，第二年为 522 次，都傲视全联盟。每一次球出界后，德拉普都会耐心地等球被捡回来，再不紧不慢地用毛巾把球擦干净，时间就这样一分一秒地流逝了。他们很珍惜这样为数不多的控球机会，而很少有球队像他们这样做。一场 90 分钟的比赛中，球队就依靠这样的连锁效应不断压缩对手拿球的机会。

阿森纳球迷罗伯·贝特曼将温格视为英雄。毫无疑问，斯托克城这样的做法令他深恶痛绝。作为 Opta 体育的内容总监，他经常发一些调侃"陶工"的微博："斯托克城在英超中打进阿森纳的四个进球，有三个来自界外球，剩下一个是点球。"

斯托克城痴迷空中轰炸的重要原因之一，是他们的长距离界外球不仅能够创造破门良机，同时也让对手难以轻易反击。

对于脚下功夫粗糙的"陶工"来说，这是一个完美的方案。萨拉·鲁德是 StatDNA 分析部门的副总，他说在 2011/12 赛季中，斯托克城的 10 次控球里基本只有一次能够超过 3 次传递。只有 4% 的控球可以超过 6 次传递。这可能就是很多年前查尔斯·里普所展望的足球。反观阿森纳，36% 的控球能够完成 3 次以上的传递，18% 的控球可以超过 6 次递球。

更准确地来说，斯托克城在 43% 的控球机会中，下一脚都不是正确的传球。几乎有一半的时间，普利斯的队员拿到球权就随即交给对方了。但阿森纳的这项数据只有 27%。

斯托克城早已明白，控球对他们有害无益。他们传球越多，对方抢断、直接反击的机会就越多。过去三个赛季中，当他们的控球率低于平均值时，场均的失误在 177 次左右。但如果有一天他们的控球率超过了往常，这时他们的场均失误就会达到 199 次（增加 12%）。但对于阿森纳这样的球队来说，恰恰相反。控球率较高的时候，他们的失误数是 180 次左右。然而，假设他们控制不了比赛，失误数就会增多到 186 次。总结起来，斯托克城拿球越多，失误越多；阿森纳控球越多，失误就越少。

这样的规律，对于普利斯找到取胜之道十分有益：少进行运动战，多利用定位球。在英超联赛里，3 个进球中，一般有两个是来自运动战。像阿森纳这样的控球型团队，这个比例可能是 3/4。但斯托克城呢？他们只有一半的破门是通过运动战。而他们由界外球创造出的进球，却是普通球队的 5 倍。换算一下的话，一般的英超球队，平均每场能够利用运动战进 0.85 个进球，而阿森纳能进多达 1.39 个。但斯托克城只有区区 0.51 个，是英超球队平均数的 60%。

当看到这些数字时，温格、梅诺蒂和克鲁伊夫可能会十分惶恐。但毋庸置疑的是，这样的方法的确管用！从 2008 年起，斯托克城就开始成为英超联赛中不可或缺的一员。他们继承了沃特福德和温布尔登队的衣钵。普利斯因地制宜，从不模仿他人。看起来，他们像是被对手牢牢控制；但实际上，他们按部就班地踢着自己的足球。在转投水晶宫后，普利斯依旧沿袭着自己的风格。虽然忽略控球，但积分每周都稳稳进账。从 2013 年 11 月上任开始，到 2014 年 4 月中期，球队降级的概率从 88% 逐步降低，直到最后的 1%。他深切地明白，控球不在乎数量，而在乎质量。

克鲁伊夫也许不喜欢他们。但他终究会明白背后的旨趣。

⚽ 第一次失败的革新

斯托克城应该是现代足球中里普所欣赏的为数不多的球队之一。今世的众多球队都跟随大流迷恋传控足球，但"陶工"（斯托克城队的昵称）们却不以为然。里普一定觉得这是正确的做法。他花了足足 30 年，用自己的小笔记本、铅笔和矿工头盔收集了大量数据。他发现 90% 的控球不足四次传球就结束了。在 50 年的职业生涯中，里普看着一支支球队不断将球权交给对方。也难怪，他总结道：控球就是一个谜。

事实上，很多球队已经开始为了控球而控球。里普肯定认为这很可笑。而斯托克城大刀阔斧的战术，三传两递直接将球送到对方的禁区腹地，看上去有效率得多。20 世纪 80 年代的沃特福德、温布尔登，还有 90 年代埃伊尔·奥尔森旗下的挪威队都贴切地贯彻了这样的思想。

但令里普感到可惜的是，这样的足球风尚已经濒临灭绝，也许斯托克城是最后的代表之一。萨姆·阿勒代斯执掌的球队也是其中一个。但大部分的球队都坚定不移地认为长传战术早已过时。特别是在过去的 20 年，格拉汉姆·泰勒的鼎盛期过后，这样的趋势日渐明朗。

背后的原因很简单，但里普当年并没有想清楚。在上一章，我们已经向大家阐明了，保持球权（不要随便失误，把球交给对方）是足球比赛取胜的瑰宝。这种做法提升了进球数，同时也减低了你被对手进攻的概率。普利斯自然理解这个基本道理，只不过他的做法和其他教练不同。

斯托克城珍视持球的机会，只不过是在界外罢了。

从一开始，里普就致力于研究赢球的奥秘。他的逻辑很简单：如果你能够创造尽量多的破门机会，那么就能赢得更多的比赛。他认为，假设要实现这个前提，那么球队就必须更加有效率。对于里普来说，就是用尽量少的控球、传递、射门和触球完成尽量多的进球，而并非越多的控球和传递。他还发现，每九个进球中，只有两个完成了三脚以上传球，而九次射门中只会有一个进球。此外，一半的进球都源自在对方禁区附近重新拿到球权后所创造的机会。

看到这些数字，里普有这样的想法就不足为奇了：为什么球队要浪费那么多时间做无谓的传球，而不是直接将球快速传递到威胁地带，创造出更多进球机会？或是在对方禁区，再次争取到控球权？

里普的结论，已经成为长传战术的理论基石，不断被后人采纳。典型代表就有狼队的斯坦·卡利斯和几十年后沃特福德队的泰勒。我们也可以在后来查尔斯·休斯的《胜利方程》（ *The Winning Formula* ）一书中找到这些理论的影子，尽管作者声称他绝没有利用里普的成果。休斯是一位英格兰足总的坚实拥趸，在 1990 年被任命为教练总监。在很多人看来，他成为了新时代长传足球的"教主"。

但依然没有多少人愿意接受长传风格。

前诺丁汉森林传奇教练布赖恩·克拉夫有句名言流传至今："如果上帝认为（足球）应该在空中踢，那么他就会把草种在天上。"此外，足球垂青的依旧是结果。如果长传战术被证明灵验，即使再注重足球美感的人也会保持缄默。

但长传战术真正的问题在于，它只是时断时续地成功过。

里普的核心观点是，足球的传递次数越多越难维持；超过三次传递的控球，能够创造进球的概率陡然降低。绝大多数的动作，在一次传递后就结束了；就像图1（参见19页）所显示的，91.5%的控球到不了第四位球员。每多传一次球，进球的成功率就会变得更低，加上在对方半场紧逼的重要作用，（30%的进球都来自于"最后30米"重新获得的球权），所以就有了长传战术的逻辑。

从里普鼎盛时期开始，这种逻辑就开始被研究。威尔士大学的教授迈克·休斯和英属哥伦比亚大学的伊恩·弗兰克斯教授利用1990年和1994年的世界杯数据，重新审视了里普当年的研究。他们同样也发现了传球数越多越容易失误，以及传球次数和进球的关系。所以，他们起先十分赞同里普的观点。

然而，当他们继续深挖这些数字时，态度慢慢发生了转变。"大部分的传球都很快结束"，"很多进球前的连续传递次数很少"，这样的事实并没有错。但是它们并不意味着长传战术就是有效率的。里普太急于下结论了！事实上，长传效率十分低下。解开这个谜团的关键在于，进球的"频率"和"效率"其实不是一码事。

为了解释这个道理，我们姑且以点球为例。

自2009年以来，英超联赛65%的进球来自于运动战，仅有8%源于点球。也就是说，运动战进球的频率是点球的8倍之多。不过，运动战中射门的进球率只有12%，可是点球的命中率却有77%。

一个命题由此摆在了主帅面前。哪一种策略才更加有效：打造一支运动战能力十足的球队，还是把球员的心思放在获得点球上？是选择频率更高的前者，还是效率更大的后者？

点球可能更罕见，但更有把握。运动战进球可能更加常见，但想要打进一球困难重重。当年的里普，没有弄清楚这样的差别。很大程度上，正是这样的判别，才解释了为什么长传进攻会屡屡失败，而控球战术则广为流传。

跟里普一样，休斯和弗兰克也注意到连续传球的次数越多，继续控球就越难。但他们还觉察到，其实连续传球的次数和进球的概率紧密相连。如果传球次数越多，那么配合越有可能以进球结束。他们总结出："**有技术完成多次传球的球队，有更大的概率破门。**"事实上，当连贯传球的次数上升（最多六次），进球的概率也随之上涨。

而进球最重要的因素是射门，尤其是射门的频率和命中率。休斯和弗兰克发现，传递次数少的控球创造出的射门机会更加有效：5 脚以下的传球，进球成功率更高：每 9 次控球创造的射门，就能完成一个进球。这一点里普没有错。而在长时间传递后进行的射门，每完成 15 脚，才能有所建树。

有些人不太明白，为什么传递越少进球概率就越高？这是因为，如果传递时间越长，对手的后防球员就有更多时间落位，防线组织得就更紧密，由此，进攻球员就越难以乘虚而入。但是更高的进球率并不等同于更多的进球。这是为什么？

里普的数字并没有差池，只是他没有使用正确的分析门径。

休斯和弗兰克斯归结出，传球次数越多，打在门框范围内的射门就越多，进球数才得以攀升。里普此前只思量如何让破门效率更高。虽然传控足球并没有根除这个问题，但它创造出了更多射门。也许，这就是一个机会与效率的取舍：传控足球意味着更多射门机会，但是命中率可能递减。

休斯和弗兰克斯后来又发现：在足球场上，区别成功和失败的一大关键在于控球的技术。其实毫不夸张地说，优秀球队和鱼腩球队的射门命中率相差无几。但重要的是顶级球队能够创造出的射门数，比后者多了三分之一。我们计算过，平均每九次射门能够打进一粒进球。那么，如果射门越多，破门的次数也理应同步增长。而只有拥有精湛的技术或是高超的控球策略，将球更多地控制在自己脚下，才有机会谋求胜于对手的射门机会。

当我们将这个推想运用到英超联赛上时，一场场比赛证明的确如此。为了衡量每支球队对于长传的依赖程度，我们计算出了它们长传与短传的数量之比。结果在图 35 中呈现出来。你会发现斯托克城队长传次数太多，正如图右侧所示。而那些传球次数更多，更加注重地面配合的球队（我们将短传定义为 32 米以下的传球），能够施行更多的射门。

这很大程度上决定了哪些球队会取得成功。我们在图 36 中可以看到，阿森纳、切尔西和曼城这种习惯地面进攻的豪门和其他球队的射门命中率其实不相上下。甚至相比于阿森纳，斯托克城把握机会的能力还更胜一筹。而当年降级的布莱克浦队，甚至也和冠军曼联平分秋色。但豪门球队的过人之处在于，阿森纳、曼联的场均射门数比另两支球队多出一半[3]。

图 35 长短传比例和射门次数（英超联赛，2010/11）

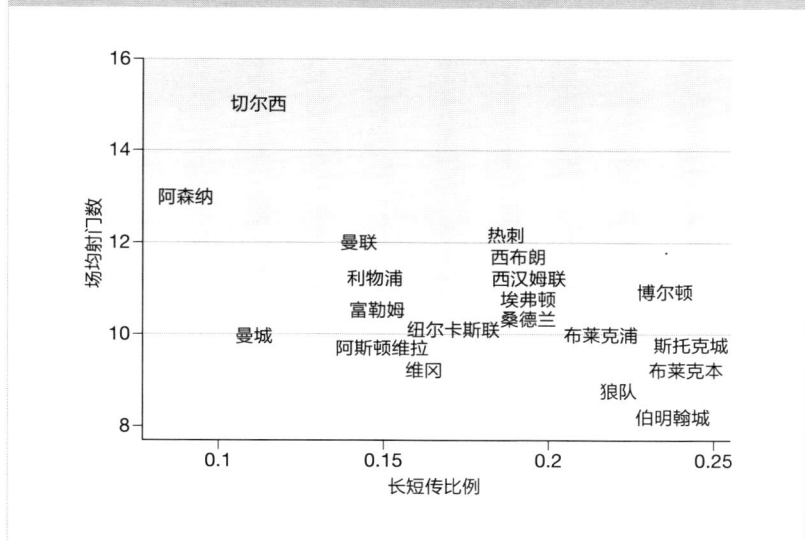

这样的影响十分明显：长传球队射门的机会更少，因此得分的频率更低，所以在每个赛季末就必须在降级区殊死挣扎。而珍惜控球机会的球队就会在积分榜的另一头，最终展开对冠军的争夺（图 37）。当然也有一些例外，比如图 37 中普利斯的那支斯托克城队。他们是第一批利用分析法研究长传战术的球队。他们通晓如何最大化使用自己的资源，并达成自己的目标。

对于他们来说，长传就是精确的传球。虽然他们可能永远都与联赛冠军无缘，但一步步完善战术后，他们至少有机会在下个赛季的联赛中保有自己的一席之地。

图36 长传比例和射门成功率（英超联赛，2010/11）

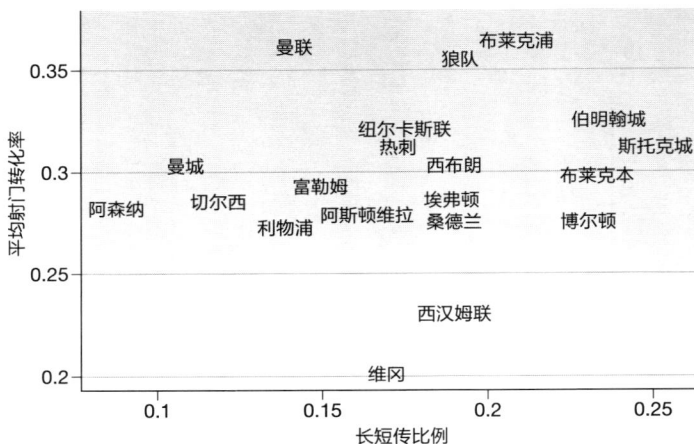

纵轴：平均射门转化率
横轴：长短传比例

- 曼联
- 布莱克浦
- 狼队
- 纽尔卡斯联
- 热刺
- 伯明翰城
- 斯托克城
- 曼城
- 西布朗
- 富勒姆
- 布莱克本
- 阿森纳
- 切尔西
- 埃弗顿
- 利物浦
- 阿斯顿维拉
- 桑德兰
- 博尔顿
- 西汉姆联
- 维冈

图37 长传比例和联赛排名（英超联赛，2010/11）

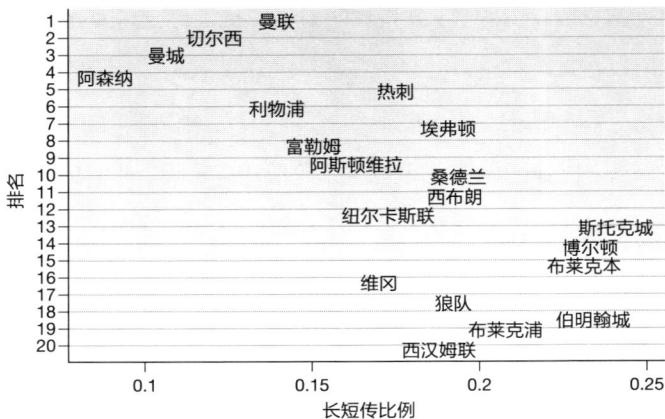

纵轴：排名（1—20）
横轴：长短传比例

- 曼联
- 切尔西
- 曼城
- 阿森纳
- 热刺
- 利物浦
- 埃弗顿
- 富勒姆
- 阿斯顿维拉
- 桑德兰
- 西布朗
- 纽尔卡斯联
- 斯托克城
- 博尔顿
- 布莱克本
- 维冈
- 狼队
- 布莱克浦
- 伯明翰城
- 西汉姆联

⚽ 向里普致敬

足球经理们从来都不是班级里反应最快的那帮熊孩子。但是经过长时间的努力，他们终于把这个问题解决了。里普关于最大化效率的思想，很多人都曾为之叫好。然而渐渐地，这些理论在足球场上消失了。当然现在依然有些球队无意追随潮流，仍旧继续着传统的长传战术。但是总体的趋势很明朗：在 21 世纪，控球为王！

StatDNA 的萨拉·鲁德带我们重温了 2011/12 赛季英超的传球情况（图 38）。里普著名的发现——每多传一次球，相应的（进球）概率就会

图 38　连续传球成功的比例（英超联赛，2011/12）

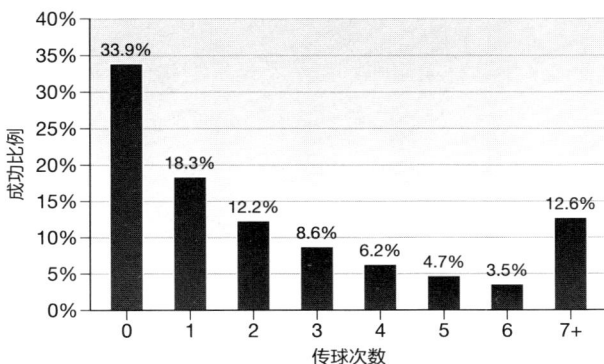

数据来源：StatDNA。

减低——有了新的阐发：在这条递减曲线的尾部开始上翘。不断进步的科技、训练手段、球员技术和球场环境，让传控足球统治了比赛。那上升的一小段代表现在比赛中超过七脚的传球比例不断升高，已经和两脚传递的控球频率相当。

然而我们并不能因此忽略里普的功绩。诚然，他所倡导的足球风格确实缺乏美感，也有些过时，而且他也没有探索出所谓的"胜利方程"。可是他的研究方法，在很多方面都是前卫的。

里普是历史上第一位尝试使用数字来解读足球的人。从某种程度上来说，他的研究使足球焕发了新的生机。只不过，相比于今天的研究者，他的视野不够开阔，可以使用的工具技术也寥寥无几。他认为足球比赛看起来十分杂乱无序，但我们可以将其分解成容易处理的元素，再进行深入的探究。

我们明白当下的足球比赛里传控是主流，因为它能够帮助球队创造出更多的进球机会，同时也让球队更难被进球。你或许会问是不是每一个球队都应该采用这种策略呢？当然不是！查尔斯·休斯《胜利方程》一书的书名只是人们美好的愿景。而里普想要帮助所有球队实现效率最大化的目标，也是坐而论道。

现实世界中，没有通用的赢球公式。你可以试图去说服沃特福德、温布尔登和斯托克城，它们的长传战术有时候并不奏效；也可以跟2004年的那支希腊队说，再强的防守往往也挡不住致命的利剑；你还可以再向巴萨队和西班牙队建议，有时就需要坚决的大脚解围。他们肯定不以为然，视如敝屣！他们有适合自己的赢球公式。利物浦名帅鲍勃·佩斯利曾经说过:"不管是长传还是短传,正确的就是妙传。"对于有些球队,长传就是正确的选择。虽然传控足球是大势所趋,但是总有人能另辟蹊径,达到意想不到的效果。

里普告诉大家,数字能够让我们看到足球的另一面,这一点无可辩驳。但不幸的是,他的研究系统和想法太过片面。比如,他只考虑了如何让球队打进更多的进球,而没有想想怎样通过防守达到同样的目的。我们之前已经讨论过,对于防守端的轻视是自古以来的一大通病。里普也不例外。

同样的事情也发生在长传这个问题上。这样的战术仅是昙花一现,因为强大的对手十分容易将其破解。它并不适合豪门球队,也不能教会球员如何做好防守。总而言之,里普不是一位防守大师,也并非一个战略家。

但他的一个核心观点并没有错:**一支球队的终极目标,就是将效率最大化。**不论是出现在欧冠决赛中的拜仁,还是 2012 年半决赛中的巴萨,都被切尔西的效率足球击倒。他们的传控战术,只是挥霍时间的一种方式,最终付出了沉痛的代价。对于赢球来说,效率问题是里普最最重视的解决方案。但是他从没想过,他的方案并不是唯一的。**足球世界中有各种各样掌握自己命运的方式。或许最"有效"的方式,并非最有"效率"的。最有效的办法,也许就是牢牢控制住足球。**

里普为我们留下的宝贵财富,我们不能忘记。如同以前很多的革命先驱,他有些固执己见,也受限于他所在的时代。但是,是他拉开了数字游戏的大幕。没有他,今天成千上万的数据公司,就难以发展得如此迅猛。而如今，所有从数据中获益的足球经理都应该感恩里普。

并不是每一支球队，都想成为斯托克城。并不是每一支球队，都能够成为巴萨。但他们如果能够运用所有的智慧，发挥自己的才能，利用好数字里蕴藏的信息，他们总能探寻出一条属于自己的胜利之路。这就是里普的核心思想，我们得铭刻在心。今天的数字游戏更加复杂，更加微妙。而正在收集和使用这些符号的人们，也变得更加聪慧。

第 7 章　游击战式足球

知己知彼，百战不殆。

——孙子

在英超联赛里，没有一个球队赚的比维冈还少，历史比维冈还短，球迷比维冈还少。自 2005 年第一次晋级英超以来，维冈似乎一直在悬崖边缘风雨飘摇。2013 年，他们终于没有逃过厄运的魔爪，折回到了他们"该待"的那个地方。很多球迷窃喜，终于看到了他们的降级。但这个看似弱不禁风的"戴维"，却在临别之前闯入了足总杯决赛，并且出人意料地击溃了巨人"歌利亚"——所向披靡的曼城队。

著名足球记者西蒙·库珀和经济学家斯特凡·希曼斯基在其合著的《为什么英格兰总是输》(*Why England Lose*) 一书中，记载了他们的发现：对于足球俱乐部来说，金钱与成功血肉相连。在英格兰的联赛里，92% 的排名可以通过支出的差异来解释[1]。也许并非每个赛季中花钱最多的俱乐部就肯定能够拿到冠军。但是从长期来看，这样的联系无可置疑。很多时候，在联赛积分榜垫底的，都是那些财务上捉襟见肘的球队[2]。

对于维冈来说，这当然很不幸。每年德勤会计师事务所都会公布当年的足球俱乐部财富排行榜。在榜单上，维冈队的收入、球员薪资和上座率，都只有联赛豪强的若干分之一。但他们连续七年逃离了降级的厄运。没人能解开这个谜团，因为它违背了足球经济学的基本定律，违反了足球的重力法则。

维冈之所以能够在英超生存如此之久，当地大亨、球队老板戴夫·惠兰当属一大功臣。他们的 DW 体育场以赞助者的姓名首字母命名。维冈主场的上座率十分惨淡，平均每场只有 1.7 万人，而要把球票销售一空，几乎是天方夜谭。这样的上座率仅仅是英超联赛平均水平的一半，与荷甲维特斯队或者是德国乙级球队相比半斤八两。这就意味着球队在比赛日的收入远逊于其他对手。而在电视版权收入和商业收入上也很可怜：2010/11 赛季中，这三个渠道相加起来，球队的累计收入仅有 5050 万英镑。收入微薄，仅是普通英超球队年收入的一半。所以惠兰的持续投入，就显得尤为关键。维冈老板在 2011/12 赛季自己掏出 4800 万英镑借贷给俱乐部，才抹去了一笔巨大亏损。这一切都表明维冈俱乐部在财力上难以和其他球队抗衡。然而，一旦踏上球场时，他们判若两人。

平心而论，维冈在人力成本投入方面没有什么高招。从 2006 年到 2011 年的 5 年时间里，他们在英超的工资排行榜中分别名列一次 18、两次 15 和两次 16。而球队的最终排名，与此大致匹配。

但是，就像知名足球财务博客"瑞士漫游"（The Swiss Ramble）曾经描述的，维冈能在英超中绝处逢生，可谓是"现代足球中一个不折不扣的奇迹"！为什么这样说呢？因为我们根据维冈的财务支出，推断他们理应降级了，而他们却死磕到了 2013 年。更准确地分析要借助于我们根据球队的降级概率和工资总额建立的一个方程。

如果仅仅从数字角度考虑，每支球队降级的概率都是 15%：在总共 20 支队伍里，每赛季都有 3 支不幸落马。当然，**决定谁降级，并不是通过抽签的方式**。金钱有着举足轻重的作用。更具体地来说，根据德勤帮助我们分析的近 20 年英超俱乐部的财务状况，我们发现，假设一支球队的支出高于联赛支出的平均值，那么降级的概率仅为 7.2%。换句话说，只要比普通球队多花一点钱，那么降级的概率就能够减半。但如果俱乐部的投入少于平均值，那么掉下悬崖的概率一下就从 15% 蹿升至 21%。假设某支球队的投入比维冈这个贫困户还低，那么在任意一个赛季，降级进入英冠的可能性就高达 44%。

花钱少并不意味着被判了极刑，但至少已经被绑在了电椅之上。而如果每年的支出都比普通球队少，那么降级的概率就会不断叠加。对于维冈来说，他们在 2012 年前 5 个赛季中，理论上降级的概率竟然达到了 95%。不管是从统计数字上看，还是财务方面看，这几乎是板上钉钉的事了。相比于维冈工资总额的 4000 万英镑，曼联、阿斯顿维拉和富勒姆的薪资支出，分别是前者的 4 倍、2 倍和 1.5 倍，所以降级概率也只有相应的 0%、31% 和 69%[3]。

所有这些事实，都暗示了维冈不死已经难以用运气和金钱来解释了。

一切的数字都对他们不利。他们一定有不为人知的秘密，让球队不断续命。他们不单单将戴维和歌利亚的故事挂在嘴边，而是真正从中学到了什么。如果你还记得这个神话故事，就会知道戴维完全可以拿着扫罗的盔甲，加上他的头盔，和歌利亚大战一场。但是，他没有这么做，反倒选择了另外一种策略。

⚽ 反叛领袖：罗伯托·马丁内斯

不管拿什么标准来衡量，维冈都是一支平庸的队伍。在他们英超之旅的每一个赛季中，失球都比进球多。比起自己的难兄难弟，他们总尝试着获得更多的控球。但大部分都是在自己的半场不痛不痒地传球倒脚[4]。然而罗伯托·马丁内斯的球队所做的，绝不只是后场无止境的传球，或是依赖幸运女神的眷顾。

首先感谢一位康奈尔大学的学生拉姆齐·本·赛义德的帮助，还多亏有英国《卫报》和 Opta 体育联合发布的"表现小黑板"，我们得以全面地审视 2010/11 赛季维冈队的进球情况。拉姆齐将一年中的进攻端数据集合编码（每支英超球队是如何破门得分的）。

结果显示，每支球队的场均进球数在 1.4 个左右，而其中的绝大部分（66%）都是通过运动战打进的。而占比最小的一部分，则是直接任意球，只占 2.8%。每支球队平均一场比赛靠运动战打入一粒进球。但相比之下，他们需要 35 次尝试才能完成一次直接任意球的破门。

不过，马丁内斯的球队可不是一支循规蹈矩的队伍。在 2010/11 赛季里，他们的进球都非比寻常。维冈从来不依靠传统运动战的方式。他们绝无耐心通过配合一丝丝渗入敌人腹地。在球队一半的比赛中，你甚至都看不到运动战进球的影子。**他们的撒手锏究竟是何物？谜底就是：风驰电掣的快速反击和精确制导的任意球**[5]。他们在这两项上的表现，在整个联盟都首屈一指。他们利用防守反击完成的得分是普通球队的两倍，而任意球的破门次数则是平均值的四倍。

马丁内斯在进攻端既没有选择进球最高频的方式，也没有偏向成功率。他另辟蹊径，将防守反击和破门概率极低的任意球作为自己的赢球法宝。

来自 ESPN 数据与信息部门的阿尔贝特·拉尔卡达进一步向我们讲述了维冈的故事。利用 Opta 的主数据库，他揭秘了维冈更多剑走偏锋的风格。

马丁内斯不仅把快速反击和任意球当作自己的神器。当拉尔卡达计算出每支球队的射门距离时，维冈再一次一马当先。他们的平均射门距离，几乎达到了 24 米。这就是为什么在查阅图 36 时，你会发现他们的射门进球率出奇地低。但这其实是有意为之，因为他们的射门距离比其他球队（平均 17 米）高出一截，远远高于第二名的热刺。在 2010/11 赛季的英超联赛中，他们的重炮手查尔斯·恩佐比亚和乌戈·罗达列加都跻身了五大远程射手的行列。

当很多球队都在追随流行打法的时候，马丁内斯在想着打破成规。比如，他的球队是那个赛季中在禁区内进球最少的，仅仅只有 28 个，而曼联却在对方禁区内破门 69 次。

因为维冈极其注重反击、定位球和远射，很多人可能会认为，马丁内斯的战术十分保守。然而从他们的阵型中，我们就能看出事实并非如此。Opta 的数据告诉我们，当赛季的英超球队在 34% 的比赛里采用的都是传统的 4-4-2 阵型，可是维冈队却从没有用过一次。相反，他们常用的是更具侵略性的 4-3-3 阵型。他们使用这套阵型的次数，占了联赛使用总数的八分之一。除此之外，马丁内斯也不是一成不变的。在很多必要的时候，他都会调整自己的打法。在 2012 年保级的关键时期，他在最后三分之一的比赛中出其不意地启用了 3-4-3 阵型。在很多人看来，这样的举动十分离奇，马丁内斯却因此挽救了球队。

马丁内斯的强大之处在于，让对手瞠目结舌的同时，自己却运筹帷幄，从容淡定。此外我们又发现，维冈队的反抢成功率是联盟之首。这样的防守策略，马丁内斯已经运用得出神入化了。这是因为在他的进攻体系中，远射占了很大的比例，这就让队员能够快速回防，形成稳固的防守体系。为了加固防线，他也战略性地放弃了角球进攻。他们在 2010/2011 赛季中总共只打进了一个角球。这是由于主帅无意让军中铁卫大举压上，避免被对手乘虚而入。简而言之，马丁内斯的球队打的是游击战式。

他的球队往往以静制动，通过攻其不备的反击击垮对手。队中既有百步穿杨的远程射手摧城拔寨，又有脚法精湛的任意球高手一剑封喉……总之，他的球队随机应变、因时制宜、神乎其神。表面上看起来，马丁内斯衣冠楚楚、和蔼可亲。但在他的笑容之下，深藏着一位绿林好汉的智谋与胆略。现在这位盖世英雄的"山头"，已经迁到了古迪逊公园球场。

⚽ 智慧足球存在吗？

和许多革新者一样，充足的信息也是马丁内斯一切创新的中心。聪明的人，绝不会打无准备之仗。他们会收集各种各样的情报，力求知己知彼。在足球世界中，同样是这个道理。

而这样的情报，以两种形式存在。首先是信息。如今，还有很多教练以传统的方式收集着信息：自己作为球探，与其他教练持续沟通，观察队员们的训练表现，以及每早起来读报。运用好这张多元的网络，是工作的重要部分。

然而，大部分的信息却是主观的。所以为了做出更好的决策，教练们就应该重视身边一切客观信息的渠道。这就是数字变得举足轻重的原因：因为没有什么东西比数字更加客观了。不论是否真正清楚如何正确地运用这些数字，起码现在每一位教练都在球队里聘请了两位比赛分析师。这些人帮助他们研究分析之前的比赛，同时为下一场战役做好准备。

有一些教练，对这些数字更加痴迷。我们推测，马丁内斯绝不是唯一一个在家里的电视上安装了数据分析软件的教练。他们要感谢现在发达的数据公司，像 Opta、Amisco/Prozone、StatDNA、Match Analysis 这样的好帮手。有了它们，马丁内斯和同行们只要在家点击按钮，就能够看到球队比赛中角球、射门、传球等事件的精确数据了。今天的教练，已经快被数字淹没了。可是即使手头有这么多数字，很多人也没有把握他们的精髓。

许多数据公司一直在这方面潜心下功夫。"越来越多的创新是为了告诉你真正需要考量的是什么,"StatDNA 的创始人罗森菲尔德曾经向我们解释,"很多公司的当务之急是他们需要定义一系列复杂的数据,揭示场上正在发生的景况。而它们又是足够简单,所以你能采集和分析。"

"你可以轻而易举地设计出一个模型来衡量一位球员的贡献值,比如最后 30 米的成功传球。之后你又可以想出一百个原因,解释为什么这是正确的。然而这远远不够。有些重要的信息掩埋在几层数字之下。表层的数据虽然已堆积成山,但真正珍贵的是对于数据的独到见解。"

当马丁内斯这样的教练筹划战役之时,同样十分困惑。关于自己和对手,彼此手头已经收集了足够的信息。但哪一部分才是"珠玑"?这就是第二种智慧的来源:去粗取精。

足球界接受分析法的进程十分迟缓。但渐渐的,它已经渗透到了绿茵场的每个角落。主教练和老板都希望借助数字在与对手的比赛中胜出,即便只是获得很小的一点优势。数字信息对比赛输赢关系重大,忽略数据被视为行业大忌。

比赛分析师是目前众多球队组织架构中的关键一环。他们是尚待深掘的金矿,但整体上已不断发展壮大。我们可以从平日的训练、球探工作和比赛筹划中感受到他们的影响。新的发展将出现在战术中。

负责 Opta 体育与俱乐部公关的约翰·库尔森指出:"起初当大数据进入足球时,很多人嗤之以鼻。教练们都不愿冒险去'吃螃蟹',而是希望继续依靠自己的直觉和经验,显然,数据并不是来替代那些传统方法的,而是和它们进行互补互助的。"

"然而，鉴于足球是一项极其充满变数的运动，加之在第一线的人员往往都没有科研背景。所以也可以理解，他们很难一下就信任这些数字。如今大量的数据已经呈现在大家面前了，而接下来五到十年的任务，是向人们诠释如何发掘它们的深层价值。我们相信，当大家陆陆续续从数据中获益时，一个关注热将会到来。而在棒球和篮球中，很多人已经目睹了这个时刻。"

"十年前，足球人慢慢地开始启用视频分析方法，并接受很多客观的反馈。十年后的今天，我们已经见证了这个引爆点的出现。很多圈内的人，渐渐明白这些新科技是一个能帮助执教的工具。但想要继续普及，还需要更大的努力。虽然初期有不少足球人相信这些科技只是噱头，并没有实质性作用，然而这些观念，已经发生了极大的转变。我们希望革命的下一步是让这些先进的数据分析法真切地影响教练的战术判断、人才挑选。这样的进程也许才刚刚起步。"

人们对于数据抗拒的原因是相同的：足球这项运动，流动性强、变幻莫测，根本不可能被拆分为几个简简单单的数字。然而一个问题现在没解决，不代表永远解决不了。尽管足球比赛中"兵无常态，水无常形"，但流动的比赛却可以用数据标准的"容器"进行分解度量，并且可能的衡量角度不可胜数：比如运动战和定位球、射门的不同类型、点球、进球的时间、战术阵型、主场还是客场、球场的地点，或是球队打平、领先或落后时的情况。亟待解决的问题是找到最好的方法将比赛有序地分解，之后再在这个基础之上提炼出有建设性的见解。在现实生活中，我们已经有很多探路者了。问问物理学家和工程师，他们研究的星际间的星云、石油管道，还有高速公路的交通是不是同样波谲云诡？但如今，这些难题早已被破解。

然而在使用所有这些情报信息之前，还要补充一个先决条件，那就是：我们必须明白，赢得比赛并没有一种"最好的"方式。进球多、失球少，固然好。除此之外，足球世界里根本没有简单的答案。

像马丁内斯这样英明的教练就通晓这样的道理。他们会利用数据因地制宜、因时而异打造不同的战术策略。有时候会选择长传进攻，有时会是电光石火般的反击，或是掌握控球权，将对手"饿"死在球场上。游击队员必须见风使舵，见招拆招。就像前切尔西主教练詹卢卡·维亚利和《泰晤士报》意大利记者加布里埃尔·马尔科蒂解释的："拆析战术打法后，你会发现基本上就是一种规避弱点、彰显优势的过程。归根结底，足球比赛的概念十分简单，就是获得对手不具备的优势。而这已经困扰人们上千年了。"

足球中，战术和战略并非一回事。战略，是你为全年打造的计划。战术，是中间每一场战役中选择的策略。为了实现你最终的战略，战术就不能出错。而你的战术，又必须适合你的球队以及你的对手。

⚽"四攻"也疯狂

之所以分析学还被很多人怀疑，是惯性思维所导致的。每件事情都有一种沿袭下来的、固有的完成方式（祖先们还不知道分析法）。但如果有那么一个人独树一帜、标新立异，难免令人不适。当足球遇上大数据时，也是这种局势。

这个世界上，最体现男儿血性的有两个场合：一是战场，另一个就是运动场。为什么这两个场地上的战士们要被一些所谓的"行为准则"所束缚呢？在《纽约客》(The New Yorker)的一篇文章里，马尔科姆·格拉德威尔在大卫和歌利亚的故事里，同样发现了惯性思维的影响。

"一开始，大卫身着战甲和铜盔，手持一把利剑，"格拉德威尔写道，"准备和歌利亚展开一场常规的、真刀真枪的战斗。但是，他突然停了下来。'我不能就这样走过去，因为我毫无经验，'他说……随后却捡起了五颗小石子。如果当弱者洞悉差距，然后另辟蹊径，结果会怎么样？就像大卫的选择，不依照歌利亚所熟悉的套路比赛。结果，他赢了。"

格拉德威尔强调，这样以弱胜强的战争不仅仅圣经里才有。在我们生活中，其实这种案例屡见不鲜。假设大卫想活下来，那么最好的方式就是出其不意，创造一套非常规的战斗计划。就像格拉德威尔注意到的，他们的优势在于"制造了'社会恐慌'。这些人挑战了传统，颠覆了战争的思维"。同等重要的是，为了保命，大卫必须比歌利亚更加努力。维冈俱乐部的故事，就与其如出一辙。

尽管我们说马丁内斯是这本书里的一位"大卫"，但他绝不是特例。他只是离我们时间较近的一个典范，实际上在他之前，还有很多同等机智，善于以自己的妙计发掘球队价值的教练。在他之前，其实很多富有创造力的先驱早已改变了足球原本的面貌。

有趣的是，更多时候，这些创新是由食物链中下游的球队实现的。强者往往不急于革新，然而弱者如果不进行改变，也许就将灭亡。因此这些球队的主教练就肩负重任。假如没有找到奇异且奏效的方法，他们就帅位难保了。

但这些教练并没有让大家失望。据说在0∶7溃败给纽卡斯尔联后，阿森纳主帅赫伯特·查普曼研制出了 W-M 阵型。当然还有大家熟知的意式链式防守、区域盯人和长传战术，都是在逆境下创造的。主教练们为了颠覆传统、逆袭对手，独创了很多取胜之道。除了天才球员的爆发、艰苦的训练和灵巧的双脚，情报和创新同样是成功的两把金钥匙。

然而话说回来，正如格拉德威尔所说，并不是每个"大卫"都能成功。"创新者经常要付出的代价就是受到圈内人的挑剔与斥责。"歌利亚原本是标准架构的制定者，但规则却被大卫打破。"我们需要记住，为什么歌利亚会制订那样的规则：因为如果每个人都按他的标准打仗，那就没人能战胜得了他。"不过，如果大卫用传统规则迎战，他一定会输。但他的失败不会被批评，他的悼文也会充满溢美之词。可是假若大卫用自己独特的办法出战（用小石子儿攻击），最后失败了呢？他临别时，不会有什么人为他践行，而悼词也会黯然失色。

创新的机会，属于每一个人，并非只有弱队。但传统世界的抨击，是很难承受的。或许当我们读完下一个发生在橄榄球里的故事，会更加明白这个哲理。

在美国内陆地区阿肯色州一个名为"小石城"的地方，有一所名为普拉斯基学院的预科学校。凯文·凯利是这所学校橄榄球队的教练。他极其成功，然而圈内人对他褒贬不一，有很多人都认为他是个"奇葩"。凯利发现，很多惯用的比赛打法其实并不是最优的解决方案，但是很多球队迄今仍在沿袭。

其中他最著名的研究和四挡进攻相关。在橄榄球中，每拿到一次控球机会，进攻方就有四次机会向前方推进。如果进攻方在四挡进攻内成功推进了 10 码以上，就可以获得新的四挡进攻机会。假如进攻方在三挡进攻后，没有推进 10 码，那么球队就可以选择再尝试一次推进，或者他们可以弃踢，也就是用大脚解围的方式把球权交还给对方。这样做虽然丧失了控球权，但是至少可以将对方的得球地点向后移，减少防守的压力。

遇到这样的选择时，大部分教练会采用弃踢的方式将球权交给对手，而不会冒险背城一战。而如果离球门足够近的话，场上的队员也会选择直接射门。虽然不能拿到达阵的六分，但还是可以获得三分。

2006 年，来自加州大学伯克利分校的戴维·罗默想知道这样的传统方式是否真的明智。他的研究表明，不管是弃踢还是直接射门，都不是聪明的选择。可是大部分球队，依旧习惯性地这样做。

其实，罗默并不是 NFL 的铁杆粉丝，他更大的兴趣在经济学上。他一直希望探索公司是不是在所有的选择中实现了利益的最大化。他 2006 年发表的论文《公司利益最大化了吗：以职业橄榄球为鉴》告诉我们，如果球队选择继续在第四档进攻，他们能够获益更多。可是，这样做的队伍凤毛麟角。显然，球队并没有学会如何将自己的得分机会最大化。

当阿肯色的学校教练凯利听说了这个课题后，深有感触，为自己的研究终于得到了证实而感到宽慰，因而他此后在创新的道路上越来越果敢。其实，他在自己的实验室里已经试验了多年不弃踢的做法。虽然被同行看起来有些古怪，他自己却充满自信。

《体育新闻》(Sporting News)撰稿人戴维·惠特利曾经解释道："起初，人们都觉得他已经疯了。'他就是一个傻子！'当他的球队处于 20 码线，面对四档进攻毫不犹豫地继续推进时，很多人会这样惊呼。但结果却为这样的'异类'正名了。普拉斯基学院只有 350 名学生，但却已经是两次州冠军得主。这支团队至今未尝败绩，排名阿肯色 4A 级榜首，还是全国的第 80 名。"

藐视传统，好像对凯利和他的队员们十分有效。但如果是职业教练，像罗默和凯利一样沉浸于数字游戏，那他们一定会被批评得体无完肤。也许最著名的一次就是比尔·贝利奇克麾下的新英格兰爱国者队面对四档进攻时继续推进的案例了。那是 2009 年的一场常规赛，他们当时对垒的是印第安纳波利斯小马队。那是 21 世纪第一个十年里，最接近"世纪之战"的一刻了。

马恺文曾是"麻省理工 21 点小组"的成员。这位华裔"赌圣"的故事曾被写进《爱到房倒屋塌》(Bringing Down the House)一书，同时也被拍摄成电影《决胜 21 点》。他对于爱国者队当年那次大胆的选择，拍手称快：

贝利奇克的爱国者队当时领先六分。身处自己的 28 码线，眼前的第四次进攻，还需要推进两码。比赛只剩下两分钟了。他们没有选择保守、常规的弃踢战术，而是大胆推进。在 28 码线，四档进攻推进两码的成功率是 60%。如果成功的话，那比赛就没有悬念了。如果选择另一种方案的话，平均 28 码线的弃踢，能够将球推后 38 码。所以，假如采用后者的话，那主教练一定认为这 38 码的距离比那 60% 成功率的推进更有价值。

先进的数据，让贝利奇克下定了决心。这是一个看似有悖常理却完全正确的决定。38 码的后移，一定是个错误的选择。因为他们完全可以利用这个机会继续让佩顿·曼宁（小马队的明星四分卫）停留在板凳上，而成功的概率高达 60%。

但遗憾的是，爱国者队失败了。球权回到了小马队的手上。之后他们又奇迹般地达阵成功，力挽狂澜。而留给爱国者队的时间只有 30 秒了。赛后，贝利奇克因为没有做"正确的"事情而被嘲笑。事实上，他的抉择完全正确。只是这次运气没有站在他这边罢了。然而，只要你"念念不忘，必有回响"。

⚽ 知己，知彼

若革新派遇到失败，总是难以为它辩解。假若你是以一种传统的方式失败，那无可厚非。如果贝利奇克在弃踢后，仍然输球的话，没有人会指斥他。在足球中，相比于使用新型的区域盯人，假如以人盯人的方式防守定位球，即使失球了，遭受的非难也不会像前者那样多。安常守故，能够让一名教练保住帅位。然而，数字能帮助他做正确的事情，扩张雄心，取得比仅仅做一名安稳的主帅更大的成功。

生活的数据化已经蔓延到了足球场。它帮助教练、球迷和球员认识到一直以来的"祖宗之法"并非最正确。思想开放的教练们相信这样的科技在绿茵场一定有它的用武之地。他们中的很多人,已经在制定比赛策略时将其为我所用。数据能够协助你更加了解你的球员和敌手。

我们知道,在足球世界中,没有一个恒定的赢球方程。每个周末,教练都必须做出调整。所以教练必须足够熟悉自己的球队和对手,利用所有的资源,占据优势。数字能够帮助创新立异的主帅在执教上更游刃有余,加快足球这项数字游戏的发展。

了解敌我,并不是足球比赛中的新概念。其实它和中国古代的一种哲学思想相呼应。

路易斯·菲利佩·斯科拉里被球迷亲切地称为"大菲尔"。他和其他很多教练一样,都是中国古典军事著作《孙子兵法》的忠实信徒。在2002年的世界杯前,斯科拉里给队里的每一位球员分发了一本。我们不清楚小罗到底看进去了多少,但是他的主教练相信球员能够从这本"兵学圣典"中有所收获。特别是这一章开篇的引文:"知己知彼,百战不殆。"

渴望赢球的教练,都会不由自主地借助数字。然而关键在于,能否正确地使用它们。

就以射门为例吧。了解一支球队打中门框范围内的射门数,当然能够帮助我们认知这支球队的进攻水平。然而,纯数字是远远不够的。我们无从知晓这些射门发生时的情形和它们的质量。而在这两个标准下,每脚射门的差异是相当大的。只有一部分和球员的技术水平有关。因此,如果想要找到正确的数字,那就需要足够的功力。

分析法能够提供有用的信息,让我们知道什么样的动作会产生什么样的结果：是不是长传可以比传中创造出更多的机会？在本方半场的带球，是不是利大于弊？4-4-2是否比4-3-3更有效？它们又分别是哪些球队的克星？这些数字可以让我们明白自己是如何踢比赛的，以及我们有多了解自己与对手。

但是数字不能代替主教练实施他们的战略与战术。它们没法告诉主帅们，是应该控制球权，快速反击，还是像马丁内斯那样多利用直接任意球和远射。这些数字并不是一套套的教程，而是需要使用者自己领会的真谛。

数据干不了教练的活。数字没办法像主帅一样，把球员召集在休息处。分析法并非试图将足球机械化。它只是教练在场上的另外一双眼睛，使他们能够有更清晰的视角，全方位地了解场上的点点滴滴，最终打造一支不败之师。

休息室里

搭建团队，管理球队

为什么一支足球队就像一艘宇宙飞船

遭遇梅格列利什维利，教练怎么办

毛绒泰迪熊

少年王子

第8章 为什么一支足球队就像一艘宇宙飞船

如果犯错率低于 15%~18%，这支球队将所向披靡！

——瓦列里·洛巴诺夫斯基，基辅迪纳摩队前主教练

一将无谋，累死三军。

——卡尔·冯·克劳塞维茨，普鲁士军事理论家、

军事历史学家

没有任何一场比赛，比在温布利举行的英冠升级附加赛的决赛更值钱了。为了争夺来年英超的最后一个席位，两支第二级别的球队殊死一搏。胜者为王，败者为寇。胜者在升级英超之后，至少能通过电视、商业和比赛日收入赢利 9000 万英镑。要知道，英超联赛是这个世界上最赚钱的联赛。而如果英超能够按预期签下一份新的电视转播合同，这个数字甚

至会达到 1.2 亿英镑。

这种争夺将改变命运，所以两支球队决不能有一点疏漏。两位教练当然都不愿看到自己最弱的球员成为比赛的"焦点"。

不幸的是，在 2011 年 5 月 30 日斯旺西和雷丁之间的决赛上，这样的厄运终究降临。球迷们都希望自己球队的一位球员能在这场大战中以完美的演绎化身主角，成为整支球队的英雄。恰恰相反，这场比赛的聚焦点却放在了雷丁队的罪魁祸首、格鲁吉亚中卫祖拉布·希扎尼什维利的身上。他向全世界球迷"完美"地展现了足球中的短板理论。而希扎尼什维利正是那场比赛中最短的那块木板。

比赛里有可能出错的地方那天全错了。Grantland 网站撰稿人克里斯·瑞安当时恰好坐在近乎崩溃的雷丁球迷之中。他记载道，希扎尼什维利一开场就在斯旺西前锋博里尼身上犯规，被罚了一张黄牌。当比赛进行到第 20 分钟时，他在禁区内从斜后方放倒内森·代尔，裁判毫不犹豫地判罚点球。斯科特·辛克莱尔一蹴而就，将比赛的僵局打破。仅仅两分钟过后，摄像机又对准了希扎尼什维利。他没能挡住代尔的传中，让辛克莱尔再入一球。

等等，这还没完。半场结束前，这位可怜的格鲁吉亚中卫又不小心把代尔的传中折射到斯蒂芬·多比的脚下。后者几乎帮助球队建立了一个不可逆转的优势。

"四处都是青筋暴起的球迷、痛哭的孩子，潮水般的咒骂与怒吼不绝于耳，"瑞安这样描述当时雷丁球迷的反应，"几千名雷丁球迷就好像电影《好家伙》（Goodfellas）里的雷·利奥塔发现罗林·布兰考把他的可卡因全部冲到了厕所里时的反应一样。'祖拉布！'你究竟在干吗？！雷丁在 39 分钟时，已经 0∶3 落后了！"

为了弥补希扎尼什维利上半场的过错，布莱恩·麦克德莫特的球队在下半场 45 分钟里不遗余力，全力反击。他们在很短的时间内连进两球，好像有机会上演大逆转。然而威尔士球队在第 79 分钟第四次攻破雷丁大门，锁定胜局。

基辅迪纳摩队的功勋教练瓦列里·洛巴诺夫斯基如果还在世，恐怕不敢相信自己的眼睛。他曾经说过，一支球队的目标就是将球员的犯错率控制在 18% 以内。可是，因为有了希扎尼什维利，那天雷丁队的犯错率远远冲破了极限。就像《卫报》记者雅各布·斯滕伯格总结的上半场，"其实雷丁几乎没有做错任何事，只是他们把一个傻子放在了防线中"。我们并没有戏谑这名格鲁吉亚人的意思。我们也没有想要唤起他这辈子最糟糕的比赛回忆。但是，毋庸置疑的是，他一人的错误葬送了雷丁的 9000 万英镑。

像希扎尼什维利这样的悲剧人物还有很多。足球是一个团队运动，但那个最无能的球员，基本已经决定了球队能走多远。每支球队都有一个这样的人。他们是球迷的噩梦。近年来，曼联有威廉·普吕尼耶，利物浦有吉米·特劳雷，在葡萄牙队是阿贝尔·沙维尔，还有纽卡斯尔联的让·阿兰·布姆松，拜仁的霍尔格·巴德施图贝尔和国际米兰的马尔科·马特拉齐。这些球员的一次失误传球，或是一次分神，就能让教练和队友们的一场比赛或是一个赛季所做的一切努力前功尽弃。

同时，这样的灾难也能发生在几个队员之间。一次后防的不紧凑、一次矛盾的产生、战术平衡的打乱或是前锋之间的不默契都可能葬送比赛。所有这一切，都可能毁掉球队的命运。洛巴诺夫斯基相信，足球比赛就是一场短板之争。不论是发生在个人还是团队身上，只有球队犯错最少，才能笑到最后。假如一支球队少几个希扎尼什维利，团队可以更好地连接运转，那么他们赢得 3 分或是捧起奖杯的概率就更高。

这样的逻辑看起来很浅易，但让我们想想其中蕴含的寓意吧：假若足球是一场短板游戏，成功由弱项而不是强项决定，那么就定义来说，它就不是很多人想象的长板比拼[1]。球场上的明星球员，并不是决定比赛的胜负手。那些夏天一掷千金购入名声显耀大牌球员的做法都是荒谬的。谈到这一点时，足球和篮球不同。在篮球比赛中，巨星往往能以一己之力，独霸比赛。然而足球的最终结果，却很少能被梅西的掌控力、斯科尔斯的传球、C 罗的速度与力量、哈维和伊涅斯塔的心灵感应这样的个人"神功"所直接影响。更能决定胜负的是希扎尼什维利这样最弱球员的表现和他们与队友之间的关联。

所以如果你想带队建功立业，就切忌总想着如何扬己之长，而要多想想避己之短，因为这是掌握球队命脉的关节。是名垂青史还是贻笑大方，在此一举！这就是为什么一支足球队就像一艘 NASA（美国国家航空航天局）的宇宙飞船。

⚽ 经济学中的 O 形环理论

在过去的 25 年里，经济学家们渐渐远离了教科书里的供给需求曲线和理想化的有效市场。他们越来越接地气，将视线对准了普通百姓。学者们逐步深化的研究，描绘了一个有些令人难以接受的事实：作为人类，我们经常搞砸各种各样的决定。比如，虽然没有收获和进步，但我们总惯于安享现状。同时，我们也经常被一些常规选项所羁绊。在美国，器官捐献十分罕见。因为如果自愿捐献的话，需要在自己的驾照中的格子里画一个钩。相反，在欧洲这样捐赠器官的现象十分常见。因为在这些国家，如果你不想捐献的话，才需要画一个钩。当面临公民投票的时候，我们会因为"挽救生命"或"防止死亡"这样的细小区别而改变主意。这两者效果相同，然而不同的措辞会极大地影响人们的决定。人类通常是冲动、缺乏耐心的。人们大多今朝有酒今朝醉，以至没有足够的养老金应付退休后的生活。

但从另一个角度看，这也不是一件坏事。因为我们的不完美，经济学家才有机会发挥自己的才智。迈克尔·克雷默是哈佛大学一位创造力非凡的经济学家。"缺陷理论"（flaw theories）是行业中极具影响力的一套观点。其中之一就是克雷默先生的成果。

早在1993年，克雷默先生就发表了一篇名为《经济发展中的O形环理论》的文章。这个名称来源于一个高科技的小橡胶圈。这个橡胶圈，当初被设计用来密封助推火箭的连接处缝隙。这艘1986年的推动火箭来头可不小，它的使命是帮助"挑战者"号航天飞机升天。在火箭发射之前，这些O形橡胶圈被储存在位于佛罗里达州卡纳维拉尔角的NASA肯尼迪航天中心。然而，由于气温太低，助推火箭的橡胶密封圈全部被冻坏，从而导致其中的热气泄漏，使得毗邻的外部燃料舱失效，最终机毁人亡。

千里之堤,溃于蚁穴。虽然其他环节都十分完美,但因为这样一个小失误,所有的一切都成了徒劳。

如何将这样的理论运用到经济学中呢?或者大家更关心的,是怎样和足球接轨?首先,我们需要假设一个世界经济联赛,克雷默的理论才能更好地被大家理解。在这个假想的联赛中,我们不使用积分,而是利用人均国内生产总值来决定国家排名。可以把现在的国家分为三个等级:美国、英国、西欧大部分、韩国和澳大利亚属于第一梯队。降级了的俄罗斯、迎头赶上的中国、印度、巴西等国家位列第二等级。最后,洪都拉斯、印度尼西亚、非洲的大部分、中美洲,还有南亚的一些国家,由于较落伍的经济情况,屈居第三层级。

在我们的经济联赛中,有一些关于数字的定理在三级梯队的系统中十分重要:当你升入上一等级时,工资和生产力将比以往更有竞争力;每一种职业的工资水平都会大幅提高(美国的律师和面包师,就比巴基斯坦的赚得多);发达国家专注于更为复杂的产品;富裕国家的企业相对来说规模更大,也更看重"效率工资"(花更多的时间,保证自己的雇用选择是正确的,同时为了保持忠诚度,降低流动率,付给员工更高的工资)。最后一点,公司会招聘水平相当的员工:这里引用克雷默的一句话吧:"麦当劳从不雇用有名的厨师,查理·帕克和迪兹·吉莱斯皮,杜尼和玛莉·奥斯蒙,都在一起工作。"

克雷默的主要观点是:很多生产过程(任何时间,一群人被安排在一起工作)都被分解成"一系列的任务",而其中的任何一个失误,都可能将产品的价值大大降低几个档次,或是断送整个团队的功名。

一着不慎，满盘皆输[2]。

总而言之，当每个个体执行任务时，都有各自的生产率。最熟练的员工，也许可以达到100%。而天赋、勤奋和经验知识都不及他人的员工，出错的概率可能较大。有些员工的生产效率可能是95%，有的可能为82%，等等。在生活中，有时候这些错误仅仅是叠加的，尚不足以累积导致灾难性后果。然而，在有些克雷默更加关注的生产过程中，这些失误并非简单相加，而是呈倍数增加。那么，最终的结果则是致命的。我们因此可以理解为什么"挑战者"号小小的橡胶圈失效时，整艘航天飞机的功效都为零了。

这样的道理能怎样点拨我们足球世界呢？我们先将一支足球队想象为一家有11个员工的小公司。其中的10位都处于巅峰状态，也就是以100%的功效完成着任务。可是第11位，仅仅只发挥了能力的45%。在有些生产过程中，最终产品的价值仍然为95%（加上其他所有人的生产率，再除以11），所以造成的影响微乎其微。然而对于一个"O形环过程"来说，最后的价值只有45%（将所有生产率相乘），因此产品的价值大大下降，公司难以维持生计，被迫宣布破产。或许在足球中，就会导致一支球队的降级。

接下来，我们就需要判断足球比赛是不是一个"O形环过程"。一个状态失常的球员，一次队友间的不默契，或是一位伟大球星的罕见失误，是不是就会大幅影响整个球队的表现？足球比赛是否有克雷默谈到的经济学特点？这个答案是肯定的。

我们来看看一些数字。在我们之前假想的世界经济联赛中，德勤事务所的数据告诉我们，当升入上一等级时，国家的工资和生产力会大幅度提高。图 39 体现得十分清晰：不同级别的足球联赛，工资差距显而易见。

图39　英国足球联赛的年薪（2010/11 赛季）

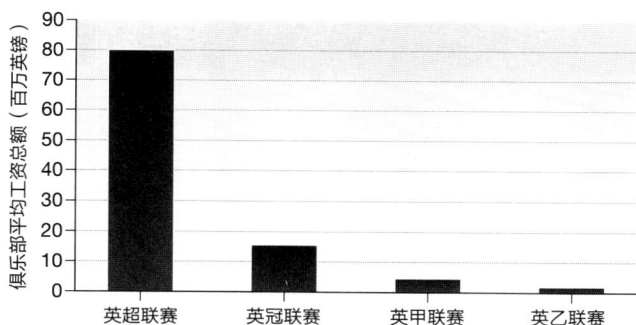

来源：德勤年度足球财务回顾，2012 年 5 月。

德勤的数字全面地涵盖了付给管理员、秘书和其他员工的工资。虽然来自体育情报网的数据只包括球员薪水，但整体差异几乎相同：英甲联赛的球员工资，平均是英乙的两倍；而英甲联赛的薪水，只有英冠的 1/3，英超的 1/5[3]。由此我们可以直观地理解，为什么孩子们都希望进英超踢球；为什么劳斯莱斯的销售员，从来懒得去英乙巴内特队的基地门口待着，而有那么多法拉利、玛莎拉蒂的代理商，不辞辛苦地蹲守在曼城队训练场的角落里。

除此之外，我们还有更多证据表明足球遵循着克雷默的经济学理论。

因为运气的影响，也许我们不能把进球当作球队生产力的衡量标准。然而，我们可以把射门次数、打中门框的次数当作科学的比较基准（图 40 和图 41）。就像工资一样，我们可以想象，当联赛层级不断下降时，这两个方面的数字也会随之递减。也就是说，越出色的球队收入越多，生产力越高。

图 40　球队的平均射门次数（2010/11 赛季）

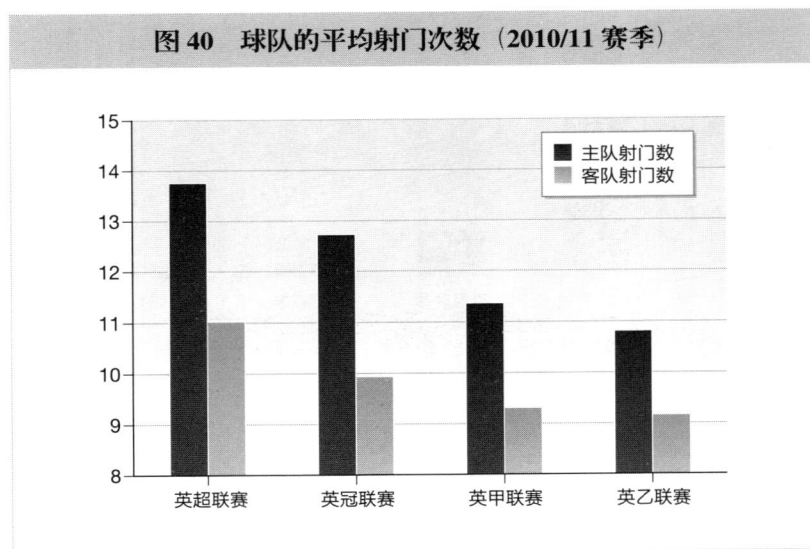

同样相关的还有工资水平：就像在英国工作的律师和面包师比在巴基斯坦挣得多，为曼联队效力的顶级射手、教练、公关人员和其他职员也比那些布拉德福德城队的员工工资更高。除去工资之外，组织架构同样存在巨大差异。不论哪个国家，顶级联赛的俱乐部通常规模更大，结构更加繁杂。一支英超俱乐部，通常雇用超过 350 名员工。然而平均一

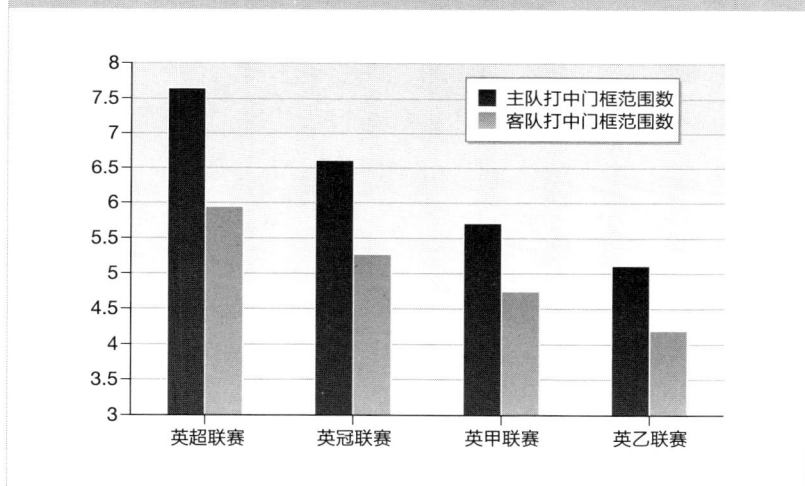

图 41　球队平均打中门框范围的次数，2010/11

支英冠球队，只有 150 名职员。而英甲和英乙球队，更是低到了 50 至 100 名球队职员。

相比金字塔底端，塔顶的球队在每一个部门中都有更多职员和更细致的专业分工。比如利物浦队，就有一位体育科学总监、一位健康和训练主任、一位理疗部长、两位资深理疗学家、一位理疗医师和一位训练康复教练。相比利物浦，英甲唐卡斯特俱乐部仅仅聘用了三位理疗医师。那英乙的韦康比流浪者队呢？别谈医师了，他们有的就是三个冰袋和一大包创可贴[4]。

就像发达国家精于更为高级复杂的产品一样（比如飞机、软仁、度假胜地），富裕的足球俱乐部会投入更多的资源和技术在自己的团队中，创造出很多下游球队难以复制的风格与打法。这样的投入主要体现在两个方面：一是增强软件实力，也就是利用更强的人力资源；二是打造硬件上的优越性，比如训练、康复设备的升级。比如，在硬件方面，埃弗顿队就在自己的芬奇农场基地开发了 10 个比赛规格的训练场、一个装备精良的健身房、一个高科技的理疗套间和几个用于体能恢复的游泳池。相比于埃弗顿队 22.3 万平方米的基地，英甲沃尔索尔队的总部只有可怜的 6.1 万平方米，仅包含了两个球场、几个更衣室、一个健身房、一个小理疗室和一个餐厅。要知道，芬奇农场基地斥资 1700 万英镑。而沃尔索尔队的新基地，只花了 100 万英镑。

不同的流水线产出的成品截然不同。德国著名记者拉斐尔·霍尼格斯坦在他的作品《英国足球那些事儿》（*Englischer Fussball*）中记载道，相比于二三级联赛，英超或是德甲、意甲这些顶级联赛的比赛，内容更加丰富和考究。

"在食物链的最顶端，"霍尼格斯坦写道，"纯粹的'路线一'足球（传统的长传冲吊）是被禁止的，也称不上一种战术。可是往下一级看，英国（足球）却保持了自己独特的思想形态：这里的比赛，依旧是一场领地之争。也就是说在低级别比赛中，相比于球权，球队更希望先抢夺领地。每一个角球的破门，甚至都比绝杀进球来得刺激。当对方获得一个距离较近的界外球时，主教练都会大叫'往上逼！'"

我们已经了解到，有钱的俱乐部就像克雷默的竞技联赛中的先进国家中的企业一样，为自己的员工耗费更多。但是，他们有没有将更多资源集中在人才挑选上？我们并未找到关于球探网络构架系统性的信息。

因为这个方面不太固定，所有的球探、线人和经纪人都同时在为球队举荐球员。可是我们还是听到了很多关于球探转会的奇闻逸事。从中我们也可以推断，在这个板块上，精英俱乐部花费的时间、精力远超下级球队。

在某个英超俱乐部里，有一位受人敬仰的球探。周三的晚上，他也许坐在诺坎普球场的一角，观看着巴萨的欧冠联赛。他也极有可能来到哈灵顿区，观察着女王公园巡游者预备队中发生的细枝末节。因为见闻广博，他总结了不同球队之间的球探以及雇用体系。他确信，由于财务及竞技情况的差异，精英球队的球探数量与中下游球队相比，的确是天壤之别。根据经验，他推断顶级英超球队中平均有 15 到 20 个员工每天忙于林林总总的球探工作。他们的任务十分具体，从观看比赛到提供背景资料，或者通过数据完成球员的技术评估。鉴于有限的资源和团队中更多的缺失，中游的英超球队通常有 10 到 15 个球探。而英冠的统治级球队就只有 5 到 6 个了。再往下看，甚至更少。英甲每支球队平均有 2 到 3 个。英乙就更不用说了。由于客观条件的限制，球探工作对于他们来说十分遥远。

"其实英甲和英乙的区别并没有那么大，"他补充道，"球员和其他员工的水准相差无几。他们并没有全职员工来完成球探这一类的工作。一般情况下，一个职员要身兼数职。从考察对手、视频分析到储备人才等，都由一人完成。然而，英甲就好像从地下跳到了人间。而再到英超，就如同飞入了天堂。"

这样的情况在所有欧洲主流联赛中基本上都是类似的。意甲的乌迪内斯队在世界上有 50 位全职球探和视频分析师。此外，还有很大一部分来自非正式的人脉网络。就是这样的投入与坚持，使得这样一家来自意大利东北部的球队挖掘并招募到了世界上最优秀的青年才俊。一支曾经碌碌无为的球队，通过努力不断攀升，已经成为了如今欧洲赛场中一股不可忽视的重要力量。

因为不遗余力地加强引援，优秀俱乐部得以持续发展。当看到瑞士著名体育研究机构CIES足球天文台（CIES Football Observatory）发布的一份数据时，我们毫不意外。顶级球队，往往会努力将球员留在球队里更长时间。在这些俱乐部里，普通球员为球队效力的时间比低级球队的球员长30%。这几乎就相当于整整一年。在一位球员的职业生涯中，占比已经相当大了。

任期情况，从合同期的长短就可以一览无遗。那位经验丰富的英超球探告诉我们："低级别联赛的球队，通常提供给球员的合同年限为一到两年左右。英冠的球队往往是两到三年。而在英超，一般是两到四年。"

这也折射出了不同球队的财务状况。"小球队变数很多，有非常多的财政上的顾虑，"那位球探谈道，"他们不想被长时间的合同所束缚。可是英超球队在引进一位球员之前，投入了大量人力物力。他们希望球员效力更长的时间，带来更多的回报。但假如在12到18个月之后，球员的表现不尽如人意，那么最好的补救方法就是通过转会市场兜售球员，降低损失。而最坏的结局就是他待在球队履行了整个合同期，最终变成一名没有转会价值的自由球员。总而言之，在低级别联赛球队中提供大合同是危机四伏的。但在英超中，恰恰相反。"

和发达经济体一样，一支足球俱乐部愿意招募能力匹配的球员。皇马绝不会从二级联赛买来一名"熟练工",当作自己的中场核心。(尽管托马斯·格拉维森也许是队史中的一个异类。)反过来,那支在 2009 年爆冷淘汰皇马的乡村球队艾科坎俱乐部,也不会任性签下一名超级球星。这种现象,竟然还在蓬勃发展的足球理论文献中有一个"炫酷"的名字:齐达内聚集定理(Zidane Clustering Theorem)。

⚽ 捍卫银河战舰

弗洛伦蒂诺·佩雷斯曾经在皇马打造了举世闻名的银河战舰。他连续将齐达内、菲戈、罗伯托·卡洛斯、劳尔、贝克汉姆和罗纳尔多招至伯纳乌球场。在很多人看来,这是历史上最浮华却又是最蹩脚的一次行动。所有这些巨星的到来,只不过是为了满足这位富豪的虚荣心罢了。

很多人认为那一次打造银河战舰的实验非常失败。然而这样的想法有些偏激。诚然,佩雷斯当时没有与主帅达成共识,加上他缺乏耐心,并且忽略了蓝领球员的重要作用,因此导致了银河战舰的沉沦。可是这支战队还是为皇马拿到了一次欧冠奖杯(他们的第九座)和 2003 年的联赛冠军。尽管这和佩雷斯的预期相去甚远,远没有实现哈林篮球队那样眼花缭乱的配合和令人震慑的控制力。但其实他的投入也并非枉费。

公众认为,佩雷斯在皇马的第一个任期(几年后,他又重回伯纳乌,相继签下了卡卡、阿隆索、C 罗和穆里尼奥)是一次将足球还原到本质的实验。他将很多管理中烦琐的判断、球探和建队的长期工作全部忽略。

唯一在乎的，就是买到世界上最好的球员。如果他做到了这一点，那皇马就战无不胜了。

假设你认为足球比赛是一场长板游戏，那这一定是个绝妙的案例。佩雷斯就以为，把巨星汇集起来，球星间的强强联合将使球队成为一个无坚不摧的整体。相对而言，队中那些略显平庸的球员就权当凑数了。

你还记得我们之前那个将球队比作一个 11 个人的公司的例子吗？佩雷斯的想法是，只要他能够揽入尽可能多的效率发挥到 100% 的球员，那么整体的效用就会增大。这样的观点，并非没有道理。用效率为 100% 的齐达内替换古蒂（我们假定，其效率是 80%），皇马的表现就会大幅度提升。这也就是转会市场的基本作用。所有球队想方设法地买入更好的球员，将阵容不断升级。这也就是为什么弱一些的球员总是被球队抛弃，而强者受到哄抢的原因。

佩雷斯当然知道，他即使再富有，也买不起 11 个顶级巨星。况且，这些球星会受到伤病、停赛的影响。所以，他最多能够做到的就是让顶级球员出任场上一半的位置。而剩下的大部分，就让青年队的球员凑数了。这就是他当年实施的"齐达内 + 帕文政策"（Cracks y Pavones）：将齐达内这样的大腕和帕文这样的本土球员相结合。当然，重点还是放在前者身上。他希望这些高薪球员能够尽量掩饰其他队友的不足，同时帮助他们有所提高。

在足球世界里，我们总是能够看到水平相当的球员被放在一起共事。这一点，我们可以利用 FIFA 赞助的嘉实多指数排行榜来进行验证。每个月，这个排行榜都会评价欧洲五大联赛所有球员的表现[5]。

伊恩·格拉汉姆现在是利物浦俱乐部的研究总监。来到"红军"之前，他曾担任决策技术总监。而这家公司的一大工作就是为嘉实多指数排行榜开发分析系统。他跟我们吹捧这个系统的核心竞争力："这是数据驱动的球员评价系统，让你了解一位球员的平均表现。"换句话说，这个排行反映的是球员持续的状态，而不仅仅是一次惊世骇俗的破门或是脚后跟传球。所以这样的系统可以帮助我们将一支球队所有球员的能力从高到低依次排序。

2010/11 赛季的嘉实多排行能够辅助我们做两件事情：一是将一支球队最强的队员和最弱的队员相比较，并表示在图表上[6]；二是我们可以对比不同球队的球员情况。假如在现实的足球顶级联赛，O 形环理论不适用，也就是并非物以类聚、人以群分的话，那么图 42 上描绘球员表现的点，应当是要么随机分布，要么就是聚集在一条水平线上。这就意味着，球队中球员是良莠不齐的。

可现实并非如此，我们从图 42 可以看出，优秀的球员和水平相当的球员明显聚集在一起。这一条向右上方倾斜的直线顶端，代表着巴萨队最好的球员梅西和队中排名第 11 的球员马克斯维尔。我们可以看出，虽然这位巴萨的后卫在队中实力平平，然而在那个赛季中，他其实比法甲阿尔勒俱乐部最强的球员卡梅尔·梅里安表现还要出色。而阿尔勒队就由最左下角的那个圆点所表示。这种正相关的强烈程度，大体就像一个人身高与体重的关系。所以说，齐达内的确和其他"齐达内"一块共事。

我们还有一个更直接的证据，表明足球俱乐部就如同宇宙飞船一般。而这个故事，我们要从历史上一位智慧的足球人说起。

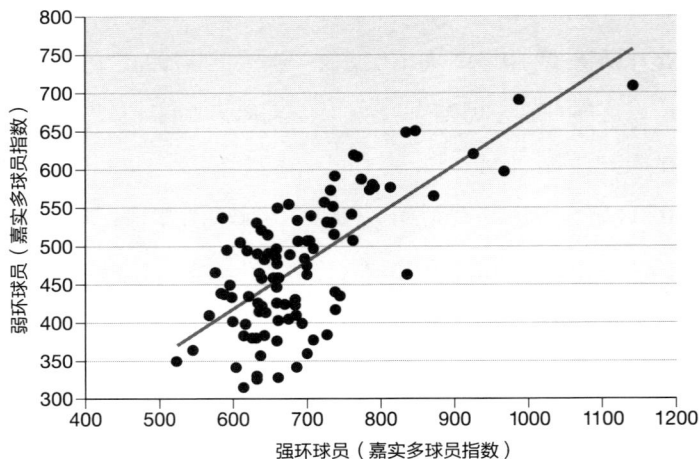

图42　欧洲俱乐部中，各队排名第一位和第十一位的球员
（嘉实多指数排行榜，2010/11赛季）

注解：如果队内排名第一的是门将，都被节略。

　　这个人就是阿里戈·萨基。尽管在球员时代他并没有什么辉煌时刻。但在之后的生涯中，他成了 AC 米兰崛起背后的那位智多星。在 20 世纪 80 年代，他将球队带入了世界列强行列。在 2004 年，由于表现优异，这位意大利人被任命为皇马的技术总监。佩雷斯希望他能够保证银河战舰行驶在正确的轨道上。但加盟之后，他却显得十分落寞。

　　"这里根本没有计划可言，"他说，"他们只在乎找到最好的球员。比如说，我们都知道齐达内、劳尔和菲戈很少参与防守，那么我们就必须在后卫之前，安排一个保护防线的球员。但这是被动的足球。它不可能让球队产生剧烈的化学反应。这恰恰违背了足球中战术的要点：让球员们的能力爆发产生乘数效应。"

天才球员之所以并不能独霸球场，不仅仅是因为运气的原因（虽然这个因素极其重要），更是因为球员们的能力应该呈倍数上升，而不仅仅是相加。而首先就是战术。当一支优秀的球队通过精彩的战术将能力发挥到极致时，他们完全可以打败一支单兵作战的巨星战队。萨基很早就明白这个道理。在米兰的时候，他就利用这个理论，以古力特和范巴斯滕为核心打造了他们自己的"黑红战舰"。

"我让古力特和范巴斯滕相信 5 个组织有序的球员可以打败 10 个杂乱无章的球星，"他说道，"之后，我向他们证明了这个观点。我选了 5 个球员：吉奥瓦尼·加利镇守球门，前面还有塔索蒂、马尔蒂尼、科斯塔库塔和巴雷西。而对面迎战的 10 位球员有古力特、范巴斯滕、旦杰卡尔德、维尔迪斯、埃瓦尼、安切洛蒂、科隆博、多纳多尼、朗迪诺蒂和曼纳里。他们有 15 分钟的时间，向我的 5 位球员发起进攻。而唯一特殊的规则就是，如果我们拿到了球权，或是他们丢了球，那么对方就必须回到自己的半场，中线后 10 米重新开球。我总是如此试验，而他们从未打进过一粒进球。一次都没有[7]。"

萨基绝不是唯一一个这样看待足球比赛的人。洛巴诺夫斯基作为基辅迪纳摩队背后三十多年来的推动机，一直想着怎样让球员的能力值实现乘法，而不只是加法。

洛巴诺夫斯基是一位训练有素的工程师，同样也是数字游戏的先驱。

在教练生涯的早期，为了更深入地钻研出一种科学系统的方法，他将阿纳托利·泽连佐夫带到了自己的身边。洛巴诺夫斯基在大学时主修控制论。这门学科的核心概念是循环性，也就是在动态的系统中研究控制和管理的方法。他和泽连佐夫将足球比赛视为两个包含 11 个元素（球员）的子系统之间的交互。而最终的结果，就看哪个子系统的漏洞更少，运转更到位。他们认为一支球队的核心特点是："子系统的效率大于其中所有元素效率之和。"在另外一次访谈中，泽连佐夫谈道："每支球队都有人连接'结合体'，也有人破坏'结合体'。前者，是为了在场上实现创造；而后者，是为了破坏对手的团队合作。"虽然利用了不同的概念，但这同样描述了一个 O 形环的生产过程。

我们可以加入一些指示性的数据来更好地诠释这些说法。让我们回到 2010/11 赛季的嘉实多排行。我们可以通过它检验出每支球队最强和最弱一环之间的关联、进球数和获得积分的差距。为了更科学地做出对比，我们需要将排行榜中的数字先都转化为百分数。

由于球员的作用因位置的不同而有差异，所以我们首先将每个球员根据不同的位置区分开。之后再对比每个位置最优秀的球员，给每个人一个新的表现分值。举例来说，在 2011 年 5 月，曼城队的乔·哈特是排名最高的门将，因此我们给他的分数是 100%，而其他球队的守门员分数，自然就低于 100%（用他们的嘉实多分数，除以哈特的分数）。对于防守和中场球员来说，也是如此。但在进攻球员的处理上，有所不同。

之所以前锋的转化标准不同，完全是因为一个人的影响。他就是目前足球领域中唯一一位真正的天才球员——梅西。梅西和其他前锋的差距，就好比是莫扎特和萨列里、伦勃朗和普通画匠、穆罕默德·阿里和索尼·利斯顿的差异。表 5 展示出了 2011 赛季末每个位置中排名第一和第二的球员的百分比之差。

表 5　2011 赛季末，每个位置排名第一和第二的球员的百分比之差

位置	排名第一的球员	分数	排名第二的球员	分数	差值
门将	乔·哈特	792	克里斯蒂安·阿比亚蒂	764	3.7%
后卫	马茨·胡梅尔斯	872	杰拉德·皮克	864	0.9%
中场	弗洛伦特·马卢达	834	弗兰克·兰帕德	820	1.7%
前锋	里奥内尔·梅西	1141	卡里姆·本泽马	987	15.6%

洛巴诺夫斯基和泽连佐夫立刻发现梅西数据的异常。因为他的分数和队友都不在一个数量级上。（几个不同的表现同时证明，在阿根廷队的 O 形环生产过程中，他的效率大大减弱了[8]。）在这里，就像很多后卫无法招架住他一样，我们也对梅西逆天般的数据望洋兴叹，只好将他移出榜单。因为如果有了他，其他人的表现都惨不忍睹。我们也只好用第二名，来自皇马的本泽马作为前锋位置的基准[9]。

现在我们就可以整理好所有球员转换后的表现分数，并且重绘图 42。新的图 43 展示了欧洲俱乐部中每一支球队最强和最弱一环之间的联系。图中，有一些球队和趋势线相隔甚远。原因是这些俱乐部中最强和最弱的球员实力过于接近，或是相差太大。对于巴萨和皇马来说，他们

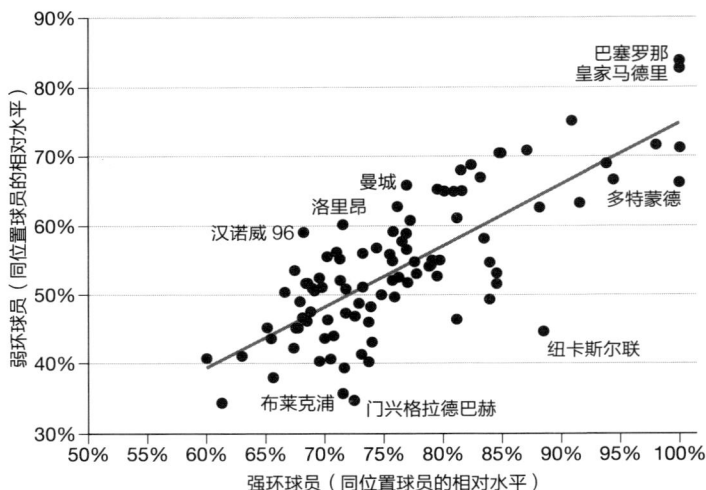

图 43　欧洲俱乐部中，各队排名第一位和第十一位的球员根据位置而转化的相对分数（2010/11 赛季）

注解：如果队内排名第一的是门将，都被节略。

最弱的球员都高于了80%。五大联赛中，很多球队的最强球员都达不到这个位置。让我们再将目光移至图表的最下端。这些球队的位置，比趋势线低了很多。这是因为他们的人才库实在太过薄弱（纽卡斯尔联、布莱克浦、门兴格拉德巴赫就是范例）。而有的球队恰恰相反，实力特别平均：就像曼城、洛里昂和汉诺威 96。

　　然而，从整体上看，O 形环的规律依旧存在。齐达内们，会聚集在一间华贵的更衣室里。而希扎尼什维利们，拥挤在隔壁寒酸的斗室中。

⚽ 为什么傻子比天才更重要

尽管佩雷斯并没有让银河战舰飞行多久，但他从中学到了一个道理：因为足球是一个"O 形环过程"，出色的球员通常会聚在一起。然而他却没有领会到这个理论的最终结论：决定球队或者公司成败的往往是其中最弱的一环，而并非最强的一环。

为了证明这个理论，我们需要进行的核心工作就是检验最弱的球员在一个球队的成功与成绩中，扮演了一个什么样的角色。图 44 和图 45 显示了一个队排名第一的球员和第十一的球员的相对实力，都和球队整个赛季的净胜球与每场比赛获得的积分成很强的正向关系。

每一个俱乐部都在图表上有两个点：巴萨和皇马都在右上角；而阿尔勒队则在左下角。这两个点分别代表着球队最突出和最落后的球员。很明显，他们俩对于球队的表现都密切相关。但并不清晰的是，这两名球员到底谁对于球队的成绩有着更显明的影响？足球比赛，到底是长板游戏，还是短板游戏？

因此，我们就要求助于经济学中最重要的一样工具：回归分析。它可以帮助我们判断，是否可以通过了解一支球队最强和最弱的一环，来预测它们的成绩。这两者相比，哪一个更能影响球队表现[10]？

在使用了这种分析工具后（综合考虑不同联赛之间的差异），我们发

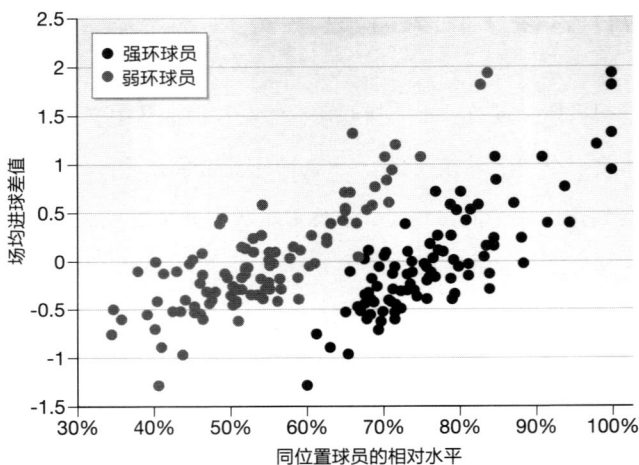

图 44　欧洲俱乐部中，各队排名第一位和第十一位的球员
对于净胜球的影响（2010/11 赛季）

注解：如果队内排名第一的是门将，都被节略。

现球队最弱的一环有更大影响力。当最优秀的球员的百分比分值每提高
1 分，球队的场均净胜球就会相应提升 0.027 个。让我们从另一个角度更
直观地来看这个问题吧。一个俱乐部通过购买一名更加优秀的射手，最
拔尖球员使它的能力值从 82% 提升至 92% 时，一个赛季（38 场比赛）净
胜球的提升数只有 10 个而已。而在赛季结尾时，增加的积分也只有区区
5 分。

也许，对于很多球队来说，这 5 分，就是成功与失败的一步之遥：

**图 45　欧洲俱乐部中，各队排名第一位和第十一位的球员
对于积分的影响（2010/11 赛季）**

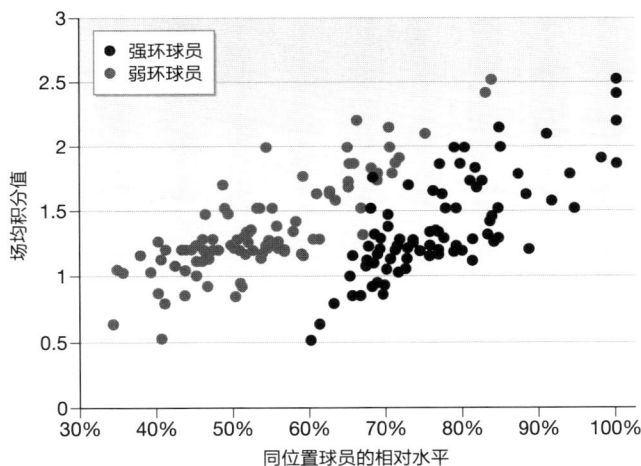

注解：如果队内排名第一的是门将，都被节略。

参加荣耀的欧冠联赛，还是不温不火的欧联杯？幸存还是降级？捧得奖
杯还是屈居亚军？这 5 分的增加（10% 的升级）就是顶级的球队之所以
总愿意再花几千万签一名巨星的原因。

　　佩雷斯认为，皇马的众多球星完全可以弥补稍弱队友的不足之处。
如果完全从理论上看，这是有可能发生的：当最强的环节足够出色的时候，
稍弱的球员在数据上就没有什么重要影响了。同时，最强的球员和最弱
的球员是成正相关性的。恰似在竞技层面最强的球员总能摄人眼球。在

回归分析层面，同样如此。他们巧夺天工，因此完全可以为全队埋单。

　　然而在现实中，强弱球员之间不是完全重叠的。他们对于球队的影响都是独立的[11]。事实上，稍弱环节的影响根本不能被忽视。假设你的弱点球员从 38% 提升到 48%，那么这 10% 的改善意味着 13 个进球和 9 个积分的回馈。

　　所以说，补差比拔尖更为重要。我们再以一支球队为例吧。比如，处于西甲中游的莱万特队，他们最强的球员是中场的胡安卢（74.4% 的实力分数），而最弱的球员是后卫胡安弗兰（56.8% 的实力分数）。而在 2011 年的那个赛季中，莱万特队最终以 45 分名列第 14。

　　假设通过自身更加刻苦的训练，或是胡安弗兰奇迹般地将他的能力提升 4% 的话，就完全能够帮助球队扭转乾坤。根据计算，他的球队就能拿到 49 个积分，排名蹿升至第 8。相比之下，如果莱万特队只专注于将最强的球员胡安卢打造得更加出色（同样提升 4%），他们的积分也只能提升区区 2 分，球队的排位也只可升高 3 位。

　　我们最后还有一种方式来比较最强和最弱球员的影响到底孰大孰小。那就是以一个"标准差"的单位提升或减弱他们的实力值。"标准差"是统计学中极为常见的一种工具。它能够帮助测量所有球员能力在平均值附近的离散程度。假如最强或最弱球员的能力值，因为受伤或转会的影响增加或递减了一个标准差，结果会怎样呢？这里再一次证明了傻子比天才更重要！如果你最弱和最强的一环，状态分别降低了一个标准差，那么最弱一环让你损失的积分会比后者多 4.7 分。而更重要的是，如果他们的实力分别上升了一个标准差，那么最弱一环增加的积分比后者多

13.7 分。我们的结果同时还显示，最弱的一环在净胜球上比最强的球员重要 30%，在场均获得的积分上几乎比后者高出两倍。

让我们设想一下，如果在温布利的那个 5 月的下午，祖拉布·希扎尼什维利并没有被主帅安排上阵，而代替他上场的是一个比他状态好 5% 的球员，那么历史也许就会被改写了：担任利物浦新主帅的或许就是布莱恩·麦克德莫特，而不是布伦丹·罗杰斯。作为利物浦中场新枢纽的，可能就不会是乔·阿伦，而是杰姆·卡拉坎。

假若佩雷斯将更多精力放在提升他的"帕文"们身上，而不是聚集更多"齐达内"，结果会如何？可能银河战舰的实验结果就不会如此惨淡。或许，他上亿欧元能够换来的锦标，绝不止一次欧冠和一次西甲冠军。佩雷斯明白了，足球是一个 O 形环生产过程。他之前的建队思路是错误的。

就像佩雷斯一样，很多人都容易认为足球是一场巨星之间的较量。他们为球迷带来足球的美感、天才的灵动和胜利的激情。他们可以帮助俱乐部增加球衣和球票的销量。但是他们并非比赛的胜负手。真正的关键，在于后防最容易出纰漏的那个后卫，或是中场最木讷的那个小丑。足球就是一场短板游戏。如同一艘宇宙飞船一样，一个不起眼的 O 形环，就能够让无数的钞票打水漂。

这样的道理，对于俱乐部如何建队或是临场指挥比赛，都有着深远的意义与启迪。同样，我们对于比赛的思考，也在发生质的改变。

第 9 章　遭遇梅格列利什维利，教练怎么办

衡量成功的标准，并非看手上有没有难题，

而要看这个难题是否还是去年那个。

——约翰·福斯特·杜勒斯，美国前国务卿

有些时候，噩梦不期而至。2008 年 3 月 15 日的清晨，维特斯队一位不太出名的以色列后卫哈伊姆·梅格列利什维利，如往常一般早早地起床了。但他万万没有想到，这一天将是他"永远铭记"的日子。即将到来的灾难，或许连祖拉布·希扎尼什维利都受不了。要知道我们的朋友希扎尼什维利刚刚搞砸了一场决赛，还赔上了雷丁队 9000 万英镑。

那个下午，梅格列利什维利走上特温特球场做赛前热身。也许到那个时候，他都没有意识到即将降临的厄运：他没有盯紧对方的球员罗梅罗·顿涅博姆，眼睁睁地看着这位前锋把球轻轻松松地送入了自己的门里。

要知道，这场荷甲比赛开始才仅仅三分钟，当时他应该已经觉察到自己不在比赛状态。3 分钟过后，更大的"惊喜"到来了。当比赛进行到第 6 分钟时，他突然发现比赛的第四官员站在边线旁，举起了自己的球衣号码。站在这位官员旁边的年轻左后卫亚历山大·比特纳（后来为曼联队效力）正蓄势待发，准备替补上场。这时候，梅格列利什维利大概还没出汗，场边的观众也没有来齐，但一切就已经结束了。

极少有球员遭到这样赤裸裸的羞辱。这也许不是历史上最快的替补上场，可能也不是最快的主动战术换人。林肯城俱乐部和挪威球队布莱尼队的纪录，就比这还快。然而这样的事情，还是足以让梅格列利什维利彻夜难眠。难以置信的是，两个星期后历史再度重演，他这次几乎崩溃了。在对阵阿尔克马尔队的比赛刚刚进行到第 15 分钟时，主教练阿德·德莫斯又一次将他早早换下。

但阿德·德莫斯的决定是正确的。他明白足球比赛里的木桶效应：最短的那块板，就应该被尽早换下。他寄希望于梅格列利什维利的替换者的表现至少比他强。德莫斯相信，假如将这位睡眼惺忪的后卫继续留在场上，那么后患无穷。他当然不想让自己的球员出丑，可是他别无选择。

不论是哪一位超级球星，他的影响力都是有限的。在这一点上，和业余比赛不太一样。在公园的小草坪上举办的球赛，可能只要你的球队里有一个实力出众的"球星"，那就势如破竹。从这个角度看，职业球员和前几章中我们看到的普鲁士的马，有许多相同点：从小开始，就是优胜劣汰。达尔文会说，他们承受的选择压力是巨大的。而最终的强者，定义身体与技术的极限。由于他们都是百里挑一、脱颖而出的佼佼者，这些人一直都挑战着体育的极限。这个极限值是由科学和技术共同决定的，同时还有人类的跑动速度、耐力和反应程度的生理极限。这就意味着相对于业余比赛，职业赛场中的球员差距更小。所以有点滑稽的是，强者的优势渐渐地没有那么强了。

此外，虽然这些球员射门、传球和跑动都技高一筹，但他们只能在1%~2%的上场时间中和足球真正接触[1]。相比之下，在业余的比赛中，也许那一两个"民间球王"可以牢牢地将球锁在自己足下。这就是足球与其他项目的区别所在（比如篮球、棒球、橄榄球，等等）。因为在这些比赛中，控球后卫、投手或是四分卫都能够长时间控球。

难怪我们的数字证明了这样的说法：足球团队的命运通常由最弱的那一环掌控。因为或许他们的一次不经意的失误、沟通不顺，或是战术失职，就能够葬送整个比赛。足球比赛，由失误决定。而一支球队中，最容易犯错的人，就是实力或状态最差的那一位。

因此，教练的职责，就是在一场比赛或整个赛季中，将本方最弱球员的负面影响降到最低。这应该是每位主帅每天日程表里的第一要务。

为了帮助每位教练走出这个泥潭，我们认为，一般来说，有五种方法可以解决"梅格列利什维利"式的问题。理解了这些方法，也能够帮助我们更加深入地了解红牌、战术、替补和明星的价值与意义。

侧重最弱一环可能让球队的很多支持者失望。这意味着，在每个转会窗口，教练的当务之急是替换掉队中的"梅格列利什维利"，而绝非先豪购一位巨星，取悦大众。这听起来有些难以接受，但这就是赢得更多比赛、获得更高名次的金科玉律。

⚽ 选项一：假装他不存在，把他藏起来

假设场上有 10 位世界级的球员，同时有一位稍弱的。板凳上坐着的，都是更差的替补队员。这也就是说，派出的首发 11 人已经是最强配置。那在这种时候，主教练应该如何应对？

在青年队的比赛里，有一个简单的答案：将最弱的球员放到最无关紧要的位置，并且告诉其他球员无视他。作为一群好胜心极强的动物——足球运动员，或许天生就会这么做。回到几年前的利物浦队，杰拉德还与阿隆索、托雷斯并肩作战的时代，每当杰拉德传球之前，都会先找他们俩的位置，实在不行再传给稍弱的球员（比如说，摩洛哥的达锋埃尔·扎尔）。

大多数教练都会赞同这个方法。AC 米兰队在主教练萨基的 5 对 10 的训练中，不是将一半的次要球员都隐藏了，却从未丢过一球吗？诚然，这只是一次训练，而且对手的破门难度也因为控球规则的缘故被增大。可是，这也基本证明了：其实有时候你不一定要有一支完整的队伍才能获得好成绩。这是不是意味着，教练们应该干脆将一位球员直接隐藏，尝试以十人的精锐之师迎战呢[2]？

简单来说，是教练决定了将这个球员变成一位视野更好的球迷。但这也不是绝对的。事实上，虽然这个球员状态不好，但还是有一定价值的（假定为 40%）。如果完全让他退出比赛，那他的贡献就完全是 0% 了。

如果说，足球是每位球员的产值相乘的团队生产过程，那么这位"看客"就基本摧毁了整支球队。难道说，不论他的状态如何差劲，都应该让这位球员参与到球队的行动中？

我们十分幸运，因为有一种方法可以很轻易地完成这个实验，那就是红牌。这种时候就等同于一位队员完全退出战斗了，而11个人的团队眨眼间神乎其神地变成了10个。

就像足球比赛中很多重要的事件一样，红牌也很罕见。在西班牙，平均每5场比赛，一支球队才有一位球员被罚出场；而在意大利，需要6场比赛；在德国和英格兰，更是高达12场或13场。

从纯概率角度来看，一支球队最弱的那位球员被出示红牌的概率是1/11。但在现实中，这个数字远远被低估了。由于这位球员能力或状态较差，所以他就更有可能因为自己的位置感不强，而用铲球延缓对手的进攻，用手球破坏对方的头球攻门，或是拉扯对手的球衣。

利用Opta体育的数据，我们做了一个简单、快捷的计算，剖析了整个赛季获得红牌球员的情况。平均来看，这些球员射门准度越低，传球更少（更别谈所谓的关键性传球了），他们犯规的次数会越高，是其他队友的两倍左右。所以，现在我们可以认为，*红牌能够让最差的球员离场*。我们接着继续研究。如果说，我们应该让最弱的球员消失的这个命题成立，那么我们应该看到红牌出现后[3]，球队的表现即便不是变得更好，但至少不会更差。

但结果是相反的。在仔细研究欧洲四大联赛这么多年后，我们发现，红牌是一件极有挫伤性的事情。是的，伤害极大。

在西班牙、英格兰或是意大利，拿到一张红牌后，能够让球队获得的积分，从平均 1.5 分降低到 1 分，骤减 1/3。在德甲中，从 2005 年到 2010 年的 5 个赛季里，一张红牌，能够让球队的预期分数减半，从平均的 1.42 分降到 0.75 分。红牌的摧毁性极高。10 打 11 的足球，基本等于失利[4]。

当然，红牌某些时候也能发挥奇效。在 2010 年世界杯的四分之一决赛中，路易斯·苏亚雷斯用手故意将加纳队多米尼克·阿迪亚的头球攻门拒之门外。这是一次无可争议的犯规，裁判也毫不犹豫地将他罚下。但是，这也是乌拉圭队的一次赌博。加纳队点球的破门概率是 75%。而这张红牌赌的，正是剩下的 25%。最终，乌拉圭人奇迹般地化险为夷。

还有一些红牌引发了激烈争持：2006 年世界杯决赛上，齐达内头顶马特拉齐的一幕；或是那届锦标赛的四分之一决赛中，鲁尼因为踩踏对方后卫卡瓦略被争议罚下。理性地说，这些红牌的发生常见于某方球队被普遍看衰、士气低落的情形，或是因为不理智球员的出现导致语言、肢体的冲突。从数据的角度看，我们之前的那个简单实验或许偏向于展现红牌严重的负面影响。但为了验证红牌的负面影响和隐藏最弱一环所带来的危害，我们需要一个更加复杂的分析。

通过回归运算（数据包含近五年的四大联赛），并且考虑每场比赛差异性的影响（主场优势、射门、进球和犯规），我们可以更加明晰地向大家展示红牌数量和球队成绩的直接关联[5]。我们的结果再次证明，**红牌增加了失败的概率**。

从没有红牌到一张红牌，输球的概率从 24% 直升到 38%。如果你的球队拿到了第二张红牌，那输球的概率比打平还要大了。而当一位球员被驱逐出场后，本队全取三分的概率从 36% 骤减到 22%。球队有两人被罚下时，赢球的概率几乎不到 1/7 了。

可能最直观的方式是与主场优势相比。在一块自己熟悉的场地上比赛，胜利的概率会从 27% 提升至 42%，将输球的概率从 32% 减小到 19%。一张红牌，能够让球队平均付出 0.42 分的代价。如果将主场比赛换至客场，得分同样会减少平均 0.43 分。简单来说，罚下一人意味着失去了主场优势[6]。

因此将自己的最弱一环完全隐藏到更衣室里，这种做法并不划算。那么，如果把他放到一个对球队伤害最小的位置呢？通常来说，足球场上有一个安放水平较低球员的位置：左后卫或是右后卫——绿茵场上的"厄尔巴岛"。乔纳森·威尔逊曾经描述过詹卢卡·维亚利的理论，"右边后卫一般是球队中最差的队员，"因为优秀的防守球员都被放到了中间；持球能力强的队员都被移到了中场；而左脚球员十分稀少，所以他们一定是着重培养的对象。可是，西蒙·库珀却认为，"没人会在乎左后卫。"他常挂在嘴边的例子是罗伯托·卡洛斯。卡洛斯曾是皇家马德里银河战舰的一员，"在他 24 岁以前，基本都没人留意过他"。

兴许几年前，一位主教练在百般无奈的情势下，还能够把最弱的球员藏在边后卫的位置上。但因为视频分析、球探体系不断擢升、比赛节奏和质量持续超越，这样的方法已经不太奏效了。比如，在 2009/10 赛季的下半段，阿森纳队的左边后卫克里希被认为状态已经跌至谷底。在 1 月底的一场比赛里，"枪手"阿森纳被做客的曼联队以 3：1 血洗。而

图 46 2010 年 1 月对阵阿森纳队的比赛中，曼联门将范德萨的传球线路图

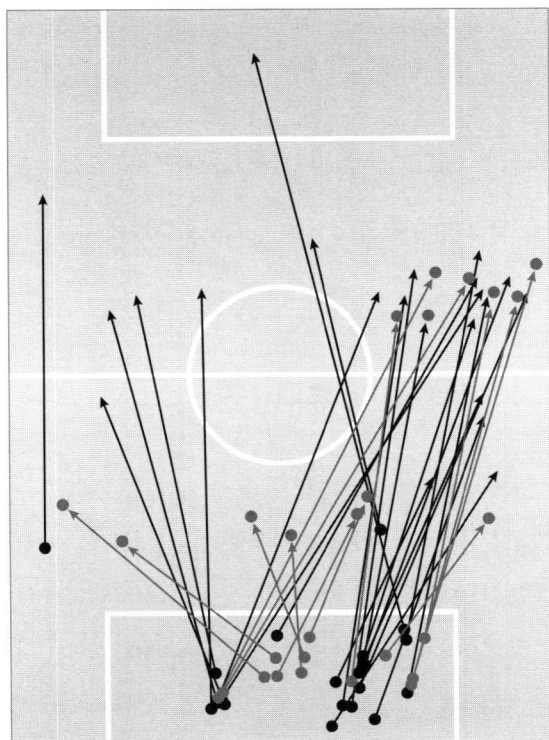

- ● 失误传球
- ● 成功传球

那场较量里，克里希被对手的边路快马——葡萄牙国脚纳尼的速度和力量打得丢盔弃甲。这并非巧合：足球战术分析网站 Zonal Marking 的迈克尔·考克斯发现，在那场比赛里，对方的门将范德萨将大部分的球门球都开向了克里希镇守的区域（图 46）。

阿森纳没办法隐藏克里希。他们必须直面对手的长枪短炮。所以球队的中后卫威廉·加拉斯就多次帮助边后卫补位。法布雷加斯和纳斯里同样回撤，增加支援。这也就是我们俗称的"权宜之计"——你必须因时制宜，用一切可能的方法把最弱的一点补上。这就是我们给教练提供的第二个选择：*如果你有较弱的一环，让队友们解救他。*

⚽ 选项二：直面现实，拾遗补阙

在我们刚才的例子中，大家看到了，阿森纳队临时设法支援最弱的一环。但是效果并不理想，最终还是以 1∶3 不敌对手。没错，*在一场比赛中，当一名球员的状态过于影响整体发挥，球队就需要赶快开启补漏措施。但在一般情况下，这些临时措施都不太好使。*

就拿皇马五鹰来说吧。他们是皇马历史上最华丽阵容中的五大核心人物。在 1989 年的欧冠半决赛中，皇马的荷兰籍主帅莱奥·本哈克将球队带到了圣西罗球场，挑战萨基的 AC 米兰队。两周前，两支球队在西班牙首都完成了第一回合的较量，最终以 1∶1 握手言和。这还要感谢范巴斯滕的那个带些运气成分的进球。这位荷兰射手的头球攻门砸中了横梁，之后反弹到对方门将帕科·布约的后背上，再鬼使神差地滚进球门。

　　这支皇马雄心勃勃，希望这次在米兰的主场秒杀对手。他们的编队里有皇马五鹰埃米利奥·布特拉格诺（秃鹫）和他的四个哥们儿：米歇尔·冈萨雷斯、米格尔·帕德萨、曼努埃尔·桑奇斯和马丁·巴斯克斯。除此之外，他们还有一位速度极快的右路飞翼——帕科·略伦特。一般情况下，他都坐在替补席上。但这一回合，为了击破米兰的防守，主帅将他调整进了首发名单。

　　但结果事与愿违。因为策略的改变，布特拉格诺多次应需赶到右路支持防守。这一下就打乱了整体布局。不仅拆散了他和乌戈·桑切斯的门前组合，同时也让中场球员伯恩德·舒斯特尔失去了往日的威力：在对方球员里杰卡尔德和安切洛蒂的搏命奔跑下黯然失色。因此，米兰在那场比赛中，窥到了很多空当，皇马反击乏力，"五鹰"遍体鳞伤，最终竟然以 0：5 惨败于对手。

　　更富成效的方法不是通过现场的临时调整来弥补最弱一环，而是通过整体计划来补救。历史上，著名的链式防守阵型就是以这样的理论为基础的。

　　戴维·戈德布拉特在他的权威性历史记录《足球是圆的》一书中，曾经诠释道，链式防守最早是由一位出生于奥地利的教练卡尔·拉潘于 20 世纪 30 年代在塞尔维特队发明的。他的创新是将前锋线的一名球员撤到三名中后卫身后。这个队员没有指定的对方球员需要防守。他的任务，就是保护"整个空间"。

　　这样的创举，收效极佳。在 30 年代，拉潘带领塞尔维特和后来的草蚱队一共拿下了七次瑞士联赛冠军。

和很多创新一样（比如汽车、电视机的发明与日心说的提出），在世界许多角落，也有很多个体为了发展而不断革新。特别是在意大利，他们找到了很多新方法，解决各种阵型中薄弱的一环。萨勒尼塔纳俱乐部的主教练吉波·维亚尼从起初意乙一个不知名的小教头，最终成了罗马、AC米兰和意大利国家队的主帅。这种非常规的爆发，其实只是源于一瞬的灵感。在萨勒诺港口目睹的一幕，坚定了他使用"清道夫"防守的信念：

他在港口踱步，把海鸥的尖叫和熙熙攘攘的小贩抛诸脑后，静静地思考如何才能稳固球队摇摇欲坠的后防线。当他穿越海港时，头脑中一遍一遍过着这样的问题，突然一艘小船引起了他的注意。船上的渔夫，张开大网，撒向海中，提起来，收获满满。但在这张大网下，还有一张保护网。这就是他灵光闪现的一刻：第一张网中难免会漏过一些鱼，但它们紧接着，被第二张网逮住。他意识到，自己所需要的就是一位保护型后卫。他藏在第一道防线的身后，随时准备截获那些漏网之鱼。

在这之后，AC米兰队的主教练内奥罗·罗科和同城死敌国际米兰主教练埃莱尼奥·埃雷拉，不断将这一战术带到一个新的高度。他们俩创造了一种意大利足球的标志性体系，至少为两代人所沿袭。在他们的引导下，链式足球成了粗鲁、功利、防守、不雅和拘谨的代名词。就如同罗科向自己队员们所强调的："踢一切运动的物体；如果踢到的是球，那就更好了。"

但我们要记得，链式足球的初衷是一种解决足球中最重要架构性问题的方式——保护球队中最薄弱的环节。

⚽ 选项三：替换他

并非所有主帅，都能成为维亚尼、罗科、拉潘或者埃雷拉；并非所有教练，当看到鱼从网中漏出来时，都能够迅速想出机智的补救方法；也并非所有教练都相信他的队员们能够为队友解围，立刻弥补球队中的疏漏。这就意味着，跟随阿德·德莫斯的步伐也不失为一种方法，即发现并移除最弱一环（也许，不会像他对梅格列利什维利那么残忍）。

听起来，似乎挺简单的。观察球队的表现，找出发挥最差的球员，再派上一名替补将他撤下。但我们在过去十年的研究中发现，换人的艺术，远不止如此。

奥维耶多大学和里斯本理工大学的科研人员总结出，大部分被替换下场的都是中场球员，而 40% 的换人调整都是中场队员换下中场队员。大部分前锋也由对应位置的队友替代，但他们中的 40% 也同样是由中场球员代替。换下后卫的情况最稀有，而他们和前锋的互换，更是罕见。

布莱特·迈尔斯是之前美国足球联赛里奇蒙德踢球者俱乐部的一员，而现在已经跨界成为了维拉诺瓦大学管理与运营专业的一名教授。他的研究显示，只有极少一部分的换人发生在上半场（在前 6 分钟就换人的主教练当属"奇葩"）。他的数据样本包括了英超、西甲和意甲。总体来看，第一次换人，最多出现在中场休息的时候，以及 56 至 65 分钟之间。第二次换人，大多在 66 至 80 分钟之间。而最后一次换人，主教练喜欢放在比赛的最后 10 分钟（包括伤停补时）（图 47）。

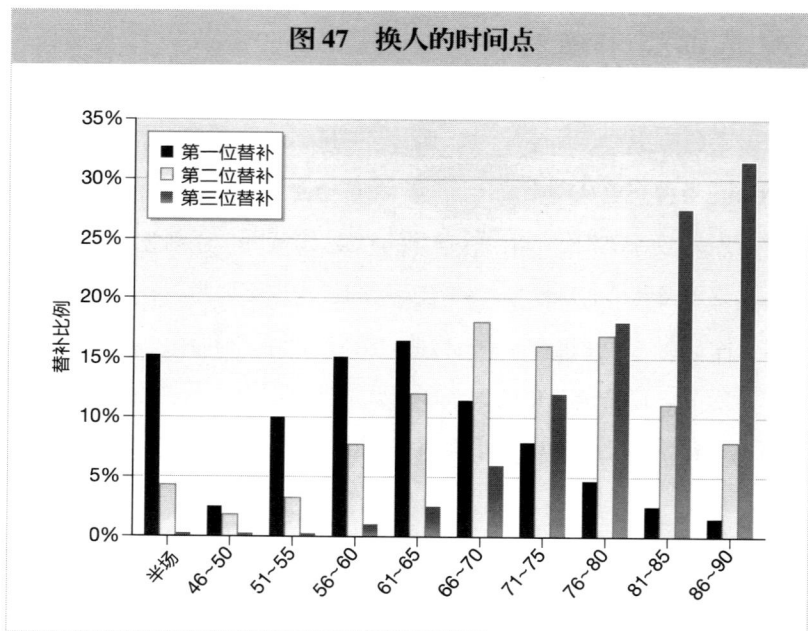

图 47　换人的时间点

这样通行的做法科学吗？有没有这样一种方法，让我们不仅能替换掉最弱的一环，同时还能为整队创造出最大价值？

迈尔斯得出了答案。他对图 47 的数据样本进行了数据挖掘，测试出了在 45 至 90 分钟之间最佳的换人时点。换人功力往往能决定一支球队的成败。

数据软件同时比较了比分僵持时哪种教练更有机会拿到积分：是在中场就换人的教练，还是在下半场的某个节点换人的教练（比如 47 分钟、

48 分钟，等等）。此外，它还分析了主帅换人是否会对球队的处境（落后、打平或领先）有实质性的影响。

在此基础之上，迈尔斯做了一个"实验"。他将最容易带来成功的换人法则放到一个更大的数据库（包含德甲、世界杯和美国职业大联盟）里进行测验。最后提炼出换人成功的秘诀：一本换人艺术手册。

根据他的计算，当球队落后时，为了力挽狂澜，主教练最好在 58 分钟之前完成第一次换人调整，在 73 和 79 分钟前，分别换上第二和第三位替补球员。但如果球队并没有落后，那么什么时候换人就不太重要了[7]。

这样神奇的计算结果，可能让你有些惊愕了。没关系，慢慢来，我们首先要记住，这一切都是为了帮助教练们管理最弱的一环。每一位球员，都有预期的表现水平。可以说，预期水准更好的球员，一般都会首发登场。然而当比赛进行时，这样的水准会不断下降。低到某一点后，一位替补球员的预期水准就会胜过这位疲倦不堪、效率低下的队友。这时候就该换人了！

但是事实上，如图 48 所示，并没有很多主帅利用了我们的"换人法则"。图表中阶梯状的直线，将比赛分为了采用替补法则和没有采用两类。根据使用法则的频率高低从上到下排序，我们可以看出在世界杯和美国大联盟的比赛中，更多教练坚持着我们俗称为 <58<73<79 的定理。相比之下，英超和德甲的教练在换人方面显得更加保守。大约 44% 的国家队，在世界杯比赛中落后时都会采用更加积极的换人策略。只有不足 25% 的英超球队在形势不利时愿意这么做。

这个图还凸显了一个重要信息。这些长柱体中有些部分是深色的，

图 48　换人对于落后比分的影响

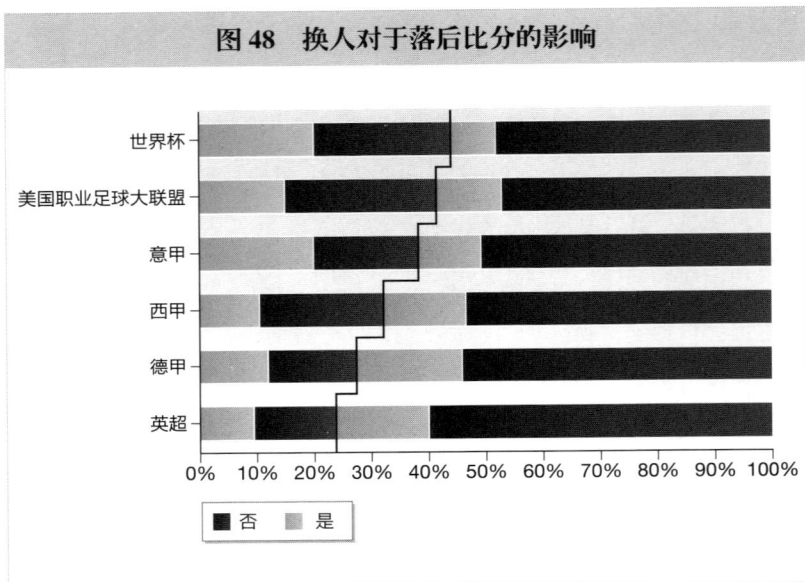

代表在换人过后比分没有起色，甚至还被扩大了（由"否"标注）。另外的浅色部分代表在换人后，比赛局面有很大转机，至少减小了比分差距，或是扳平反超（由"是"标注）。这样的区别和深浅的比例可以更加明显地让我们看出，英超和德甲中保守的教练也因为换人不及时付出了惨痛的代价。

　　在英超联赛中，当主教练遵从了 <58<73<79 法则时，他们在 40% 的比赛中都缩小了比分差距，而平局最为常见。但是如果换人不够果断，那么缩小差距的概率只有 22%。根据这个理论，我们就明白了像克洛普和贝尼特斯这样倔强的主帅，曾经多少次葬送了球队原本可以拿分的机会。贝尼特斯虽然一直被人们诟病过度依赖数据，但在这一点上，他似

乎用的是错误的数字。

在每个联赛中，<58<73<79 法则都给予了球队更大的希望，实现扳平或是逆转比赛。效果最明显的是在意甲比赛中。如果主帅利用了这一理论，他们在 52% 的比赛中都能得分。但假设他过于相信自己的判断，那么只有 18% 的机会可以拿到积分。

从不使用这个定理的主帅是得不偿失的。比如，来自特内里费队的何塞·路易斯·奥尔特拉，就从未尝试过 <58<73<79 法则。因此，他带领球队一共只完成过两次逆转。最终球队"毫无悬念"地降级，而他也被炒了鱿鱼。

教练们之所以总是忽略这个定理，原因其实很明显：他们很难判别换人的那个节点，也就是何时场上球员的表现不及替补球员。为什么主帅们难以把控这个度呢？心理学家们对此颇有一番研究。拖延症，是一种人类正常的决策偏差。主帅们，忠于最初对于球员差距的判定（他们"信任"首发球员）。这样的忠实（被称为"锚定"），导致他们很难判断之后那个不确定性更大的交点。所以直到发现场上某个队员的表现无法容忍的时候，他们才痛下决心，但通常为时已晚。因此教练们应提早计议。

有时候，事情变得更加复杂。很多球员直到自己受伤时，才愿意被换下场。作为职业球员的他们，很容易让教练笃信他们的体力还远没有耗尽。所以，想要教练做出正确的判断，就更加难乎其难。

里尔俱乐部的科学分析师克里斯·卡林和他的同僚们做了一个研究。他们用一套电脑系统追踪了球员的很多信息，比如，他们的跑动距离、冲刺的频率和强度，还有剧烈运动后的恢复时间，等等。卡林的团队发现，对于那些被替换下场的球员而言，他们上半场和下半场的表现情况并没有太大差别。

这就意味着，既然球员的身体情况没有明显下降，就没有必要更换。但这是个假象！卡林和另外几个同事接着又研究了当一名队员被罚下场后其他队友的运动功率。结果表明，足球运动员擅长于随时让自己的活动加速，并且在有消耗的情况下依旧活力无限。

因此，教练很难在球场上，或是更衣室里，看出队员们的疲态。只有透过一些细节才能看出端倪。比如，当球员的体力值在 90% 时，为了完成一次高难度铲球，或是高高跃起进行头球时，他们需要将能力激增到 95%，这个时候就容易显出疲顿了。在比赛的前期，他们可以轻而易举地完成。当比赛进行到一定时段后，显然心余力绌。

在这种节点，最关键的问题并不是场上球员发挥得怎么样，而是对于替补球员的预判。卡林和他的合作者发现，替补上场的前锋通常速度更快，中场球员（记住，他们是最普遍的替补球员）"相比于其他留在场上的中场队友，能够覆盖更大的面积，让身体保持在高强度状态，并且在剧烈运动后，能够迅速恢复"。

换句话说，替补上场的球员，表现要比下场的队友好。如果教练非得等到队员尽显体能问题之后才做出调整，那么这种决定如同临渊羡鱼、临渴掘井，为时已晚。上策当属铭记我们的 <58<73<79 法则。

2009/10 赛季，埃弗拉姆·格兰特在朴茨茅斯的执教历程相当惨淡。他本有 21 次机会使用这个定理，但他却只使用了 4 次。其中的两次就让他有所收获。相比之下，剩下 17 次比赛中他有 14 次机会，可惜他都没有用，使得比分差距不仅没有变小，有时甚至还不断扩大。假若他当年规规矩矩运用这个规律，估计球队也不至于降级。

⚽ 选项四：让他成为真正的强者

一位真正优秀的主帅，会偏袒他最弱的球员，尝试将自己的智慧传授给他，帮助他变得更强。一般人都认为，主帅们每周主要在做两件事情：研发战术，掩盖弱点；教导球员，匡正缺点。从广义来说，弱点可以分为两类——态度亏欠和能力不佳。前者要求主教练不断鼓舞、激励；碰到后者，主帅就需要耐心辅导。

A：让他更加努力

除了鼓舞人心的演讲、追在后面踢球员的屁股，或是更加残酷的惩罚训练，聪明的教练经常会在不经意间利用科勒效应让球队最弱的球员更加努力。

沃尔夫冈·科勒是 20 世纪 20 年代柏林大学心理学研究所的主任。科勒效应就是以他的名字命名的。科勒是一位传奇人物。他起初建立了一个出色的团队，就好比现代心理学里的"银河战队"。但不幸的是，1933 年纳粹发动战争，这个团体逐渐解体。他之前的很多同事都离开德国，来到美国。他的犹太伙伴们都被剥夺了职位。

虽然科勒在 1933 年 4 月（也就是希特勒覆亡前的 12 年）于德国发表了最后一篇公开反对纳粹主义的报纸文章，但他并没有在沉默中灭亡。

他开启了自己的教师生涯。当时政府要求上课前要行纳粹礼，但科勒告诉他的学生（其中不乏狂热的纳粹党拥趸），他并不认同这个行礼背后所代表的那套思想体系。

我们毫不惊讶科勒在后来的作品中，持续表达了对于失散同事的缅怀与哀痛。

通过在柏林划船俱乐部完成的一个简单实验，科勒展示了团队合作所产生的巨大动力。首先，他测试了每个划手站着划时能够坚持多久，保持划动一支90磅的桨不落地。

之后，他将重量加倍，同时让两个划手一组，看看他们能共同坚持多久。这是一个短板测试，因为对于每一个个体来说，这样的重量难以支撑：当弱者的肱二头肌不负重任时，重量为180磅的桨就会沉重地砸在地上。但科勒发现，相对较弱的运动员坚持的时间远比独自训练的时候长。这是因为他感受到了心理学中的一个重要特质：当处于一个团队时，就会加倍热情、努力和坚持。

其实直到20世纪90年代才有心理学家开始探究这背后的原因。他们找出了两个缘故：一是社会性比较的过程。当个体与能力更强的伙伴协同工作时，他会更卓越。二是"不可或缺"的心理状态。每个人都不希望拖集体的后腿，同时他觉得个人的贡献对于团队的表现至关重要。更直接地说，"科勒效应"之所以发生，是因为最弱的一环做出了更多的努力：一方面是为了跟上能力更强的同事，另一方面是认为自身的角色同等重要。这两个因素在帮助提高稍弱球员超水平发挥方面不可或缺。

在体育比赛里，我们经常可以看到这样的案例。美国游泳队的杰森·雷扎克就是一个典型。在 2008 年奥运会 4×100 米接力比赛中，他担负最后一棒。雷扎克并不是团队里最强的成员（尽管这应该是最重要的一棒），在他旁边的是 100 米自由泳的世界纪录保持者、法国队员阿兰·伯纳德。更不幸的是，当雷扎克出发的时候，他已经落后于对手一个身位。

不过不要紧，雷扎克打破了 100 米接力的单人世界纪录，以惊世骇俗的 46.06 秒为美国队再添一金。他在最后一棒比伯纳德快了近 0.67 秒，以 0.08 秒的优势率先触壁。真是一眨眼的差距！其实在此之前，雷扎克仅在国际大赛中拿过两次个人冠军。究竟是什么奥妙，使他此次迸发出了地动山摇般的能量？"我是团队中的一员，今天也不例外。我和我的队友们说：'我们不是四个 100 米队员。我们就是一个人在战斗。'"

雷扎克绝不是唯一在泳池里映现"科勒效应"的人。最近一个项目研究了北京奥运中所有的接力团队。结果令人震惊。处于第二棒和第三棒的运动员，成绩平均超出个人纪录 0.4%。而最后一棒的队员，将压力化为了无限动力，平均比个人成绩快了 0.8%。这样的进步，在竞速的项目中已经是极大的飞跃了！科勒的"举重划船队"为人们揭示了一个重要的现象。它能启发所有商界、运动界的团队，当然足球也不例外[8]。

但这并不意味着使用"科勒效应"是件浅易的事。教练们要千方百计让那些年薪千万、众星拱辰的运动员意识到自己是团队里最弱的球员。这样的对话十分有趣，但并非臆想。或许，一位足智多谋的教练，会用一次近期的受伤、对手的强悍，或是自己作为教练的失职，来让队员领会到自身的不足。然后，教练要让这个队员确信，自己能够通过一套卓有成效的训练方法不断完善。此外，主帅们还应该在更衣室里经常告诫队员们，足球是一场短板游戏，因此每一位球员的奉献都至关重要。

也许相比现代足球，这样的工作在其他很多团队中更容易推行。比如说特种军事基地，那里战士们的薪水差异不大。然而足球比赛，虽然说人人都难以替代，但工资账单已经显露出某些球员的确比另一些"更受珍视"。

假如一支球队中，有一个极具团队意识的核心球员，那么主教练的担子就有人分担了。这样的"劳模"总会早上第一个到训练场，夜里加练到最晚才走。他能率先垂范、身体力行，告诉队友们获取成功的秘诀无非是日复一日的艰苦训练。仅仅靠天资，是不可能的。这对于帮助球队的最弱一环十分有效。虽然可能先天条件不如队友，但在他人的带领下，至少会更加努力，不断进步。

现实生活中，有很多球队的核心人物，都不属于这类球员。篮球巨星阿伦·艾弗森就曾经在新闻发布会上当众蔑视训练，称之为"愚蠢"的做法。阿斯顿维拉的保罗·麦格拉斯和热刺的莱德利·金，虽然自信程度不及艾弗森，但也经常以治伤为由不参加训练。还有一大批巴西的射手（像阿德里亚诺和埃德蒙多）定期缺席训练，认为天赋能改变一切。这对于那些天资还不如这些球员的队友，影响是深远的：不管你如何努力，也永远达不到我的层级。

但有一个天赋异禀的球员，训练上异常刻苦。他就是梅西。他从来不会把训练视作愚蠢或是不重要的事情。在新闻发布会上，他绝不是艾弗森的那个样子，他谈道："我们现在坐在这里，就是团队的一员。我们应该谈论的，就是训练。"梅西的队友皮克也观察到，"他也许会说：'好吧，我是最好的球员。但在训练中我才不关注这个,虽然我也可以散漫一点。'但他的训练水平,绝不会打半点折扣。太不可思议了! "当然,皮克肯定不是球队中最弱的球员。但如果身边没有梅西这样的楷模,他的训练也许不会如此刻苦。

B:帮助他提升技术

足球并不是光靠努力而不需技术的运动。相反,技术、体能和态度环环相扣。很多时候,教练员们会直接教导他的队员们,特别是稍弱的几个。同样,我们也可以通过集体训练帮助他们进步。哈维曾经详细讲述过巴萨的训练课堂是如何重视短传训练的。所以在不断操练后,技术最差的球员也习惯了传球跑位。有一些教练甚至给一些球员进行一对一的指导:贝尼特斯在执教利物浦期间,就经常给瑞安·巴贝尔开小灶,告诉他如何提高边路活动的能力。

端正了球员的态度后,教练们并不一定要自己做所有的工作。他们可以改变球队,创造一种团队文化发展技术。为了了解如何完成这一项任务,我们要再一次远离足球场。这次我们不去游泳池,而是走进女士服装厂,来到那些女裁缝的身边[9]。

很多年来,在加利福尼亚北边的寇芮特工厂里,工人们都拿计件工资:每完成一件腰带环,可以拿到五美分,这样缝的腰带环越多,相应的薪水就越高。这是长期以来的工作制度,但它也带来了很多问题。在车间里,堆满了装着半成品的推车,因为流水线作业,每完成一部分的服饰,就要被移到下一个车间。

1995年,寇芮特工厂进行了创新,他们将生产工序改造成了"组件"

生产——让每个团队负责生产整件服饰。之后他们会根据整套的成品计算酬劳，再由所有的成员均摊。寇芮特的管理层认为，工厂的生产率会大大下降（生产出的裙子件数会减少）。但积极的一面是，浪费情况将得以改善，并且纰漏更容易被发现[10]，所以产品的质量将得到提升。

所有员工之前都已经习惯了个人生产的制度。而这一次，一部分员工将会首先被调整到"组件"生产系统。这是个绝佳的实验室，我们可以看到前后的比照，仍旧实行着计件制的一部分员工，就顺理成章地成了控制组。这个实验，可以帮助我们检测团队成员制的影响。

来自华盛顿大学圣路易斯分校的经济学家巴顿·汉密尔顿、杰克·尼克森和大湾秀雄计算出的结果，出乎所有人的意料。平均生产量增加了18%，这应该归功于团队的影响。其中三个团队的生产率都高出了他们中最熟练的技工。不仅平均水平量高的团队生产效率提高了，团队成员差异较大的车间同样进步神速。

这个发现极其重要！低技能工人，不只是因为"科勒效应"而提高了技能，与此同时，熟练工的知识、经验分享也举足轻重。在另一个工厂中，90%的员工都感叹，他们在团队中接受的"非正式的训练"使他们受益匪浅。

足球运动员也如出一辙。受寇芮特研究的启迪，瑞士经济学家埃贡·弗兰克和斯蒂芬·尼施研究了2001/02到2006/07赛季德甲联赛的俱乐部表现。他们不仅关注了射门和进球数，并且利用Opta体育的数据，为每个位置创造了一个表现指数。从而可以计算出每支球队、每场比赛的平均才能水平，以及11位球员的才能差异。

他们的分析证实了 O 形环理论和学习效应的存在。从短期来看，当汉诺威 96 面对汉堡的时候，比赛的结果依次由运气（毫无疑问的）、主场优势、较高的才能水平和较小的才能差距所决定。相比于一支球队有两个 100 分、大部分 70 分，还有一个 50 分和一个 30 分的球员来说，球员全部为 70 分的球队更有希望赢球。长板不能赢得比赛，但短板可以输掉比赛。

然而，从整个赛季的角度来看，结果恰恰相反：最终的排名，由高出一筹的才能水平（拜仁因此肯定比凯泽斯劳滕靠前）、更大的球队整体才能空间决定——而不仅仅是首发的 11 个人的才能空间差距。沿用我们上面那个例子，也就是说，只要更出色的队员愿意帮助和提升弱者，那么汉诺威 96 就应该选择两个球星和两个较差的球员。恰如弗兰克和尼施总结的："一个职业的足球运动员，一般每天花在和足球相关的准备活动上的时间会有 8 小时。球员之间才能的差异性对整体的表现与发展是有好处的，因为强者可以带领弱者不断进步。此外，才能上的差异，也影响了生产的社会模式和训练中产生的同辈压力。"水平稍差的足球运动员，就好比寇芮特工厂里那些不够娴熟的裁缝一样。因为环境的影响，他们会一直被激励更加努力地工作，并且持续向优秀的同事学习。

而教练们也应该尝试在球队里建立一种团队文化与氛围，鼓励弱者虚心求教。当签下一名顶级球星的时候，主帅应该意识到，他花钱买入的不仅是进球、华丽的踩单车和脚后跟表演。顶级球星带来的是一系列好的习惯与态度，还有对队友的热心帮助与奉献。这些品质的重要程度，绝不逊于他们在球场上的个人发挥。

⚽ 选项五：卖掉他，别无选择

有一些短板，你无法隐藏或者增强。无论你付出了多大努力，这些球员依然难以进步。他们不愿意向队友学习，也无力跟上别人的步伐。如果想在场上弥补他的漏洞，可能将得不偿失。况且，一场比赛的换人次数也是有限的。事到如今，我们别无选择。

一名球员，迟早会离开俱乐部。可能是因为金钱、梦想、年龄、状态，或是就想换个景色看看。这样的决定权在主教练一个人的手上。但这样的决定通常是存在风险的。有的教练可能会说，他已经倾其所有，可是依旧不能改变这名球员。有的会说，他需要一笔资金来补充新鲜血液。然而是对是错，都取决于他个人。*假如一个俱乐部想知道出售一名球员是否适当，那么他们先得保证拥有一个正确的主教练。*

遭遇耻辱换人之后的第八个月，哈伊姆·梅格列利什维利被维特斯队列入了转会名单。但让这位不幸的以色列后卫庆幸的是，他最终没有被阿德·德莫斯卖掉。因为他们主帅的合同，在那次换人的六个月后就被终止了。这位维特斯的最弱短板，至少比他的主帅多待了一会儿。球队认为相比于这块短板，主教练或许才是球队的最大命门。

第 10 章

毛绒泰迪熊

我恰是才高八斗的现代少将，

通晓植物、动物、矿物，

学贯英格兰诸王，援引历史大战，

从马拉松到滑铁卢，娓娓道来，

谙习数学，

邃晓方程，一次、二次。

——吉尔伯特（英国剧作家）与沙利文（英国作曲家）

也许，若泽·穆里尼奥认为自己是世界上最伟大的主帅。历史上有三位带领两支不同俱乐部获得欧洲冠军的教练，这位葡萄牙人就是其中之一；不仅如此，他还是唯一在欧冠年代做到这一点的教练。他是在四个不同国家的联赛中都赢得过冠军的四位教头之一。更可贵的是，唯独他一人同时荣登上述两份名单中。不管是在他家乡的波尔图队，还是切尔西、国际米兰、皇家马德里或是回到斯坦福桥，不论你追随还是讨厌他，"魔力鸟"都有一手点石成金的绝活。

不过能与他相提并论的，还有亚历克斯·弗格森爵士。在曼联的执教生涯中，他捧得了12座英超联赛冠军奖杯，称霸了两次欧冠、夺得5次足总杯、4次联赛杯、一次欧洲优胜者杯和一次世俱杯。在这支英格兰最大的足球俱乐部里，他坚守了将近30年。作为曼联帅位常青树的弗格森爵士，是否就比在多个俱乐部各领风骚三两年的穆里尼奥更加伟大呢？

如果是的话，或许吉米·戴维斯也应该被归入"伟大"的行列。没错，这里所谓的"伟大"教练，不是打造现代足球中最精良球队博卡青年的卡洛斯·比安奇，也不是近年来助力巴萨主导足坛的瓜迪奥拉，不是带领尤文图斯获得欧冠、统率意大利队斩获世界杯的"银狐"里皮，不是带领西班牙队和巴萨做到同样事情的博斯克，也不是卡佩罗、贝尔萨或是温格。如果要算执教寿命的话，没人比得上吉米·戴维斯，这位效力默西塞德郡一支非联赛球队滑铁卢码头AFC（Waterloo Dock AFC）的教练。

吉米·戴维斯有着一切伟大教练的特质。他说话直接，丝毫不忌讳向队员指出他们的软肋。他是个真正意义上事无巨细的管理者：他会确保每根角球旗杆摆放位置精确，所有队员的球衣都井然有序地挂在木钉上，他还会亲自填写球员名单。这种作风效果显著：他为滑铁卢码头赢得了28座杯赛奖杯和21座联赛奖杯，其中包括2007年到2011年间的

五连冠。他自己也承认，十分擅长培养天才球员。"默西塞德郡最优秀的（足球）球员在我们这里效力过，而我们的荣誉就是最好的证明。现在和未来的球员如果想追逐前辈的脚步，还有无尽考验等待着他们。我总教导自己的球员铭记球队的历史，并且明白球队对他们的殷切期望。"

他同时也是英足总辉煌历史中执教时间最长的教练。在 2013 年退休之前，他整整在滑铁卢码头据守了 50 年，比饱经沧桑的弗格森还多了二十几年。

因为吉米·戴维斯是低级球队的教练，所以我们还是更相信弗格森，不过我们不妨先来看看他们的共同点：一箩筐的荣誉、对成果的追求，培养了一批又一批年龄跨度极大的球员。当然，戴维斯不用承受那些顶级俱乐部才有的压力：不间断的媒体关注、超级球星的自大（在老特拉福德，他们经常挑战弗格森的权威）。但是弗格森也不用忍受统率低级联赛的艰辛：入不敷出的财务状况、门可罗雀的看台、屈指可数的关注度，以及那些球队中另有全职工作的球员。如果碰到加班，俱乐部也无可奈何。

考虑到这样截然不同的环境，难以对比教练。如果戴维斯有机会在曼联执教会是怎样的结果？假设弗格森换到前者严峻的条件下，他会愿意手洗一件件球衣装备，同时忍受泯没在英格兰足球金字塔底部的煎熬吗？

这样的讨论已然是老生常谈了。毋庸置疑，教练是最关键的。除了运气之外，他几乎完全掌控着球队的命运。他必须决定如何处理球队最薄弱的环节，如何把控攻守平衡和应对足球中那些"华丽的"低效率环节，当然还得确保更多的进球。他饰演的是现代少将的角色，足球世界里权力的核心。

　　然而一直困扰人们的是，我们没有一个屡试不爽的方法去衡量教练是否称职。是任期吗？是拿了多少次杯赛和联赛冠军吗？是球迷的支持度吗？有一派人的观点很有影响力，他们认为这样万能的衡量方法并不存在：谁是最好的教练并不重要，因为教练其实无关紧要。当今这类对于领袖的观点认为，教练的象征性作用和吉尔伯特与沙利文笔下的少将斯坦利同样重要，但他们的影响力无异于一只泰迪熊：几乎为零。在讨论究竟什么品质才能成就一位好教练之前，我们得先认定穆里尼奥、弗格森和戴维斯这样的魁首们，到底有没有效用[1]。

⚽ 藐视教练的人们

　　在穆里尼奥来到斯坦福桥之前很久，切尔西就有了"特殊的一个"（the Special One）的理论。1840 年，托马斯·卡莱尔在离开家乡苏格兰前往西伦敦几年之后写道："造模者、设计者，以及广义上大部分想要努力实现或创造事物的人们"都是历史上的"伟人"。"确切地说，我们目睹的这世界上全部的伟大功绩，都是伟人精神的外在物化展现，是他们思想的现实凝聚。而思想本身永存于降临凡间的伟人之中。"

　　对于卡莱尔来说，英雄创造世界，豪杰驱动历史：亚瑟王从石头中抽出一把宝剑建立王国，马丁·路德将改革变成现实。卡莱尔说，对于这些在人类的纪元里披荆斩棘的巨人，其余大部分的芸芸众生会始终保持"爱戴、虔诚和敬爱"。

他的理论后来未被认可，但他提炼出了西方文化与历史的一条线索。那些被"忠诚、自由、民主、经济发展"等思想启蒙过的国家，一直十分渴求这样一位英雄。像卡莱尔所说的那样，即使在法国，那些非凡的反崇拜者和那些处斩巨人的冷血刽子手，依旧崇拜伏尔泰。甚至在造访巴黎时，他们会"拔下一两根他的毛发作为圣物膜拜"。他明白，人类尊崇英雄和圣贤。我们在某种程度上，总是在寻找堪称"特殊的一个"的另一个自我。

作为当今世界中一群被追随崇拜的英雄，足球教练对此的体会想必最为真切。巴尼·罗内在他的著作《教练：足球中最重要人物的荒诞崛起》中评论道："教练的影像从模糊到清晰，经过漫长的'进化'，最终直立起来，奇迹般地实现双腿行走。他是神父、弥赛亚、硬骨头和元老，以及一百多年来零碎而混乱的进程中的活化石。"这句话巧妙地将卡莱尔所说的那些伟人跟更衣室里的教练牵扯到了一起：从拿破仑到鲁克斯，从路德到雷哈格尔，从彭斯到弗格森，从克伦威尔到查普曼，从莎士比亚到香克利，从但丁到特拉帕托尼，从耶稣到克拉夫。

若不考虑国籍的话，足球伟人的诞生地是在英格兰。稍微看一下这项国际性体育赛事的词汇就足以证明了：纵观那些足球的重要地区，南美洲、意大利和西班牙，那里的教练仍然被称呼为"Mister"（英语中的"先生"）。英格兰向外国派出了"传教士"，东欧的吉米·霍根和斯堪的纳维亚半岛的乔治·雷纳。罗内将这些教练称作英格兰的"一份超越国界的馈赠"。

这样狂热的崇拜在祖国并没有丝毫的减退。亚瑟·霍普克拉夫特在他的报纸专栏和 1968 年所著的《足球人》中完美地捕捉了教练的崛起。"看马特·巴斯比爵士在曼彻斯特闲逛就如同观赏公众膜拜仪式，"霍普克拉夫特写道，"不仅仅是因为他知名，也不单只是因为他教练的才华而备受尊敬。当大家靠近这位尊者时，恭敬之情油然而生。"

全世界都是这样。英雄般的教练赢得奖杯，率领球队升级，斩获功名。或许能够阻挡他抵达他命中注定福地的，只有难以抵抗的霉运和那些帮倒忙的球员了。

不过总是有怀疑者，他们觉得教练只是虚拟的先知。卡莱尔指明了这样的趋势，抱怨刻薄与平庸之人如何将别人的伟大归功于环境："批评家笔下的伟人们，例如马丁·路德会被这样'诠释'：他是无足挂齿之人，是'时代的产物'，是时代吹捧起了他，一切都是时势所致。他什么也没做，他所做到的我们这些小小的评论家也可以做到！"

教练也同样如此。藐视教练的人们坚信他们一文不值，影响微乎其微，做出的决定都是多余的，跟最终结果毫无关系。驱动历史的是球员，教练只不过要保证他们的健康和记得他们的名字罢了。这些人深信自己是掌握真理的少数人，是最先指出皇帝没穿衣服的孩子。

这股反教练崇拜的热潮有两种来源。第一类是反权威的雅各宾派。他们说服我们去推翻伟人，去斩他们的首，批评他们毫不称职。这发生在各行各业中：政治、公职、商业中比比皆是，都说领导们无能和窝囊。在足球中，这种声音喧嚣恶毒。格拉汉姆·泰勒带领的英格兰队在 1992 年欧洲杯中战绩惨淡，甚至无法进入 1994 年世界杯决赛圈，这让他被《太阳报》冠上了"萝卜头"的称号，最终令他引咎辞职。

另一类近期才兴起，源头是如今媒体、电脑、互联网和我们本身悲哀空虚的生活——明星和电子游戏的崛起，对大文化造成了破坏性影响。罗内写道："在 90 年代初，（足球）进入了一个新纪元。一场媒体主导的、年轻人时代灌输的复兴蓄势待发。（足球）亦步亦趋地成了主流的追求，在这个大众娱乐时代里成为了一种生活方式。教练们成了更大舞台上的角色。他们不用去追求名望，名望自然会找上门来。"教练不再是巴斯比时代的英雄，而是明星。英雄们高高在上，是让我们崇拜仰慕的。而明星和我们别无二致。他们被写进新闻，被八卦，被评论，没完没了。

在足球教练模拟游戏兴起之后，这种趋势就更显而易见了。像《足球经理》（*Football Manager*）系列这样的游戏，将本来被视为只是小众的特异功能，变成了只要用用运算法就能成功的伎俩。现在，所有人都可以成为自己喜欢球队的教练，享受坐在帅位上的感觉。他们可以在屏幕上，利用自己天才的脑袋将约克城带到欧冠决赛。只要有那样的机会，似乎就可以将现实等同于游戏。

这类模拟游戏的核心算法在版本不断地更新中变得越发复杂。更多的统计和数字被放到了代码中。这样一来，你就可以从更多方面更精细地为你的球队做出决定。游戏似乎变得越来越真实了。《足球经理》让人觉得所有的决定（包括工资和奖金、球队会议、阵型和训练）都意义深远。但是，如果要做出这样的决定，只需要点一下鼠标就足矣。一个"小小评论家也可以做到[2]！"

突然之间，教练不再像以前那样受人尊崇了。他仍然是一个名义上的领袖，但他已经成为一个被那些自以为是的人取笑嘲讽的领袖。伟人时代似乎结束了。每个人都知道当教练要做些什么，也知道现任教练的失误在哪里。至少，他们自以为知道。

⚽ 教练无用论？

或许最能否定教练重要性的证据，来自于体育经济学家们对薪资与获胜之间强烈关联的研究。他们的观点是：比在球队名单上的人更重要的，是名单上的金额。

西蒙·库珀和斯特凡·希曼斯基可能在这方面是最杰出的两位。他们的著作《为什么英格兰总是输》阐述了"教练无用论"。他们展示了从1998年起的十年里一个英超或英冠俱乐部的薪资总花费，阐释了89%的花费与最终积分榜上平均排名变化的关系[3]。在那十年中，切尔西、曼联、利物浦和阿森纳依次是总支付薪酬最多的俱乐部，而他们的平均排名分别是第三、第一、第四和第二。克鲁、布莱顿和罗瑟勒姆是支付薪水最少的三家，而他们的平均名次在参加过这两级联赛的所有球队中排倒数第十、垫底和倒数第三。

从这个数字来看，这是毁灭性的：89%的最终排名由金钱决定。所有教练训练中的辛勤付出、战术设计、对球员怒吼、跟媒体玩的幼稚心理游戏，这些都只占那微不足道的11%（而且，如果把运气也算在里面的话，这可能会降至5.5%）。足球中的关键人物不是教练，不是这个在指挥区大步流星地走来走去，看似这是他地盘的人。真正掌管了这里的是"账房先生"。

把教练当成超人的想法，在库珀和希曼斯基这个89%的数字面前，显得有些可笑。

不过，历史上有一到两位教练可以免于责难：比尔·香克利和布赖恩·克拉夫都还算是边缘英雄，就像蝙蝠侠的助手罗宾，他们是"账房先生"们的左膀右臂。其他教练的作用似乎微乎其微。"坦白来说，大部分其他的教练并不重要，"作者在《为什么英格兰总是输》第一版中写道，"他们给球队带来的价值太小了，以至于人们觉得他们可以被秘书或是主席替代，甚至是被填充玩具熊取代，而球队在积分榜上的位置不会受到影响。即使是在足球历史上比任何人获奖都多的曼联教头弗格森，也只不过是奉献了一场世界上最富有的俱乐部应有的表演罢了。"

在第二版中，他们的态度稍显温和。原因很简单：当"89%"这个数字被写上去之后，一切不言自明。这个数字是通过计算一个俱乐部平均薪水相对于十年中所有球队平均水平的比值而得到的，根据这个数字，我们就可以看到薪资跟联赛中的平均排名有什么关联。我们采用了德勤年度财政报告中英超十年的工资和排名，不过我们快进到了最近的2001/02—2010/11赛季。同样的画面再次出现了（图49）。

薪酬与排名紧密相关：在被研究的这十年中，俱乐部的相对薪酬越高，排名越靠前。

在英超过去的一个十年里，工资可以解释81%的联赛排名变化。比库珀和希曼斯基的数值略低，不过这可能因为采用的年份不同，或者因

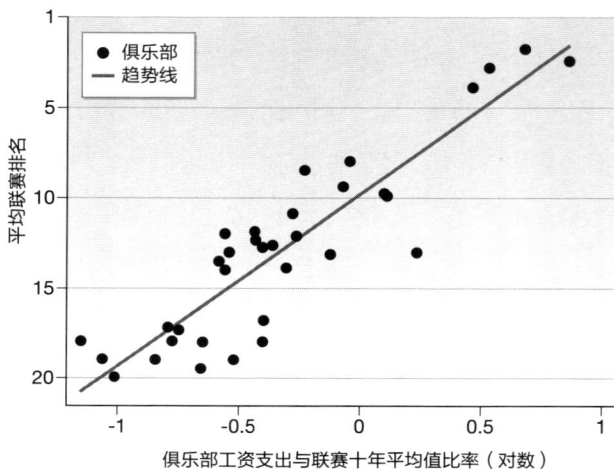

图 49　英超 2001/02—2010/11 赛季
薪酬与联赛排名（整段时间）

数据来源：多个年份的德勤足球财政年度报告。

为他们算上了欧冠的成绩。结论很清晰：付钱越多，做得越好。

　　不过，在反崇拜者们嗅到胜利气息，并且搬出断头台前，有几个问题需要注意。第一，根据我们的计算，教练对球队的影响依然将近19%。这个比例不算大，但也比库珀和希曼斯基推算的可怜的 11% 要积极一些。

　　第二，我们要知道，给球员薪水多的俱乐部也不会亏待教练。工资的数据不单只是球员的，还包括了教练的。因此可以推断更好的教练会在更好的球队执教[4]。博尔顿可请不起穆里尼奥和希丁克；切尔西也不会任命萨米·李。薪资水平与教练才华的相关度也许不是完美的 1，但也不可能是 0。

第三，工资不单纯衡量球员能力，它同时还衡量教练的执教能力与球探技能。一个球员就好像一个团队，由各个部分组成。不仅基于他与生俱来的基因，还包含数位教练的悉心栽培、他从队友身上学到的东西。一个球员能赚多少钱，关键因素是他的能力，而能力包含了所有历任教练传授的成果。如果现任教练就是那位把他从转会市场带到球队的贵人，"Mister"这个称号就难以"毫不相干"了。

所以说，薪资输出和联赛排名之间的确有很强的关联，但其间也不乏教练的贡献。本质上，教练是发现和培养最好球员的伯乐[5]。再者，当把这冗长达十年的数据细分成单独的一个个赛季，"账房先生"的力量就减弱了[6]。根据华威大学的休·布里奇沃特的调查，在过去的二十年中，英格兰足球教练的平均任期从三年多降到了不足一年半。也就是说，一支球队在十年的跨度里有六位教练。这么一来，研究前后两年内薪资输出和联赛排名之间的关联，或许比将十年作为一个整体来评估，对研究教练的价值更有意义。毕竟一位教练的影响仅限于此时此队。

当我们做出一张以年为基本单位的图表（图 50）时，所看到的情况就大为不同了。

在英超中，支付高额的工资与排名居前仍然具有很强的正向关联，不过规律远非如此简单。在任意一个赛季中，有些球队在回归线的下面（表现得比他们的工资单差），而另一些在上面（相对于工资单超常发挥）。

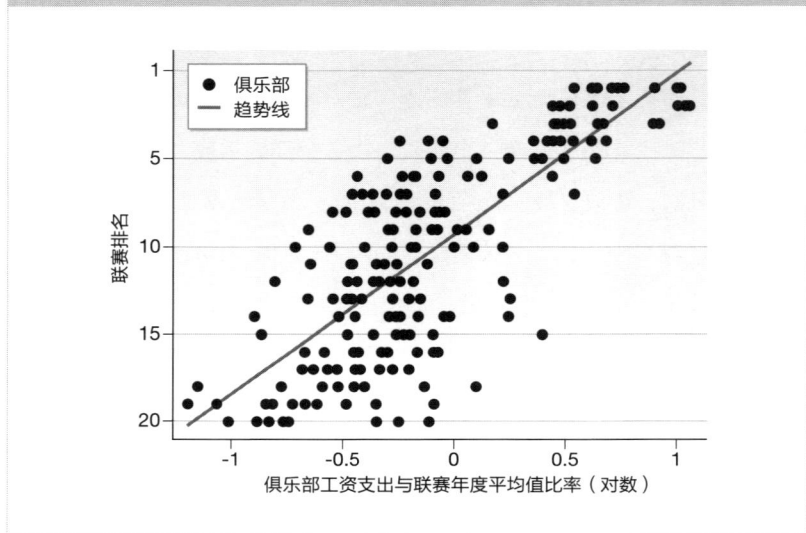

图 50　英超 2001/02—2010/11 赛季薪酬与联赛排名（逐年）

在一个赛季中，可以用相对薪资来解释联赛排名变化量为何从 81% 降至 59%。教练的直接影响大了很多。伟人们不再被定论为是在为蝇头变量（除了薪资影响，剩下的 11%）而苦苦奋斗。"账房先生"们，请把你们的断头台从广场上推出去！

足球是一场关乎平衡、关于明暗的游戏。不管是进攻与防守，赢球还是输球，先拿住球还是让出球权，这是一项由"选择"定义的运动。这项运动有将近一半是由运气决定的，或许残忍，或许仁慈，但也有很大一部分事在人为。有些取决于球员的能力，有些取决于教练的水平。除运气之外，这群人的决定影响了一个俱乐部的命运。

足球决胜在毫厘之间，而这微小的差距正是教练可以大显身手之处。不过，要查明他到底可以有多大的作为，我们必须看看其他经济领域的"掌柜"们都是如何作为的。

⚽ 足球教练：世界 500 强的 CEO

足球这行并不寻常。许多经济学家甚至认为它根本就不是生意，因为俱乐部运营模式与通俗的企业有别，追求的不仅为盈利和价值最大化[7]。俱乐部一般会有一位首席执行官，还有一位教练，而后者所做的就是普通公司 CEO 所干的事。正如前英冠主席、前西摩·皮尔斯（Seymour Pierce）公司投资银行家基思·哈里斯所说："在一般企业里，公司有问题，CEO 会被炒掉；在足球里，这个人就是教练。"

俱乐部的执行总裁赚的比教练少得多，而且他们对俱乐部的收入影响有限。哈里斯还说过："在足球里，关注的目光全在球场上。"实际上，教练是组织里的领导、产品总监、人力资源总监、俱乐部形象代言人。他就是 CEO，只不过没用这个称谓罢了。

当库珀和希曼斯基贬低这群特殊的 CEO 时，他们写道："普通人对教练的痴迷是历史伟人理论的一个版本。史学家几十年前偶然弃用了这个理论。"不过，最近商学院的教授和经济学家们已将"伟人理论"从垃圾桶里重捡回来，并纳闷是谁这么挥霍，把这么精妙的理论浪掷了。不考虑政治和意识形态，他们已经通过数字富有创造性地全面检验了领导力的重要性。他们已经证明了 CEO 是何其关键！

在 20 世纪 70 年代初的一次里程碑式的研究中，200 家美国企业的业绩被详尽剖析。其中发现，30% 的盈利能力由产业决定，23% 源于企业本身的历史和组织，14.5% 取决于 CEO，剩下的则受到多种划分更为细致的因素影响（在另一个关于教练对俱乐部运营影响的高级研究中，人们得到的结果是 15%。这和上面 CEO 所占的比例相当）。

批评家们有一部分是正确的：一个企业的系统、组织和制度是业绩的主要驱动力。如果史蒂夫·乔布斯决定投身于打字机的事业，去重新设计这种过时的机器，苹果可能不会像现在这样举世瞩目。如果弗格森去做水球教练，他注定难以脱颖而出。*身处的产业和企业，或许比你的领导才能更关键。*

毫无疑问，曼联是一家有历史底蕴的足球企业。这样的特性是恒定的，会为你所在企业的成就设定上限和下限。零售商永远是零售商，CVS（西维斯）、沃尔玛和西夫韦永远会拥有各自的前世今生。只有一部分当期财务表现可以被改写。曼彻斯特大学的阿兰·托马斯发现，当忽略公司业绩的固定部分时，领导才华对其余部分的影响上升为 60% 至 75%[8]。在所有中短期可以影响俱乐部的因素里，"领头羊"是尤为重要的。

*无论公司是做零售还是做足球，在任何成败在毫厘之间的行业中，即使是一两个百分点的差池都举足轻重。*不管是十亿收益中 0.05% 的上涨，还是积分榜上 5 分的提升。

这正是乔纳·克里《额外的 2%》（*The Extra 2%*）中推崇的大联盟棒球队塔帕湾光芒（Tampa Bay Rays）所采取的管理方式。近年来，光芒队疾速跻身于体育分析的典型代表行列。大股东、董事长和执行长官都在华尔街历练过，他们运营俱乐部是以寻找"正套利"的可能性为目标的。

光芒队无意探求华丽的全垒打，而是一直在寻找一种持续稳定的微弱优势。克里引用球队老板斯图尔特·斯坦伯格的观点："我们努力去争取那额外的 2%，那个 52-48 的优势。"就是这个微弱的长处帮助他们在过去六年中四次闯进季后赛。要知道，他们的工资总额在职棒大联盟中排倒数第四，远低于纽约扬基和波士顿红袜。在足球的世界里，就好比桑德兰在五年里三次欧冠小组出线。

光芒的教练乔·马东大概是棒球界最杰出的主帅。曾在华尔街金融圈摸爬滚打的球队核心领导层深知，雇用一位才华卓著的"领头羊"有多么重要。总经理安德鲁·弗里德曼说道："我们跟乔坐下来进行面试的时候，明显能看出他的思维过程在很多方面和我们很像：保持好奇心，并且习惯用突破传统的另类视角审视问题。"

现在这些从银行家华丽转型的棒球人愿意在"领头羊"身上投资，反映了经济学家在这方面的深刻理解和浓厚兴趣。对于很多人来说，"伟人理论"已是陈词滥调。一家企业仅限于产能，将资本和劳动力转变为输出，而劳动力由工资和业绩激励调控[9]，这就是库珀和希曼斯基一开始所说的："如果你想前锋多进球，后卫多铲球，那就多砸些钱，或者买一个更好的[10]。"掌舵的是掌柜，教练无异于玩具熊。如今这样的观点（感谢之前类似寇芮特的研究），已经被证明过于狭隘了。其他因素，例如团队和领导力被给予了更高的重视。

一些经济学家从"CEO 亡故"的影响这个有些灰暗的角度验证了这

个结论。杰出的 CEO 与平庸的 CEO 有着相似的死亡频率：人固有一死，不管那个季度他实现了多少盈利。经济学研究是最好的验证方法。三位经济学家，运用了一种被命名为"恐怖经验主义策略"（a horrid empirical strategy）的方法对 CEO 及其家属的弃世进行分类，并研究了 7.5 万家丹麦公司的财政状况，然后从中对比那些不幸作古和健在的领导旗下的公司。

这在足球界也发生过，最著名的是乔克·斯坦。这位传奇的凯尔特人主教练在 1967 年带领里斯本雄狮举起了欧洲冠军杯。乔克不是天主教徒，曾经用"我们 25% 的教练是新教徒"来否认自己被雇用时有任何的越界行为，而他在这个俱乐部总共只雇了四名教练。由此可以看出，他对数字有多么敏感。在 1985 年一场世界杯预选赛中，乔克·斯坦在球场边突发心脏病，之后不幸过世。苏格兰最终还是闯进了 1986 年世界杯，不过成功的关键战只是跟以十人作战的乌拉圭人的一场没有进球的闷平。这比斯坦教练 1982 年执教的表现要差得多。这是由于他的缺席造成的吗？我们或许觉得这有一定的因果关系，不过我们不能单纯通过一个俱乐部和一位教练的特例得出结论。

这群令人不寒而栗的丹麦经济学家建造了一个数据库，其中包含了超过 1000 名死于办公场所的 CEO，以及他们所在的 1035 家持续运营的公司。如果领导力重要的话，那么 CEO 离世之后公司的盈利状况理应随之下降。不仅因为新官就任前可能会有一个岗位的空窗期，还因为新任 CEO 相对不幸逝世的那位缺乏领导经验。

此外，即使总裁自己健在，他家人的离世也可能会影响他的表现。

失去亲人的 CEO 心神恍惚,会导致公司的收益下降吗? 反崇拜者们会说:
"不会! "然而事实表明, 在 CEO 以及至亲离世两种状况下, 他们错了。

我们的"黑暗三剑客"经济学家确切证实, CEO 在统计学和经济学
方面至关重要。CEO 的死亡削减了公司未来两年 28% 的盈利能力, 而
CEO 至亲家人的离去将会减少 16% 的利润。"领头羊"很关键, 因为无
论他们是身不在还是心不在, 都会导致公司的业绩严重下滑。

有趣的是, 主管或者董事会成员的逝世几乎不会影响公司的经营状
况。这也意味着 CEO 影响的不是监督或者策略上功能的缺失, 而是具体
操盘。CEO 的身体力行最为关键。

显然, 金钱和薪资很重要。钱越多越好, 这点在足球界和商界是相
通的。但"领头羊"很重要,真的很重要! 教练绝不仅仅是只毛绒的泰迪熊;
相反, 他们是现代少将, 只不过受历史和组织的局限罢了。

如果一位卓越的教练能够看管你的球队, 那么战绩一定卓著, 排名
必定更高。若选任一个错误的 CEO, 那么成绩会一落千丈, 球员会失去
斗志, 弱点将会被放大, 球迷会众叛亲离。

批评家说, 教练只为球队命运的 15% 负责。这就意味着那些藐视教
练的论调是正确的。但足球是一项决胜于毫厘之间的运动, 15% 已经足
够成为王侯与流寇之间的分水岭了。俱乐部怎样才能确定, 那位坐在更
衣室里的教练就是自己球队的"真命天子"呢? 如果教练至关重要, 什
么样的教练才能超群绝伦, 独占鳌头?

第 11 章

少年王子

这不是一个人的表演。

也许你可以叫我第一小组。

——安德烈·维拉斯-博阿斯，著名足球主教练，

先后执教于波尔图队、切尔西队、热刺队

如果有一个赛季集中体现了优劣教练对俱乐部的不同影响，那必定是切尔西队过山车般的 2011/12 赛季。

自从罗曼·阿布拉莫维奇接管切尔西之后，斯坦福桥就成了英格兰足球最吸引人的戏剧舞台。这个舞台魅力四射，角色姿态万千，他们有的突显英雄气概，有的上演尔虞我诈。演员阵容极其豪华，剧情跌宕起伏，甚至连莎士比亚都会为之骄傲。在这个俄罗斯寡头的注视下，一位勇者出现，来解决这最繁复的困局。

即使是以切尔西剧场的标准来看，2011 年 6 月到 2012 年 5 月这段日子也相当惊心动魄。赛季刚开始，阿布任命了波尔图 33 岁的安德烈·维拉斯－博阿斯为球队主教练。在开始自己的主教练生涯之前，他曾经在切尔西为师傅穆里尼奥工作过，而现在师徒二人已渐行渐远。跟穆里尼奥一样，他用很短的时间就在波尔图取得了相当的成功。德高望重的欧洲体育记者加布里埃尔·马克迪曾经赞美博阿斯为"葡萄牙天才少年"。看起来他和切尔西是天作之合：最靠谱的教练，背后还有一位挥金如土的富豪保驾护航。

博阿斯承诺将打出激情万丈的攻势足球，彻底改变切尔西冷酷精准的效率足球。他会献上阿布无比期望的火星四溅的足球风格，而且比起那位自称"特殊的一个"的狂人穆里尼奥，他会以更为谦逊的态度做到这一切。

不幸的是，理想很丰满，现实很骨感。8 个半月之后，切尔西被踢出英超前四名，并且在欧冠 1/8 决赛首回合中以 1∶3 惨败于那不勒斯。最终，阿布只好无可奈何地解雇了这位"少年王子"。他掌管球队仅仅 256 天。英格兰足球联赛教练协会（League Managers Association）的首席执行官理查德·贝文当时说："下一个接过教鞭的人会发现自己正在走入'地狱'。"

事实并非如此。博阿斯的助手、前切尔西球员罗伯托·迪马特奥接手了赛季最后的三个月，他带领曾与博阿斯格格不入的球队原班人马在足总杯决赛中击败了利物浦，在欧冠联赛一路淘汰了那不勒斯、本菲卡和强大的巴萨，闯进决赛。最后在慕尼黑挑战拜仁，不负众望地捧起了那座阿布渴望了十年的奖杯。

优胜劣汰，适者生存。在那个赛季中，切尔西唯一的变量就是教练席上坐着的那个人。其他的因素都没有改变。史册会记载：切尔西错误地雇用了博阿斯，而解雇他后一切重回正轨。

不过，考虑到我们已经熟知的足球中运气的作用、球权稍纵即逝的本质和球队的"短板效应"，这样的评价也许过于草率苛刻。一位教练对于球队的影响有限，或许只有15%。所幸的是，这个数字可以帮助教练选择正确的路线，也可以帮助球队选择正确的教练。不仅如此，它还可以检验这样的抉择是否成功。

安德鲁·弗里德曼是美国职棒大联盟坦帕湾光芒队的总经理（在先前的讨论中我们提到过这支球队）。他说，他的球队总会在一段时间之后，对先前做出的决定进行反思。"我们做大量的笔记，记录所有的变量，所有场上发生的事情。然后我们会回过头去，仔细回顾整个比赛的过程。我们不断改善，永不懈怠。我不希望有一天我们志得意满，然后开启自动驾驶模式。"

也许是时候在足球教练的任命中运用同样的逻辑了。还有什么比那个不可一世的神奇少年更值得研究和反思的呢？

⚽ 阿布的赌注：加冕王子博阿斯

当初阿布砸下1300万英镑从波尔图手中挖走博阿斯时，有人曾经提出两个最大的顾虑：一是他缺乏辉煌的球员经历，二是他缺少执教经验。

英超俱乐部都偏爱职业球员出身的教练。数据显示，从 1994 年到 2007 年间，超过一半的英超教练曾经代表国家队出征。而在英乙，这个比例也达到了 1/7。

这种对于退役球员的痴迷，通常被认为是一种弱点。阿里戈·萨基的教练资格曾经受到质疑，对此他当时有过著名的回答："我从不认为，如果要成为一名骑士，得先做一匹马。"最好的学生未必是最好的老师。这个时代的许多著名教练，如穆里尼奥、温格、贝尼特斯，有的球员职业生涯表现平平，有的压根儿连球都没踢过。成功的球员习惯于复制之前的成功方法，而不是像所有球队教练必须做的那样不断改良和创新执教理念，因为他们知道永恒的赢球公式根本不存在。

单纯根据球员生涯的履历来聘请教练是鼠目寸光的。当然，喜爱分析的球迷持这种观点，甚至足球界的一些人也持这种观点。英足总"球员发展与研究协会"的主管安迪·凯尔说过："俱乐部总是追逐那些著名的退役球员，他们被视为人生赢家。虽然在过去的十年中，很多球队的主席都尝试改变，但显然还需要一个过程。不过与此同时，这种挑选教练的方法已经造成了灾难性的后果。看看每年被解雇教练的人数就知道了。"

不过，数字讲述的却是截然不同的故事。在 2009 年，经济学家休·布里奇沃特、拉里·卡恩和阿曼达·古多尔用 20 年英超和英冠的数据证实：相比于从未进入国家队的主帅，一位曾经在球员时代为国效力的教练通常执教表现会更好[1]。如果一名技术精湛的球员退役后到一家薪水水平较低、球员才华差一些的球队执教，作用尤为显著。

有很多足球界内部人士相信顶级球员难以成为优秀教练，因为他们不能把自己天生的才华教给别人。有一种理论指出，他们无法将知识和技能传授给年轻球员。然而数字显示的情况并非如此。"如果你以前是位明星球员的话，你可以带来一些其他人传授不了的东西，"法比奥·卡佩罗断言，"有些关于技巧、时机、协助的元素，我想只有达到一定境界的球员才能够理解。"

不过在博阿斯的例子当中，这可能并不是问题。在切尔西队，他可以任意调遣几位世界上最好的球员（即便情况看起来并不总是那样）。即使主帅换成克鲁伊夫或是贝肯鲍尔，似乎也没有更多的招数可以教给这帮球员了。像阿什利·科尔这样的"老油条"，他们还有什么不懂的呢？

相比于缺乏辉煌的球员经历，博阿斯缺乏执教经验这一点可能更为严重。数据显示，英超的主帅平均有九年执教经验。但博阿斯只有两年：一年在科英布拉大学，一年在波尔图。

布里奇沃特和她的合作者发现一个毋庸置疑的事实："**经验更多的教练能够帮助高水平球员更多地接近他们的极限**。"在切尔西的例子中，像博阿斯这样的"菜鸟"教练对超级球星成绩的影响会与久经沙场的老帅天差地别。数字表明，倘若用略显稚嫩的博阿斯，而不是老谋深算的希丁克去替代安切洛蒂，球队的排名位置完全可能下降两到三名。兰帕德、特里和其他球员，可能会更愿意接受一位满脸皱纹的长者，而不是一个辈分相同的老兄。

当切尔西评估他们的主帅任命，在博阿斯与希丁克（或是某个像他那样老到的主帅）之间做出权衡的时候，所有这些信息都可为之所用。或许只有内部人员知道，2011 年夏天的这个决定是否遵从了坦帕湾光芒队的法则，也就是在做出选择之前考虑所有的变量。但证据显示，他们并没有遵从。

阿布和他的高管们明白，曼联和曼城阵中人才辈出，教练才华横溢。他们必定能够预测到，即使雇用了安切洛蒂、希丁克或是另一位有经验的教练，切尔西在英超 2011/12 赛季顶多能排到第三、第四名。在博阿斯这样的教练的指挥下，其预期名次应该还要下滑两位，也就是第五、第六名。而这正是切尔西解雇年轻王子时的排名，也是他们最终的联赛排名。他们本可以根据 2009 年的研究预料到这样的代价，但看起来却还是被弄得措手不及。对于坦帕湾光芒队和其他运行完善的分析性组织来说，这样的结果意味着当初并非做出了最佳的选择。阿布本该知道如果任命博阿斯，球队排名就会下降。

⚽ 博阿斯的任期评估

最能证明阿布任命博阿斯的冒险决定的合理性的，莫过于通用电气公司某高管关于该公司管理者培养方法的言论。这位高管说："在天才运动员身上赌一把，他们生来就具有特异禀赋。不要害怕提拔没有相关具体经验、似乎茫然不解的球星。"

这种物色"天才运动员"的心态主导了被麦肯锡称为"人才之争"

的全球竞争。谷歌、通用电气、巴克莱、贝恩和牛津大学等各种各样的机构都在争夺人才资本,通常都效仿弗洛伦蒂诺在皇马的策略:竭尽财力,招募尽可能卓越的人才。

足球并无不同。大部分足球界过时的招募策略都和通用电气那位高管的言论相符。而上一章中的伟人托马斯·卡莱尔可以证实这些认识:才能是天生的,是上苍赐予的宝贵礼物;它可以在很小的时候和很远的地方被察觉;而最终才能被某人完全拥有,因此可以被买卖并毫无阻力地四处流动。

唉,可惜的是,这番话其实都是"瞎掰"。

首先,不管是在音乐方面还是运动方面,才能都不是与生俱来的,而是后天培养的。莫扎特和"老虎"伍兹都是如此。杰夫·科尔文在《言过其实的天赋》一书中写道,莫扎特不是一出生就会用手指在琴键上飞舞,伍兹也不是一出生就能一杆进洞。他们并非什么旷世奇才。他们都是在父母的督促下,经过漫长而艰苦的训练而成才的。同样,贝利、马拉多纳和梅西出生的时候,脚上也没沾着足球[2]。

一项新的研究证明了这一点。为了看看到底是先天因素还是后天因素催生了那些杰出的演奏家,一群英国心理学家跟踪记录了一组250位有着不同才华的年轻音乐家。他们发现,才华不像灯塔的光芒那样始终耀眼,"成就卓著的年轻音乐家和普通人在早期的音乐行为或兴趣上(很多人认为这是区分'天才'的标志)并没有太大差别。"

其次,心理学家发现练习与成就之间有很强的关联:才能是努力的结果。"成就出众的人练习最多,碌碌无为的人练习时间大打折扣,而一事无成的人几乎不练习。"这也让我们想起了马尔科姆·格拉德威尔在他的《异类》(*Outliers*)中提出的著名的"10000 小时法则"。这么长的时间是精通任何一门技能所必需的。

这对足球运动员和教练来说意味着什么呢？你不是与生俱来的天才，你必须努力！归根结底，让一个刻苦用功的孩子与别的孩子不同的或许是他和她被贴上了"未来之星"的标签。心理学研究已经告诉我们，这样的标签并非是理性判断或科学评估。

博阿斯便是如此。他并非生来就是一位杰出的主帅。他很用力，先是玩了很久的足球经理模拟游戏，后来又把评价波尔图的比赛当作学校作业来做。他很勤奋，同时他也很幸运：《星期日电讯报》(*Sunday Telegraph*)的邓肯·怀特就年轻的博阿斯的生活写过一篇深度报道文章，揭秘说博阿斯恰好跟波尔图当时的主帅博比·罗布森爵士住在同一栋公寓。博阿斯刻意制造了和英国人的"偶然"相遇，问他为什么不用中锋多明戈斯。罗布森于是让博阿斯就这个问题整理一份报告给他。罗布森很满意那份报告，于是给博阿斯安排了更多的研究任务，偶尔还带他去观看训练。

博阿斯得到了一种经典的学徒身份。我们那些做铁匠的祖先可能比我们对"天才"有着更透彻更现代的了解：天才跟选择没有太大关系，任何一个愿意努力的人都可以成为这样的人。它更多地关乎训练——学习做事的对错和必需的知识。学徒与指定的传人有相当大的差别。

当切尔西任命博阿斯的时候，他如灯塔的光芒；当他被解雇的时候，他变成了一堆无用的灰烬。其实真理隐藏于其中。切尔西对博阿斯执教能力的评估，不应该在签署合同之后就终止。毕竟才能不能在远处评定，当它真正来到你身边时，你会希望弄清自己有什么。

公平地说，切尔西可能真的没有在那个赛季中评估过博阿斯的才能。的确，这很难估量。俱乐部不可能为了一场实验而不顾整个赛季。

但这并不是说没有数据。以 2011/12 赛季第一位下课的主帅，桑德兰的史蒂夫·布鲁斯（他被巴尼·罗内形容为像个"有秘密的家庭大厨"）为例。俱乐部老板埃利斯·肖特用马丁·奥尼尔换掉了他。奥尼尔拥有所有英超教练需要的一切技能，他无论是做教练还是当职业球员都经验丰富。

我们会建议肖特在新帅上任后，不要让他在冬季转会窗口招兵买马，或者卖掉表现逊色的球员，而是什么都不要做！这是获得清晰数据的唯一途径。

这并不代表故意无视转会支出与场上表现有很强的关联性。2012 年 1 月的时候，桑德兰的阵容价值是 9500 万英镑，在英超价值榜上排在第 10 位。而实际上，他们当时的英超排名是第 17 位，远远低于他们应该有的位置。这不仅是因为那位"家庭大厨"的无能，当然还有运气的因素。假设他们在转会窗口多花 2000 万英镑充实球队，这会让他们排在……还是第 10 位！并没有超越任何人！这就好像是将钞票打了水漂，而且还让肖特无从了解他的新任主帅是否比前任技高一筹。

肖特显然接受了我们的建议。最后桑德兰队谁也没有买，而只是卖掉了两个边缘球员。于是有了评判奥尼尔作用的条件。桑德兰最终排在了第 13 位，离他们应达到的排名更近了。老板现在有理由相信，这个北爱尔兰人做得比布鲁斯要出彩很多。

　　桑德兰得到了答案，但切尔西没有。他们无从得知博阿斯到底是不是一位好教练，因为评估他的条件并不存在。理想状态下，当俱乐部请他来时，本应让他指挥上赛季卡洛·安切洛蒂带领的阵容。如果最终的结果是联赛冠军，那么博阿斯明显比前者更加有才华。

　　但要这么做的条件不太现实，而且也失之公平：球员会变老，同时运气也不会同等对待两位教练。所以，切尔西应该尽他们所能尽量保持阵容的稳定，从而更准确地评估这位"年轻王子"。可以很确定地说，切尔西没有这么做。在 2011 年夏季转会窗口，他们买卖球员的金额总计达到 10740 万英镑（这是阿布任下第四个挥霍的夏天）。18 名球员进进出出，变化层出不穷。

　　也许其中的一些交易是博阿斯的愿望（以切尔西的习惯，很显然大部分是阿布想要的），尽管他公开宣布"非常满意当前的阵容"。众所周知，他想要一个更年轻的阵容，而球队也想找到一种不同类型的球员。这都合情合理。但这样做的后果是我们无法完全评估博阿斯的能力和表现。他要么是 2012 年 3 月的"江湖骗子"，要么是在 2011 年 6 月的"道中神医"，但无论如何，切尔西永远不得而知了。

⚽ 主帅宝座背后的权力

　　在博阿斯来到斯坦福桥的 6 个月前，阿布用自己的亿万资产将更多的绝世奇才带到了西伦敦。托雷斯以 5000 万英镑的身价从利物浦转会而来，很多人高呼西班牙"金童"可以将机械乏味的切尔西打造成一支兼具美丽和锐气的舰队。然而所有人最终大失所望。在他加入后的头 18 个月里，这位曾经进球如麻的射手只打进了 12 个球。在他的第一个完整的英超赛季里（2011/12 赛季），从 9 月底到 3 月的最后一天，他没有一个进球。

在托雷斯状态暴跌的同时，他的身体语言也告崩溃。他对场上的一切丝毫不感兴趣，为自己的失败郁郁寡欢。问题被归咎于他无法适应新队友，归咎于切尔西的风格，归咎于他在德罗巴的阴影下踢球，甚至归咎于——据前英格兰队主教练特里·维纳布尔斯指出——托雷斯自己缺乏职业道德。前英格兰队主帅写道："他应该开始更加努力地训练，但不要在场上发力过猛。没有近道可抄。"

对于维纳布尔斯来说，托雷斯堕落背后的理由是莫名其妙的。他认为，只要多到训练场上多练几脚射门，所有问题都会迎刃而解。在那段漫长的进球荒期间，监督这一过程的是博阿斯。我们估计他一定知道这个西班牙人在经受些什么，但同时束手无策，就像托雷斯无法将球送入网窝一样。

两个伊比利亚半岛人共同的困境反映了争夺人才战争的第三个误区：即能力存在于个体，因此可以被轻而易举地买卖和转移的概念。维纳布尔斯曾经说过，他"知道球员需要时间适应新环境"。这是个敏锐的观察，可能连维纳布尔斯自己都没有意识到。

在很多年时间里，足球人才的流动很大程度上被冻结了。奥列格·布洛欣是在苏联长大的最伟大的球员之一，他在基辅迪纳摩赢得了 8 个冠军，在这过程中打进了 211 个球。每一支欧洲球队都渴望得到他。但因为苏联官方不允许他离开那个国家，所以无法如愿。只是当他过了巅峰之后，才在 1988 年移居国外。

两年之后，鲍里斯·格罗斯伯格带着家人从苏联搬到了美国。在哈佛商学院当上了教授，专门研究人才表现的可转移性。这个课题，是现在当上乌克兰队主教练的布洛欣从来不需考虑的。格罗斯伯格的著作《追星：人才的神话与绩效的可移植性》，就是关于企业界终极"自由球员"——华尔街股票分析师的。

这些分析师是特定行业的专家——零售、制药或者是体育方面。他们会花很多时间去评估很多相关领域公司的前景，然后预测这些公司未来的表现。这样的预测反过来提供了评估这些分析师表现的方式，看看他们到底值不值百万年薪。如果他们的预测准确无误，那么就说明在他们身上没有白花钱。

从表面看，这些分析师是可以"即插即用"的：让他们来到新的一家银行，给他们新的电脑和文档，就可以马上开始调研了。一家银行的调研主管这样评论分析师的可移植性："我是想说，你到这儿到那儿（工作）都一样。客户是不会改变的。你只需要文件夹和文档，就可以工作了。"

不过，格罗斯伯格发现事实并非如此。行业杂志《机构投资者》（*Institutional Investor*）每年都会公布一份顶级股票分析师的榜单。格罗斯伯格的团队收集了所有上榜分析师的数据，其中 366 位在 1988 年到 1996

年间跳过槽。

《机构投资者》杂志的年度榜单，只涵盖了美国成千上万分析师中的3%。这些人就像是行业明星，颇具代表性。格罗斯伯格接下来的发现是惊人的：如果上榜的分析师留在原来的银行，他们第二年有89.4%的概率继续上榜，而更换了东家的分析师只有69.4%的概率续写辉煌。在任意一个年份中，冠军分析师如果坚守阵地，将会有10.6%的机会翌年卫冕，而那些跳槽的就只有5.6%的卫冕可能。

从长远角度看，这样的影响同样存在：在排名前五的"全明星"分析师中，待在同一家银行的分析师在接下来的五年里，有54.3%的可能性至少有一次回到前五，而转走的分析师重新进入前五的可能性只有39%。

类似的情况在足球界一目了然。巴黎圣日耳曼和拜仁的决策层曾经将球员和教练也当成"即插即用"的工具：把他们买过来，就马上派上场了。他们认为才能和表现可以随时被完整地转移。用我们的银行主管的话说："拿着你的球靴和护腿板，或者是小白板和哨子，就可以开工了。"数据告诉我们，这样的想法太过天真。

格罗斯伯格已经证明了他的原则可以很容易移植到其他领域，甚至是体育领域。但他的理论不适用于美式足球中的弃踢手。在美式足球中，弃踢手只有一个任务：当球队在四攻选择踢球时（你应该记得其实这是不对的），队友帮他稳住球，然后他负责用力踢得越远越好。相比之下，外接手则不同，他们是整体的一部分：他们按照战术跑动，跟四分卫配合，在狂奔中避开层层防守。

弃踢手的工作本质上就是"单干"。格罗斯伯格发现，作为自由球员的弃踢手的场上表现在更换队伍后不会下降。但外接手在跟新球队签约后，他们的关键数据会下滑一整年。足球中并没有弃踢手。也许守门员是最接近的，但他们至少还需要和防守队员互动，所以门将也需要一段适应期。

在《追星》这本书中，格罗斯伯格提议：为了最大限度减少这种影响，企业和球队应尽最大努力提拔内部人员[3]。如果无法完成，他们必须有一个系统化的计划，去招募那些可以适应新的团队文化并快速融入的外来者。书中就有这么一句："谨慎招募，快速融入。"

这些看上去跟足球不沾边。直到最近，才有极少数的球队聘请了一些专家，专门帮助新球员在球场外适应新生活。一般情况下，球队都不会协助新球员找好新房，拜访学校并解决孩子的上学问题。在切尔西也是这样的，在那里有一种任由新球员自己摸索的文化。

"作为初来乍到的外国人，我陷入了麻烦中，"托雷斯的前辈德罗巴在他的自传中写道，"切尔西没怎么帮上忙。我和加拉、马克莱莱、凯日曼、格雷米有时也拿这个开玩笑：'你也还在酒店住？'在经历所有烦恼后，我并不觉得成了球队的一员。"

在雇用一位巨星的同时连带招入他的队友，这样可以在一定程度上帮助解决这个问题。格罗斯伯格发现，跟着几个同事一起投奔新公司的顶级分析师在业绩方面完全没有下降。切尔西在雇用穆里尼奥的时候就是这么做的，当时包括博阿斯在内的四位教练组成员和两位球员跟随他从波尔图而来。但七年后，切尔西没有给予这位年轻学徒同等待遇。博阿斯只带了两位幕僚。他的助手罗伯托·迪马特奥是大约九年前乍为球员退役后离开切尔西的，他事实上也是正在适应的新人。也难怪博阿斯会觉得不舒服了。

托雷斯也没有这样的待遇，尽管在斯坦福桥和他的前队友贝纳永和梅雷莱斯重逢，但那远远不够。穆里尼奥的身边曾有过六张熟悉的面孔。或许他应该比博阿斯更有资格说，他才是"第一小组"。

⚽ 权力的终结：废黜博阿斯

结束的那一刻，十分凄惨。在圣诞节时，切尔西就早早退出了争冠的行列；他们在欧冠联赛命悬一线，并且刚刚被西布朗维奇击败（颇具讽刺意味的是，这支球队一年前炒掉了罗伯托·迪马特奥）。博阿斯不仅面对一片混乱的更衣室，还失去了权力掮客阿布的信任。在古迪逊公园和山楂球场的两场不堪回首的失利后，他曾召集他的球员们进行紧急会议，却在会上遭到了公然抨击。他彻底完蛋了。他能够被较为体面地解雇，已经算是一种仁慈了。

表面上，这次权力的交接似乎充满魔法。在迪马特奥的领导下，切尔西拿下了15个英超积分中的10分，此外在足总杯更是高歌猛进。特别是，他们在斯坦福桥以4∶1击溃那不勒斯，继续欧冠的荣耀之路。和博阿斯"分手"，或许是切尔西做过的最棒的事情。

在博阿斯的最后5场比赛中，切尔西平均每场只能拿到1分；在迪马特奥执教的剩下的11场比赛中，球队平均每场比赛得到1.64分。迪马特奥的到来，显然使得队伍焕然一新。然而这是真的吗？在博阿斯带领下的 27 场联赛中，切尔西平均每场比赛可以拿到 1.70 分，其实比迪马特奥还稍微好一点。没错，随着欧冠决赛的迫近，原因有可能是队伍的注意力从国内分散到了国际赛场，也有可能在于战绩的提升只是幻觉。他们也许只是回归到平均值罢了。

这个统计学概念，类似于水总能恢复平面的物理现象：极端的数字后紧接着的经常会是中等大小的数字；或者说，巨人和小矮人的孩子，可能就是个正常人。如果没有完全理解均值回归，可别随便玩数字游戏。

最讲究统计的团队运动——棒球，是观察这种现象的最好选择。棒球运动中的击球手每场比赛会有四五次的击打，而击球率是指他们的安打数在总击打次数中的百分比。

一个不错的击球手的平均击球率是 0.250（25%），一个优秀的击球手可以达到 0.300，偶尔一个状态极佳的球员可以打出 0.350 以上[4]。图 51 显示了第二次世界大战后击球率达到 0.350 的大联盟球员在下一年中的表现。

表现优异的年份显示在了横轴上，而第二年则显示在纵轴上：如果第二年的平均值低，那么数据点会出现在斜线的下方。均值回归可以用以下的事实加以阐明：几乎所有的点都在斜线的下方，而且大部分远低于斜线。也就是说，**极端的表现后一般会回到中庸，完成超常发挥后普遍会回到一般状态。**

极端事件可以是正面的，比如一个非常高的击球率；它们也可以是负面的，比如足球俱乐部的连败或者极差的状态。看起来，这正是阿布忍痛割爱解雇年轻王子博阿斯的一个重要原因。研究表明，近期糟糕的

图 51　美国职棒大联盟击球率的回归均值（1946—2002）

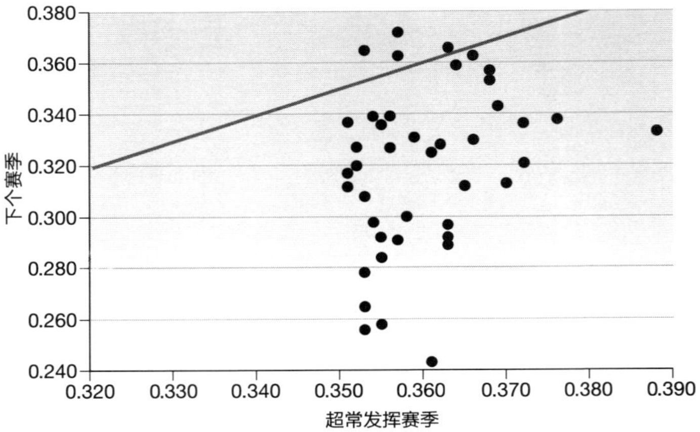

战绩一直是教练被解雇的一个重要原因。

英冠球队麦克斯菲尔德则是一个鲜活的反例。2012 年 1 月，当博阿斯的球队正开始走下坡路的时候，"丝人"们（Silkmen）在足总杯第三轮 2∶2 逼平英超的博尔顿，然而这也就是教练加里·辛普森最好的表现了。这支球队输掉了 1 月份的全部比赛，在 2、3 月份均为 3 平 3 负，在 4 月份则是 1 平 5 负，麦克斯菲尔德不幸垫底。在 3 月份，俱乐部再也无法拒绝球迷要求辛普森下课的呼声，终于炒掉了这位教练。但到此时此刻，任何补救都无济于事了。继任者布莱恩·霍顿在 8 场比赛中只拿到了两分，球队继而降级。

尽管霍顿无力扭转败局，但有大量的趣闻逸事证明，炒掉战绩不佳的教练可以鼓舞士气，提升战绩。这一点有相关的研究作为佐证。整个欧洲，有好几项关于解雇教练的研究，它们发现解雇教练前后球队的战绩恰好形成一个低谷。解雇前状态下滑，解雇后状态回升[5]。

图 52 显示的是一份荷兰的研究，t 是解雇的时间，左右为前后几场比赛的表现。

图52　荷甲主帅下课前后的俱乐部表现（1986—2004）

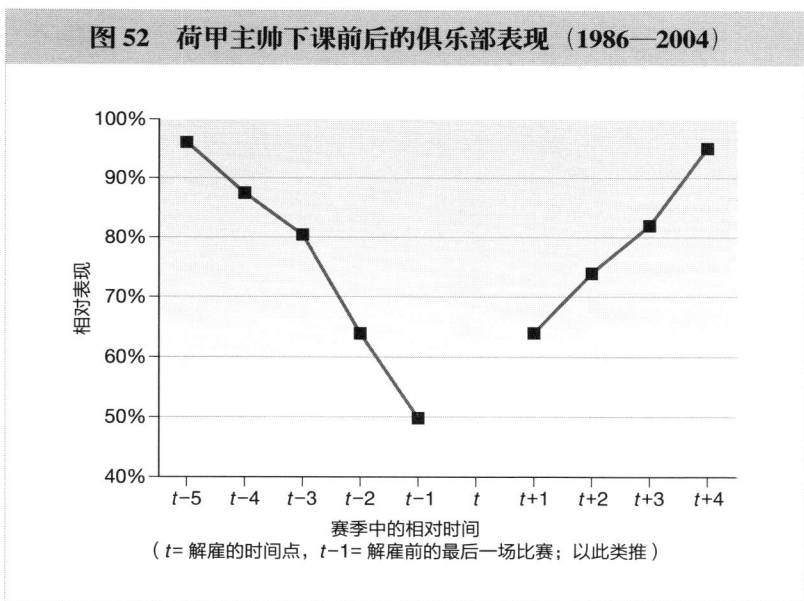

赛季中的相对时间
（t= 解雇的时间点，$t-1$= 解雇前的最后一场比赛；以此类推）

一般来说，在教练被解雇前的那个星期，球队成绩降到了最佳状态的50%。到新教练上任的第四场比赛，成绩恢复到 95%。球迷当然非常开心，董事会的成员们也是沾沾自喜。在切尔西就是这样，当迪马特奥看上去把博阿斯的烂摊子收拾干净了的时候，阿布和球队其他管理层因此欢呼雀跃。

　　然而可悲的是，这是又一个被丑陋的现实击碎的美妙理论：**解雇教练并不能提升球队的表现，这些球队只不过是在回归均值。**

　　为了看看解雇教练到底能不能让局面改观，荷兰这项研究的作者巴斯·特维尔收集了荷甲 18 个赛季中未解雇教练球队的数据，建立了对照组和解雇教练的球队做对比。处于对照组的球队，在四场比赛后场均积分起码下降了 25%，却依旧没有解雇主帅。特维尔发现了 212 次这样的情况，并将结果用图 53 加以表示。

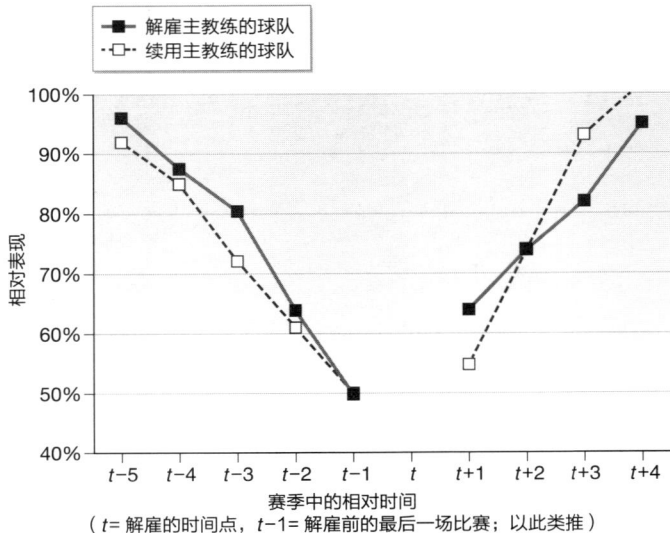

**图 53　荷甲俱乐部主教练下课和留任后的
表现对比（1986—2004）**

赛季中的相对时间
（ t＝ 解雇的时间点，t–1＝ 解雇前的最后一场比赛；以此类推）

他们发现：即使在不解雇教练的情况下，对照组球队的成绩仍然会以同样的方式反弹，至少在战绩上与解雇教练的球队平齐。异常糟糕的战绩意味着异常。异常会通过各种方式自行校正，例如，受伤球员的回归、门柱不再作对或是幸运女神的重新眷顾。解雇教练并非包治百病的灵丹妙药，只是一针安慰剂罢了。

切尔西的这些决定并没有做对。他们不该解雇博阿斯，就像他们本不应指望他能马上带来辉煌的战绩一样。他们错在未能帮助他和他的队员们适应新环境，错在没有安排一个团队带着他们入乡随俗，错在以为他的才能是可以迅速转移的，还错在没有在足够公平的情况下去衡量他的能力。

这通乱子花费了阿布 3000 万英镑。他将一个 10 年来耗资超过 10 亿英镑的俱乐部放在了一个人的肩上，让他去征服运气，让他去解决足球的各种疑难杂症。到最后，对于这位"年轻王子"到底是不是一位好教头，阿布依然一无所知。

⚽ 超速摄像头、坏习惯与用脑子训练

让杰雷米·克拉克森大为懊恼的是，如今在英国的马路上总可以见到"加特索"（Gatso）这种令人憎恶的黄色盒子。它们把司机们的超速恶行拍下来，让交警们的罚单有据可依。

加特索最早只在最近事故频发的路段安装。当交通部四年后发布了

超速摄像头计划的评估报告，结果显示重伤和死亡下降了50%。加特索尽管令人讨厌，但看上去尽到了职责。而实际上，加特索并没有什么作用。在众多报告当中，有一份来自利物浦大学工程学院的研究显示："摄像头对减少伤亡的贡献只有1/5。"即使没有这个黄色盒子，交通事故黑点的数量也会回归均值。发生超常数目的致命事故之后，随之而来的是较正常的数字。

不只是司机和教练会回归均值，每个人都会。当然球员也会。这场比赛一名球员可能非常出色，踩躏对方的防线，教练也会对他大加赞誉。但下一个星期他可能就无所作为了。或者反过来说，一名后卫可能在周六糟糕透顶，漏洞百出。但在教练的狂风暴雨般的训斥后，下个星期又恢复正常了。

每位教练都曾有这样的经历。毫无疑问，这也就是为什么大部分教练更愿意做一个狠角色，而不愿做一个老好人的原因。如果你对球员太好，总是鼓励他们，他们就可能变得自满。往他们的后背踹一脚往往会让他们表现更好。

这样的想法同样也是错觉。球员的表现其实就是纠正自身错误的过程。关于这一点，没人能比2002年诺贝尔经济学奖得主丹尼尔·卡内曼解释得更清楚。这位经济学家主要的研究课题是理性决策的局限性：

"我的职业生涯里有过最令人满意的一刻。当时我试图让一群飞行员教练明白，表扬比批评更有助于学员的技能学习。当我结束热情洋溢的演讲时，其中一位资历最老的教练举手做了简短发言。

他说：'很多时候，当军校生干练地完成了一组特技飞行动作的时候，我会表扬他们。但一般情况下，当他们再试一次时，他们会做得差一些。另一方面，当我对一些做得差的学生咆哮之后，下一次他们会做得好很多。'这是一个非常欢乐的时刻，因为我终于懂得了世界的一个真谛：因为我们倾向于在别人做得好的时候奖励他们，在别人做得不好的时候惩罚他们。由于事事都会回归均值，我们因为奖励别人而受到惩罚，因为惩罚别人而受到奖励，这在一定程度上是人性的结果。"

足球的执教也并没有什么两样。都柏林学院体育学习中心的谢默思·凯利和伊万·沃丁顿在 2004/05 赛季中对 22 名顶级联赛球员和 18 位教练展开了采访调查。

他们在一篇名叫《不列颠与爱尔兰职业足球执教管理中的辱骂、恐吓和暴力》的论文中发表了他们的结果。他们的采访记录值得一读，里面揭示了足球俱乐部刻薄行径的深度和广度。因为教练们不考虑回归均值的概念，所以他们只会继续重蹈覆辙。

"（教练）会对你劈头盖脸地骂"，一位球员这么说，"不论是在队友面前，在办公室里单独训话，或是在办公室的教练团队前。这让我发挥出最佳状态。不过我知道有很多球员无法忍受。如果你是一名刚刚加入的年轻球员，那么教练会把火发在你身上。"

注意，这位球员口中的"让我发挥出最佳状态"的潜台词是回归均值：踢得差，被骂，然后有进步。但这并不意味着"被骂"会产生"进步"。教练有时候必须要严厉苛刻，有时候需要热情似火。但是，优秀的教练知道如何收放自如。

弗格森爵士是著名的"电吹风"的发明者，但实际上他也没用过几次这个"道具"。即使是球队 0∶3 落后于热刺，他也面不改色。穆萨·奥孔加在他《你会当教练吗？》（*Will You Manage？*）一书中，重新叙述了丹尼斯·欧文口中中场休息时在白鹿巷球场更衣室中发生的事情。

"弗格森没有使用吹风机。他很冷静地说道：'很明显，你们知道我们面对的是热刺。他们认为比赛已经十拿九稳，心思都飞到赛后的夜店派对了。下半场一开场你们就给我扳回一球，他们就该害怕了。那就是热刺，他们总是那样，而且他们一直会那样。'"

这样的训话比满嘴脏字、打碎茶杯或者拳脚伺候要有效得多。曼联在那个下半场进了五球。他们的表现回归了均值，因为弗格森没有选择发飙，而是跟队员讲道理。这才是好教练应该做的。

保持冷静和知识分享，同样也应该运用在训练场上。有人观察记录了美国大学篮球两位最伟大的教练 UCLA（加利福尼亚大学洛杉矶分校）男篮的约翰·伍登和田纳西州立大学女篮的帕特·桑梅特训练时的情形，他们在训练中说出的话有一半都是在指导，例如"在两次投篮之间运一下球"。

对于伍登教练来说，他有超过 10% 的时间在演示动作的对错，告诉球员怎样做才是对的。对于这位 UCLA 的教练来说，训练基本上就是指导："我觉得带队训练就像教一节英语课一样。我早就明白教英语课需要周密的备课计划，但我后来才明白训练也是一样的。否则，你会浪费大量的时间、干劲和才能。"

同样的原则对足球也适用。才华不是上天给的。它必须经过精心培养和雕刻打磨。像伍登这样的好教练会在本子上事先筹划好每一次训练。这样才有目标，有成果。与此同时，他们也十分注重自身的学习进步。

"我在 UCLA 训练时，会就每一分钟的细节做下笔记，"伍登说，"当我计划一天的训练时，我会看看去年甚至之几年前的这天我们做过些什么。"

英超的一些教练也同样一丝不苟。其中当然有穆里尼奥，也许还有博阿斯。其他人可能没有那么认真。"我们训练的时候，当一位进攻球员得到空当射门时，他（教练）会暂停训练，让我们跑 20 分钟再回来，"一名后卫告诉凯利和沃丁顿，"不管是怎么样的失误。我们十分害怕犯错。这完全是基于恐惧。我们非常害怕。我们输球之后，他会让我们早上 6 点起来跑步。"

这种训练在精英足球俱乐部中无疑较少见到，并且应该会继续慢慢消失。新的模式应该基于被很多人认可的主动训练法。小提琴家内森·米尔斯坦曾写道："练到你觉得你可以专注地完成训练为止。有一次我十分发愁，因为我看到身边的人从早到晚都在训练。于是我问我的导师奥尔教授我应该每天练多久，他说：'其实练多久真的没关系。如果你用手指练，练多久都不够。如果你用脑练，两小时已经很多了。'"

⚽ 现代教练的典范

教练当然绝非无足轻重。没错，运气在足球中占据了很大的成分。

球场上的表现及联赛名次有一半归于运气。是的，金钱也是一个因素。但是球场上的进球与更多的因素有关。世界上有多种风格可以选择，有诸多因素需要考虑，而最好的主帅会运用所有的信息，最有效地利用手上宝贵的资源。他们会从侧面思考问题，并不断创新，从而找到方法让比赛朝有利于自己的方向改变。他们的确有不小的影响。

然而，很多俱乐部似乎不知道什么样的教练是好教练。他们缺少衡量现任教练能力的条件，而且经常容易落入一种陷阱：教练一旦表现不好就胡乱换人。当事情不尽如人意时，他们太过鲁莽，而且并没有竭尽所能去帮助教练成功（对球员也是如此）。

但俱乐部必须学会更加细致地斟酌教练的人选，对现任主帅更加珍惜（全程考核他的能力）的同时，教练自己也要竭尽所能。他们必须学会控制情绪，监督自己的习惯，分享智慧，也要敢于挑战权威。"年轻王子"博阿斯老得很快，但依旧没有飞黄腾达。他之后又经历了一轮执教的波折，在 2012 年 7 月被热刺雇用，2013 年以"双方协议分手"的方式离开热刺。对他来说，好消息是他在一个球队待了整整一年，而且胜率达到历史第三，排在哈里·雷德克纳普（49.5%）和比尔·尼克尔森（49%）前面。不过坏消息是，他又没有获得足够的时间去磨炼自己的技能，而且犯了和在切尔西一样的错误，又一次在更衣室里失控。而这次他是与阿德巴约发生了争吵。阿德巴约在全队其他球员面前表示了对博阿斯战术的不满，随后被博阿斯驱逐到了板凳席上，并让他与青年队一起训练。到了这个时候，就连这个永远自信的"上了年纪的小王子"，也不得不对自己的执教潜力产生了一定的怀疑。

也许博阿斯这样在场边吵架的事情并非个例。但足球是一项充满稀有事件的运动、一种关于罕见之美的博弈。一切决胜在毫厘之间。在这毫厘之间胜负已定，史册已载，名望已成，明暗已分。

赛后也是赛前

革新的路上

第 12 章 革新的路上

足球是用脑子踢的。

——约翰·克鲁伊夫

用圣牛的肉做的汉堡味道最美。[1]

——马克·吐温,美国作家

2011 年 11 月,英国召开了第一届体育分析大会,形式效仿了美国波士顿的 MIT 斯隆峰会。这次大会在曼彻斯特大学商学院举办,规模比美国的版本要小一些,排场也简朴一些。参会代表总共约有 150 人,大部分都是在足球和橄榄球俱乐部中任职的,还有一些是奥运会项目的工

---

① 译者注:没有什么神圣不可侵犯,请大胆改革创新。

作人员。他们当中有球探、分析师、顾问和总裁，此外还有几位教练和主席。

在这群人中，有一位是 20 世纪 90 年代那支战无不胜的维冈橄榄球队里的顶梁柱——菲尔·克拉克，他曾经担任过英国国家队的队长。与他同行的是他的弟弟安迪——前利物浦队的体能教练。如今，兄弟二人一同退居幕后。他们和很多同行一样意识到了体育正在发生变化，而这些变化会带来巨大的机遇。因此哥俩创立了一间叫作"体育办公室"（Sports Office）的公司，专门负责帮助俱乐部组织整理各种数据，其中涉及内部表现、行政管理、计划、医疗、训练、健身和球探等各个方面。

足球数据这个行当竞争越来越激烈，许多类似的公司如雨后春笋般在职业体育界出现。现在的人们渴求信息，并且迫切想知道怎么处理这些信息，然而却很少有人能拿到数据使用方法的"说明书"。在这次分析大会上，最备受瞩目的演讲来自特斯科公司的零售主管安德鲁·希金森。他的演讲主题是关于特斯科如何利用数据化管理，逐步攀升到目前产业龙头的地位。每个足球俱乐部里的分析师都竖起了耳朵，因为他们都想成为足球世界里的特斯科。就像我们在前面的章节中阐述的一样，或许这次演讲中的每个小细节都能带来巨大的启迪。

人们目前已经掌握的信息，引导着接下来十年间分析学领域的革新方向。我们根据这些信息进行预测，展望未来十年的足球发展之路。尽管难免与实际情况略有出入，但我们的预测建立在现有最全面信息研究的基石上。

⚽ 预言一：分析学最重大的突破不会出现在曼联、曼城、皇马、巴萨或者其他"德勤足球财富榜"前 20 位的俱乐部中。

为了让到场的代表们迅速进入状态，曼彻斯特大会设计，首先请出一位体育分析界无人不知的"大神"在视频中向大家致意。他就是奥克兰运动家队的总经理比利·比恩。众所周知，比恩舍弃传统，完全凭借数字来建队，将他的棒球队管理得出神入化。

借助好莱坞电影，比恩早已成了一位名人，但他在体育分析界里只能算个后辈。数十年前，查尔斯·里普就早已领会到诸多足球中经久不衰的规律：它是一项注重传球的运动；一种娱乐与盈利兼备的项目；沿用着 4-4-2 的阵型；在合适的时机，长传冲吊总是一种有效的战术。

一些创新被成功推广，成了开启凯旋门的钥匙：传控战术，链式防守，四后卫平行站位，等等。足球界不乏一群有创造力、精益求精的人。他们敢为人先，就像橄榄球场上那群在四攻奋力一搏的战士。他们中有些人会成功，竞相被后人效仿，但有的也会无疾而终。这条革命的路上，无数英雄铁汉前仆后继。

现在，足球已经走到了一个岔路口。如同棒球运动员约吉·贝拉所言："当你遇到一个好时机，请抓牢！"足球人也在把握机会，千方百计地探索着前方的道路，希望快速掌握电脑、数据、分析、研究和更多数字的奥秘。

　　《点球成金》这部讲述比恩的球队崛起的电影看上去光鲜亮丽，但并没有展现出奥克兰运动家队当时的日子多么寒酸。现实中的球员们曾经穿着衣不蔽体的队服站在破破烂烂的球场中央，面对着零星冷漠的球迷。然而，就是在这样的境况下，比利·比恩才会有十足的动力和巨大的空间做出改变。"我们没有什么可以失去的了，"比恩说，"我们不需要担心后果，可以尽情地做出尝试，因为不会比现在更糟了。"

　　通常，只有这样穷困潦倒、背水一战的绝境才能滋生创新。足球亦是如此。因此我们通常说"置之死地而后生"。

⚽ 预言二：足球分析学的革命难以一蹴而就

　　比尔·詹姆斯和查尔斯·里普具有非凡的人格魅力，他俩对于体育事业至死不渝，是帮助我们了解这两项运动变迁的绝佳人选。

　　真正的创新极少来自于球队内部。局外人才能提出深刻的问题，客观看待组织的运转情况，从而捕捉当局者无法发现的机遇。但由于旁观者"门外汉"的身份局限，很多想法难以令人完全信服，因此他们最好的角色是突击先锋。要实现真正的创新，还需要后方大部队持之以恒的努力与坚持。

　　詹姆斯和里普的区别在于他们成就的高度。詹姆斯在 2003 年被波士顿红袜队雇用，球队在他到来的第二年就夺回了阔别 86 年之久的世界大赛冠军。要知道在此之前，他仅在 1977 年推出了一份毫不起眼的数据小册子，所以这样的成绩无疑是巨大的飞跃。刚进红袜队时，他的方法被很多大联盟的球队支持效仿。许多人放言：在接下来的四年里，他们会赢得两座冠军奖杯！

里普也是被邀请进入职业俱乐部的。他先后为布伦特福德和狼队做分析员，可是他对英格兰球队的改造却没有带来多少奖杯，因此不算太成功。大致因为他自身条件的限制，加之足球和棒球的差异性，后者收集数据的质量与前者相比差之甚远。不管真实原因如何，曼城队认为他和他的数据都有局限性，觉得他不行。这也就是为什么球队在 2012 年秋天做出前所未有的重大决定，通过 Opta 体育发动群众力量，将整个赛季的数据通过电子邮件发给所有想看的人的原因。

曼城的首席比赛分析师加文·弗莱格跟西蒙·库珀解释道："每次进攻、每个球员和每场比赛都很有价值。我希望在足球界找到我们的比尔·詹姆斯。詹姆斯需要数据，所以不管谁是足球界的詹姆斯，他因为缺钱就弄不来数据。"

曼城队之后想通过一档类似《X 音素》的选秀节目，从一群具有分析头脑的球迷中找到自己的"比尔·詹姆斯"。这个点子是挺好，但不够实际。原因很简单：《点球成金》已经成了一部好莱坞电影，很多人开始了解体育分析的重要性。而更重要的是，足球分析界已经没有处女地等待开垦了，前辈们已经打完了江山。跟詹姆斯发明"创造跑垒指数"和"胜利贡献指数""破解"棒球时相比，足球的数字世界里已经没有未发现的大陆了。

里普的失败证明足球是一项动态的、不稳定的、具有很强偶然性的运动。因此，没有个体可以发明一条简单的获胜公式。只有依靠一群人的智慧，群策群力，才能推动足球的前进。

⚽ 预言三：足球数据总量将会至少增长 32 倍

相比于詹姆斯，里普当时面对的困难艰巨得多。前者至少有一个世纪多的棒球比分记录可以使用（全部都发布在美国报纸上），但后者需要自己生成最原始的数据，收集记载在一卷卷的墙纸上。

我们先前已经了解到，Opta 和 StatDNA 通过雇用分析师将比赛录像中的事件编码整理，将一部分足球数据电子化。而 Prozone 更进一步，依靠强大的摄像机分担重任。在电子数据时代，笔记本和稿纸早已退出历史舞台。如今里普的原始方法被 Opta 和 Prozone 的电子科技所取代，未来十年，它们很可能被更先进的科技所取代。

在大数据时代里，数据的收集变得简单高效。数据收集造成了数据量的大爆炸。《纽约时报》报道说：

"数据越来越多。一家叫 IDC 的技术研究公司估计，数据以每年 50% 的速率增长，每两年就会翻一番。不只是数据量变大了，而且还出现了很多新型的数据。如今，全世界有数不清的数码感应器安装在生产设备、机动车、电表和装运箱上……现在数据不仅更易获得，而且与计算机的兼容性更强了。大部分的大数据都是游离于传统形式之外的，像在互联网上难以驾驭的文字、图片和视频，还有感应器上的数据流。"

　　一场足球比赛中，有 22 名球员和足球始终在运动，几乎没有比球赛更难驾驭的事了（斯托克城的比赛除外）。有两种办法可以更简单快捷地收集更多足球场上的数字：第一，利用我们刚刚提到的这些感应器。在球员身上的装备和足球中嵌入 GPS（全球定位系统）装置，这是迟早的事情。技术已经成形，有的球队已经在训练中尝试。或许首先开始使用的不是英超或德甲，而是巴甲或美国大联盟。事实上，美国大联盟已经和阿迪达斯达成合作，通过在球员战靴中植入芯片，收集身体数据。这将产生大量的位置数据，而足球上的芯片将会最终取代现在的球门线摄像技术。

　　某些主管部门兴许会抵触这种技术进步，但是第二种收集数据的途径会让他们心悦诚服，那就是群众外包收集。想象一下，我们不用在特定位置安装昂贵的 Prozone 摄像机，而是利用分散在体育场的观众，在他们的帽子、围巾或是外衣上植入摄像头。他们边看比赛边录像，视频流通过软件编码整理。目前，计算机从多个视频流中交叉运算识别不同球员的能力还有待加强，但这项技术很快就可以达到人工识别水平了。

　　随着收集足球数据的成本直线下降，越来越多的球员会在各国的联赛和比赛中被记录下来。有可能我们的朋友，吉米·戴维斯的继任者，马上就有机会使用电子化的比赛报告。足球数据的大爆发将会形成一股无法阻挡的浪潮，在未来十年中将和其他领域的数据一样成倍飞速增长。

⚽ 预言四：几何学的"空间、向量、三角、动态网格"会成为顶尖分析的焦点

当球员们在场上的平面坐标变得触手可及，分析师们会更加便捷地运用几何和网络理论这样的数学工具，更加深入地剖析每场比赛。焦点将会转移到足球之外，再也不会只是像里普一开始那样借助笔记本数着场上的"足球相关事件"了。数据将会更加关注无球跑动队员，还有他们在场上排兵布阵、包围的空间、球与信息在他们组成的网络之中的移动。

对系统和空间兴趣盎然的基辅迪纳摩的瓦列里·洛巴诺夫斯基在这次新兴革命中可以被称为"先行者"。在乌克兰基辅市，有一座球场以他的名字命名。2012 年欧洲杯时，巴尼·罗内在这座球场看到这位教练的铜像时有感而发："他将足球管理定义为一种跨领域的实证研究，从大量的当代民间足球智慧中挖掘出科学推论。对他来说，从旧式计算机网络上抽离出 11 个相互对抗竞争的数据对象仿佛都蕴含着令人激动的人类变数。这些激动人心的人类因素相互反映，正是一门值得学习深究的应用化学。"

洛巴诺夫斯基将电脑中的格子搬到了足球场上。他严格训练队员，让他们成为跳棋中的王棋，根据对手的动向，从任意方向由一个格子跳到另一个格子。尽管他球队的打法有时比较机械，但他们在防守补位上十分出色，极少出现短板和失误，同时能够察觉对方的防守失衡。球员

的位置数据能够让这种机械的战术更加精细、新奇和灵活，正如同下棋一样。

纵观各项体育，我们可以发现几何图形在分析中至关重要。棒球涵盖十个点：击球手、投手、接手和七个守场员。他们大部分情况下按兵不动，关联不多。篮球着重挡拆战术、给大个子球员喂球以及传跑配合，而球场上总是形成一条连接两个进攻核心的伸缩线段。

作为一项更为复杂的团队运动，足球没有一种真正意义上的控球权，它更多是和三角形有关。球场上的一个三角形可能是由正在触球的球员、准备要接球的球员和最能撕裂对手防线的无球跑动队员组成。在不远的将来，这样的三角形可能会取代"足球相关事件"，成为足球分析中的关键单元。

在体育中，运用几何网络去构造球员和阵型间的交互网格已逐渐流行。类似的尝试已经能够帮助判断球员是在球队传球网络的中心还是边缘。一项涵盖自 2006 年起英超两个赛季数据的最新研究表明，传球网络集中在一个或两个球员的球队进球更少，即使这一两个核心可能是球队中最强的球员。我们再次看到在传球网络中，平衡是球队取得成功的关键。

⚽ 预言五：2014 年和 2024 年的英超分别都会有大约 1000 个进球

数字和模型之所以强大，是因为它们建立在大量的数据点之上。当我们的视线从某一次传球、某一场比赛或某一个球员拓展到所有的传球、比赛和队员时，我们便可以透视那些平时就在眼皮底下的规律。

数字游戏有两个核心问题需要解决：足球的偶然性和稀有性。运气而不是技术，决定了足球中发生的很多甚至是大部分事情。而这跟进球的稀缺有很大关系。

进球已变得越来越少。直到近年足球找到了攻守的平衡点，进球数才开始稳定下来。尽管有人抱怨足球正在被富有的俱乐部统治，但数据显示，长期的趋势是足球的竞争变得越来越激烈。在当今的足球时代里，大家的水平更加接近了。

因此在最高水平的联赛中，进球的数量相差无几。顶级球员在不同的联赛中，表现差异不会太大。球队如何招兵买马，是一门学问。但如果英格兰天才和阿根廷金童踢球的方式变得趋同，那么不远万里飞去布宜诺斯艾利斯买人，性价比就远不及在布里斯托尔、莱斯特或者普雷斯顿纳士招贤。在竞争中英格兰和全世界的足球逐渐达到均衡。

进球稀有，但不会变得更稀少。

⚽ 预言六：前锋、后卫和中场之间工资和转会费的差距会急剧缩小

进球也许不是衡量球队表现最可靠的标尺。一支球队能做对所有的事情时，也有可能最后输掉比赛。进球并不是评判球员踢球水平的最好

标准。

一旦你意识到运气力量的强大，并领悟到一个幸运进球的重要性时，我们便可以推导出一些结论。虽然在足球这项运动中，人们习惯为前锋主导的进球欢呼雀跃，但却经常忽略了那些后防精彩救险的镜头。避免失球，同样是胜利的组成部分。其中有人们偏好的因素，但对于正在成长的比赛分析师来说，为了完整地体现比赛的本质，我们需要更准确地衡量防守的价值。这非常重要，有时甚至比进攻更重要。

由这个道理引申出一个重要的趋势：后卫和前锋的身价及工资差距会越来越小。这个趋势将在未来被新的数据所证实。但在今天，我们还无法预演这样的景象。保罗·汤姆金斯、格雷姆·赖利和加里·富尔彻在《金元足球：英超时代成功的真正价格》（Pay As You Play: The True Price of Success in the Premier League Era）这本书中，记录了从 1992/93 到 2009/10 赛季不同位置球员的相对转会费用。数据显示，守门员薪水最低，而位置越靠前的球员身价越高。更重要的一点是，守门员、后卫和前锋身价的差距似乎并未与日俱减。在 1992/93 到 1996/97 的五个赛季中，前锋与后卫价格之比是 1.5，而在 2005/06 到 2009/10 这五个赛季中，这个数字反而增长到了 1.65。

防守队员隐藏的价值对我们有几个数字上的启示。在足球场上，"多"不一定是件好事：射门多、控球时间长并不是万能的制胜法宝。相反，有时候"少"即是"多"：少点铲球，少点角球，少点失球（虽然第五个进球的价值确实比第二个少）。用数学的语言来说，足球不是线性或者简单的加法，它是乘法的规则、动态的游戏。

最能证明这个道理的方式，或许是解读球队是如何协同作战的。在篮球中，一位超级巨星在整个球队中的作用占 20%；但在足球比赛中，再伟大的巨人在团队中的作用也只有区区 9.1%。这意味着球队中最差的球员也有可能发挥很大作用，场上较弱的一环也可能在决定球队的成败方面发挥关键作用。

当傻瓜和天才必须要合作去赢得比赛时，我们就会明白赢球的方式并非唯一。有效的足球战术有着不同的风格。考虑到运气所占的成分，两条策略或许可以帮助你踢出更成功的足球：比对手更有效率，或者比对手更有创意。无论你选择以上哪条途径，都应该在防守上下足功夫。

⚽ 预言七：4-4-2 阵型将会被 150-4-4-2 所取代；组织团队将会成为新的战术

克鲁伊夫明白，"用脑子踢球"能够让你在球场上先发制人，步步领先。尽管曲折离奇，但足球一直没有停止前进的步伐。足球还是圆的。前人无法想象如今的足球世界：在地球的各个角落，男孩女孩都穿着先进的装备在更好的球场踢球，接受着专业化的训练，在最新的医学、营养学和计算机科学知识的帮助下，最大限度地提升水平。作为球迷，我们难以看出这些变化。我们无法亲历球员们幕后的训练，无从洞悉现代技术监控他们的模式，而我们目击的往往只有开场哨响后的那些景象。

　　显然，足球分析正在全面渗透这项运动，日益改变着教练、球员、球迷和总经理们对于这项体育的见解。我们从不怀疑分析学将会在这个领域盛行，而问题是球队如何能够快速适应以赢得先机。

　　分析学的运用与特定球员和球队的数据并无太大关联。分析学不等同于统计学，玩数字游戏并不是以数字为中心。事实上，它是一种思维和信息的战争——球队拥有多少信息、何种类型的信息，如何分析和解读这些信息，以及最终怎样运用它们。现实中，没有任何一个可以死记硬背的正确答案，如果在处理这些信息时棋高一着，可以令你独占鳌头。

　　如今挑选球员，如同一场全球性"追捕"。球探和教练们为了找到那些璞玉，满世界飞奔。各家俱乐部为此收集的原始数据越来越相似。招募球员的模式日渐趋同，先进的训练方法广为效仿。这都意味着在顶级联赛中，球队的组织架构将成为下一个帮助球队脱颖而出的突破口：如何更有效地组织团队，发掘创新的成功路径。足球创新史就是一本战术进化史：在有限的空间中，更有效地组织球员并压制对方。不管场上还是场下，归根结底，战术的核心是组织好团队以便使球队的效率最大化。

　　俱乐部的选材差异越来越小，足球战争迅速蔓延至场上 11 个人之外。11 个人身后约 150 名教练、营养师、理疗师、比赛分析师、球探等显得至关重要。他们的作用将比以往任何时候都大。那些组织紧凑、擅于学习、主动求变、持之以恒的俱乐部将最终取胜。

　　灵活应变是这项运动永恒的主题。在比赛中引入新兴科技与比赛策略，就是胜利的真谛。

⚽ 预言八：专制教练无异于濒危物种。当温格退休时，所有大俱乐部都会有一位总经理或体育总监。即便不叫这个头衔，职责也大同小异

有这么一个人，他负责监管球队关于足球的一切事务：决定如何平衡创新和效率，调教球队中的球星和最弱一环，还肩负着与足球的运气做斗争的重任。这个人就是教练。近年来有诸多主帅将自己神化，虽然他们的地位不至于上达神殿，但这群人的影响力毋庸置疑。

请牢记：其实不需要亲自上阵，只要理解好数字就能成为比赛专家。数字的力量在于其中蕴藏的宝贵信息，这正是足球战争中的制胜神器。信息就是力量，无所不能。数字和信息帮助废除传统，意味着透明化、精英化的管理模式逐步到来。因为足球中的偶然性太过强大，所以无论如何这项运动都会保持着它的独特魅力，这是球迷们喜闻乐道的好消息。百年之后，我们依旧会看到以弱敌强的比赛、跌宕起伏的剧情、足球屡中横梁的遗憾，或是类似帕尔马点球的奇迹。

当我们逐渐明白比赛防守和弱环的重要性时，数字会让我们更加重视后卫，而不是高薪的前锋；关注自己的弱环和整体性，而并非光鲜亮丽的球星。当我们知道教练的决定怎样影响比赛的成败时，数字将会让管理层取代原先教练的职责。

难道这一切都意味着退役球员在教练领域被委以重任的时代已经结

束了吗？是否理工科怪才将开启新的篇章？莫非这是足球史中又一重要的转折点？教练的独裁能否转变为混乱的民主？

我们的答案是否定的。实际上，教练会与球队形成一个伙伴式的合作关系，成为球队的一分子。渐渐地，教练们不再会独自处理每年的转会预算，或是在球队战绩变糟的时候承担全部责任。在不久的将来，他们将会成为球队财务和组织管理的一部分。坦帕湾光芒棒球队的经理乔·马东将成为现代足球教练的新典范。

足球管理中最关键的要素是信息和智慧，拥有它们并且运用得当的教练将会大获成功。有太多理由让我们相信，十年内顶级俱乐部中不会再有专制主义教练出现。平起平坐伙伴般的模式在欧洲大陆已经广为流行，比如，西班牙、德国、意大利大部分的球队都已经雇用了体育总监，像塞维利亚的蒙奇这样的转会大师就是其中的代表之一。他们当中有的是退役球员，像拜仁的马蒂亚斯·萨默尔、克里斯蒂安·内林格和阿贾克斯的马克·奥维马斯，而另一些则从后台团队提拔起来。

如今弗格森已退下神坛。一旦温格退休时，专制教练的时代也就画上了句号。

预言九：一支球队不玩数字游戏，不代表它无法取得胜利；分析学可以帮助你赢球，不过金钱同样可以

有人可能简单地认为，玩好数字加上改良管理结构就能搞定一切。

这是对创新和革命历史的漠视。在法国大革命后的十年间，丹东和罗伯斯庇尔都死了，拿破仑成了独裁统治者。

在所有的联赛和球队中，技术人员的数量在疯狂增长，而全世界的顶级俱乐部在视频结合的比赛分析软件上大把烧钱，有的甚至开始尝试 Sportscode 这样更加前沿的软件工具。如今，球队们都有了像汉堡队史蒂文·休斯敦这样的技术球探，在购买球员签约之前挖掘各种参考数据，像曼联的托尼·斯特拉德威克或者里尔的克里斯·卡林这样的球队表现研究员，还有埃弗顿的史蒂夫·布朗这样的比赛分析师。移动设备和互联网使球队与外部世界贴得越来越近。一群博客写手也开始通过网络去做自己的分析，Onfooty 网站的萨拉·鲁德和 5addedminutes 网站的奥马尔·乔杜里已经全面进军足球圈，分别进入了 StatDNA 和 Prozone 公司。

休斯敦告诉我们，我们应当预料到这一点。在 NBA 球队休斯敦火箭队的工作经历让他明白，有一定分析能力的博客写手最终大都成了球队的数据分析师。比尔·詹姆斯就是经过一次 MIT（麻省理工学院）会议面试后被 ESPN（美国娱乐与体育节目电视网）的比尔·辛普森录用的。如果他那个时代有互联网，估计他当时也会是个挺火的"博主"。

如果你是在客厅的沙发上或在办公室里工作的新兴学院派，你绝对会为这样的发展趋势兴奋不已。但这并不代表前景一片光明。其实有很多足球界人士抵制这种潮流，他们希望消除人们大脑中这样的想法。皇马的豪尔赫·巴尔达诺在接受德国杂志《明镜》（*Der Spiegel*）周刊采访时说道：

在我的眼中，球场就像一片丛林。而在过去的一百年中，丛林里发生的一切从未改变。和几十年前的马拉多纳、贝利、迪斯蒂法诺相比，现在的前锋有几乎相同的天赋与灵感，踢球方式并未颠覆。已经改变了的，是丛林的环境。一场革命已然发生，一个产业已拔地而起。我们需要保护自己的丛林，免遭人类文明及其规则的荼毒。让新兴文明快远离我们的赛场，请别践踏我们的草皮！

不论这份抵抗是不是发自肺腑的声音，抑或只是当作烟雾弹来捍卫流传百年的传统规则，但都预示着足球变革举步维艰。强大的阻力加上足球比赛固有的不确定性，还有那些土豪深不见底的钱袋，意味着在下一个十年，"分析"不一定能成为球队获胜的必要因素。

🕸 预言十：反"经验主义"革新也会被反对

"老兵没大干一场是不会走的"，篮球界的数字专家迪安·奥利弗深谙这个道理。作为《纸上篮球》（*Basketball on Paper*）的作者和 NBA 的首位全职分析师，奥利弗曾效力于西雅图超音速队和丹佛掘金队。球迷们熟悉这两支球队所在的运动联盟和国家，他们一直以来对数字如饥似渴。他对我们坦言，即使作为这个行业中举足轻重的人物，在球队里也很难找到一个纯粹、稳定和受人尊重的职位。他们在短期内背负的压力和期许令人发指，想挑战老派管理者难如登天。最终奥利弗走了。如今，他是 ESPN 的制作分析总监——塑造着球迷们在各种体育项目中对数字的认知和想法。

足球还没达到《点球成金》那一刻，而且我们也不确定这个时刻是否还会到来。篮球和冰球同样也还没有。与足球目前遇到的壁垒相比，奥利弗在美国篮球中遇到的障碍不足挂齿。对所有想引入新玩法、鼓励老板开拓思维的革新派来说，传统观念是最大阻碍。

StatDNA 的 CEO 贾森·罗森菲尔德解释道："现在已经有一个成形的系统、不可动摇的权力架构、先入为主的处理方法。罗马不是一日建成的，眼前的障碍数不胜数。很多人已经看到了在利物浦发生的事情，于是就说'《点球成金》在足球圈行不通'！人类已经想出了比分析足球还复杂的事情，但你是不会一步登天的。我们现在分析的东西，要花很长时间去验证是否正确。而当有人尝试过后，又要花很长时间去看看这是否行得通。而当真正的成功到来时，所有人就会一拥而上。"

用管理学的话说，这种安常守故的心态使得足球俱乐部在分析上寸步难行。罗森菲尔德一语道破俱乐部内部分析学发展的最大障碍："球探和教练，他们不愿丧失自己的权威。"Match Analysis 董事长马克·布伦克哈特深为赞同："如果你针对教练们去做问卷调查，他们一定点头说：'是的，我们相信分析的成果，我们相信体育研究。'……但仅凭你手头的数据，难以产生实际效果。"

在棒球中，梳理数据和得出结论的数量紧密相关。在足球中却并非如此：我们看到数据在短短几年中从不多的字节增长到几千兆字节，但仍少有突破。这样说起来也挺令人费解的：为了跟上时代的潮流，公司希望卖数据，球队也愿意买数据，两者不谋而合产生了海量的数据，却很少从数据中洞察出什么。

"我们被一堆数据所环绕，但颗粒无收，"布莱顿队的主管保罗·巴尔韦尔说道。布伦克哈特补充说："受《点球成金》影响，很多人渴望破解足球。'来，我们要把一些数字代入这条公式里面，它会告知我们哪里出了问题，如何解决问题。'如果还有人对我说：'我们想要破解足球，我们在招实习生，可以求助于你的数据吗？'那我会流泪，因为这是一件多么难以学习的事情！"

面对一堆数据，许多人心烦意乱，甚至开始怀疑自己。对于教练和老板们来说，或许什么都不做是最好的选择。他们甚至不知道从何干起。很多老板还没走近球场就已经开始变得毫无章法。西摩·皮尔斯公司的基思·哈里斯告诉我们，当要基于证据而不是靠勇气去做决定时，"太多的老板脱下了西装，换上了田径服"。终究，与没有升降级制度却有固定收入的美国棒球俱乐部不同，足球俱乐部面临着一个更加商业化的体制：降级、破产和烦琐的行政工作。这样的不利因素使得大多数决策者变得更加保守，更加故步自封。当饭碗都可能保不住的时候，走传统主义道路往往更容易行得通。

反对者们还可以轻易列举诸多数字游戏不奏效的证明。例如，利物浦的前体育总监达米安·科莫利曾公开表示要帮助美国老板在英国上演《点球成金》，之后就在一些名不见经传的球员身上挥金如土，但他们在加盟球队之后百无一用，只能"打打酱油"、出租给其他球队或者直接扫地出门。科莫利最终也因此被炒了鱿鱼。

⚽ 革新之后

今天距离 1789 年已经有两个世纪之遥了。法国人不愿提及罗伯斯庇尔，就如同他们不愿谈及 2010 年世界杯。毕竟，他们难以接受法甲成为英超人才输送器的现实。用物理学家玻尔的话来说，预测是极其困难的，尤其是对未来的预测。数字游戏会不会最终走向罗伯斯庇尔的结局——迅速被谴责和否定？谁也说不准。或许它会像拿破仑那样在短时间内燃烧殆尽，却像流星般璀璨夺目。也许两种情况都不会出现，只是平稳发展。

就像法国注定要演变成民主国家一样，我们可以断定，今后在足球中，创新和科技最终必定会取胜。最好的教练、球员和球队不断适应新的环境，并节节胜利。足球分析将牵一发而动全身。

仔细分析，我们可以从客厅里的情景看到足球分析学的未来。克里斯有两个儿子，分别是 10 岁和 13 岁。像大部分同龄人一样，他们花大把时间玩足球电子游戏。兄弟俩经常争执不休，为买卖球员以及交易价格各执己见。而他们辩论的根据，都基于球员们的表现数据及他们对球队的潜在影响。

当克里斯的长子被数学老师问及数据趋势在现实中的应用时，他立刻引用了梅西和 C 罗的进球率。他的同学也援引类似的例子比较了内马尔和其他球员。

这些孩子从小就开始看足球、踢足球、爱足球，甚至将来会管理足球。他们喜欢数字，同时会思考并日渐理解数字。他们相信数字，同时又是数据的消费者。或许未来的某一天，这些孩子会对曾经有这样一个时代，足球拒绝革新，抵触分析，不关心数字而感到吃惊。

⚽ 加时赛——世界杯上的数字游戏

纵观世界杯的历史，你会觉得它匪夷所思。

这场大派对聚集了东西南北的各方朋友，高手与黑马会聚一堂。有的杀气如虹，有的技法高超，有人乐天知命，有人殊死一搏。接踵而至的是一片混乱。世界杯的故事里充满着冷门，其中最著名的当属"伯尔尼奇迹"和"马拉卡纳打击"。在这个舞台上，由业余球员组成的那支美国队在1950年淘汰了不可一世的英格兰队，朝鲜队在1966年则爆冷击溃了意大利队。在这里，阿尔及利亚可以击败西德，而喀麦隆能够力挫阿根廷。世界杯是足球的终极剧场，这里的一切高深莫测。它是一个诞生奇迹的地方。

如果世界杯的一大特点是不可预见性，那么数字游戏还有它的一席之地吗？在混乱中还有规律可循吗？当然可以！我们之前已经用到了世界杯的数据。对于世界杯的研究，帮助我们明白赢球的队伍传球更靠谱，而世界杯上的教练也更能把握换人良机。但这都只是冰山一角。

世界杯的史册里载满了跌宕起伏的传奇，这正是它吸引全球目光的原因。在这一片混沌中，有许多规律值得探究。

⚽ 冷酷无情，确保胜利

埃克托尔·琼皮塔斯一定还记得当年两位不速之客"走错房间"的那一幕。他和秘鲁队的队友忙着做赛前最后的准备：穿上战衣，缠上绷带，焦躁不安，默默祈祷。估计他们当时极不情愿见到阿根廷总统豪尔赫·魏地拉将军和美国前国务卿亨利·基辛格出现在眼前。两位大佬迈入更衣室祝球员们好运，告知他们阿根廷公众期待着一场精彩的比赛。说来有点奇怪，秘鲁队当晚面对的正是阿根廷队。他们是 1978 年世界杯上阻挡东道主进入决赛的最后一道屏障。

也不能完全这么说，因为那时的赛制并不是八个国家两两配对进行 1/4 决赛，而是分为两个小组，每小组四支球队逐队厮杀。阿根廷、秘鲁、巴西和波兰分在一个小组，而此时阿根廷队迎来了生死之战（当时没有同时进行的比赛）。由于巴西两胜一平位居榜首，还有五个净胜球在手，在决赛资格的竞争中一马当先。阿根廷必须净胜秘鲁队三球以上，才能力压自己的老对手巴西队成功突围，获得在决赛中对阵荷兰的机会。

半场结束，阿根廷人几乎就要实现这个看似不可能完成的目标了。主场作战的他们两球领先，其中一个原因是秘鲁错失了一个必进之球。而这个千载难逢的良机也被前英格兰队主帅沃尔特·温特博特姆称为"我见过的最好的进球机会"。下半场,阿根廷队只需再进两球就能杀入决赛。秘鲁队成人之美,这对阿根廷而言很幸运。下半场刚过五分钟,阿根廷便四球领先了。要知道,他们当时面对的是被誉为南美最杰出的防守球员、被《体育画报》(*El Gráfico*)杂志评为"世界最佳"的琼皮塔斯。更诡异的是,秘鲁莫名其妙地换下了他们另一位核心球员何塞·贝拉斯克斯。最终阿根廷队以 6∶0 完胜。

这场比赛成为了世界杯阴谋论的焦点。很多人认为比赛被操纵了,但拿不出确凿证据。有人指出这场比赛的胜利是用 3.5 万吨谷物和解冻 5000 万美元信用的承诺交易得来的。有人推测魏地拉和阿根廷残忍的军政府威胁秘鲁球员,甚至恫吓让他们"消失"。也许其实没有那么复杂:只是单纯的金钱贿赂。又或许是魏地拉和基辛格"摄魂怪"一般的存在扰乱了秘鲁球员的心智。不管到底发生了什么,孰真孰假,它都见效了:阿根廷打败了没有克鲁伊夫的荷兰队,赢得了他们的第一个世界杯冠军。

然而这一切都让旁观者生疑。两队的实力不相伯仲,但这样的比分让人们坚信必有猫腻。在世界杯小组赛中出现 6∶0 这样的比分不足为奇,历史上总有一些大哥狠狠教训小弟的例子。匈牙利队早已习惯了在前几轮比赛中打出板球比赛那样的大比分:从 1938 年 6∶0 战胜荷属东印度群岛,到 1954 年 9∶0 大败韩国,再到 1982 年 10∶1 狂屠萨尔瓦多,匈牙利人从来不缺进球。

耐人寻味的是,在以上这些大比分获胜的年份,匈牙利都没有最终赢得冠军,尽管 1954 年他们距离冠军宝座只有一步之遥。在欧洲主要联赛中,净胜球不仅跟球队实力相关,还跟最终获胜紧密相连。历史告诉我们，世界杯从不按这道理出牌。小组赛阶段的大比分胜利并不意味着能一路杀进决赛捧起奖杯。除非，有一只看不见的手一直在背后操纵。

人们对这种现象给出了几种解释。其中一种解释是世界杯的样本容量相对较小。从 1930 年到 2010 年，一共只有 773 场比赛，相当于英超、西甲或意甲的两个赛季的比赛。

再者，世界杯跟足球联赛不同，几乎罕有相同的队伍和阵容在接连几个赛季中厮杀。从这一届到下一届，世界杯会有不少球员和球队涌现或消逝。此外，历年来比赛的赛制也有颇多变化。之所以联赛中的净胜球一直成为衡量球队能力的可靠数字，是因为稳定的赛制：连续多年相同数目的球队之间互踢主客场比赛，这就使分析变得简单。目前世界杯 32 支球队分成 8 个小组，16 强淘汰赛的赛制到 1998 年才得以确立。从数据的角度来说，世界杯这个样本不仅太小而且还很杂乱，因此可信度饱受质疑。

当你试图用前几轮的比赛去评估一支球队到底有多强时，有一个小组赛赛制自身的问题就会出现。也许对于 1978 年的阿根廷和秘鲁并非如此，但通常来说，小组赛的第三轮（最后一轮）比赛不及前两轮那么重要。如果一支球队赢了前两轮比赛，那么在第三轮中就难以保持之前的势头。他们兴许大面积轮换球员，在没有压力的情况下，必定难以殚精竭虑。

显而易见，世界杯是一个小而乱的样本，充斥着诡异结果，有很多胜负已定的无意义比赛和干扰因素。前期的比赛难以决定谁最终能够拔得头筹，小组赛阶段的表现并不是可靠的指示灯。

不过从数字上看，却并非如此。就像在联赛中一样，在世界级的足球盛宴中，净胜球仍然是一项非常重要的数据。

世界杯 1950 年复赛后一共举办了 16 届决赛。在其中 8 场决赛中，一方的净胜球比另一方多。而在这 8 场决赛的 7 场里，此前净胜球更多的一方都获得了胜利。唯一的例外发生在 1974 年，当时克鲁伊夫率领的荷兰队全面压制了西德队，最终却莫名其妙地以 1：2 失利。

关于净胜球的重要性，我们还有更多证据。我们来看看一个国家在第一轮中的净胜球能否预测其进入半决赛。从 1954 年起，一共有 180 支队伍闯入第二轮，而它们在第一轮中平均每场只净胜对方不到一个球。

图54 与小组中排名较低对手交战比分和获得半决赛资格的关系

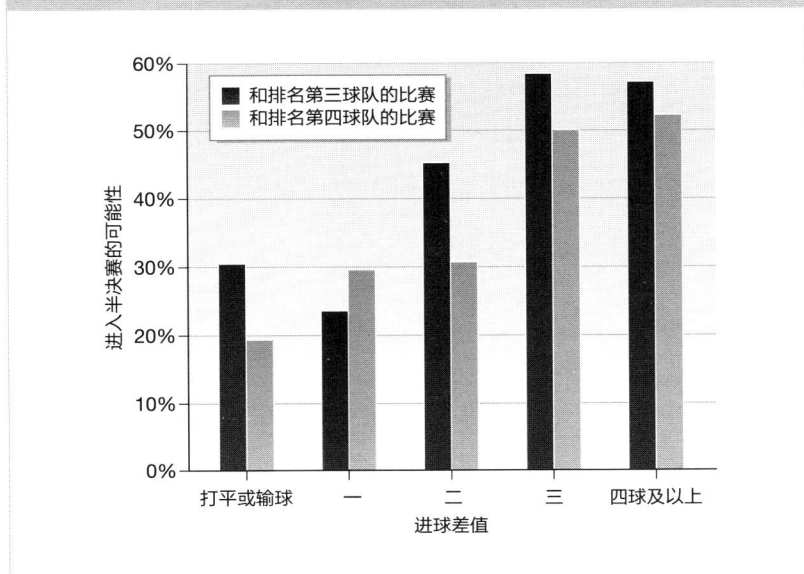

运用一种将表现和概率联系起来的统计方法，我们发现第一轮净胜更多的球队往往意味着进入第二轮的概率更大。实际上在小组赛中每多进一个球，国家队进入半决赛的概率就能从 25% 提升到 40%。

即使是那些已经提前出线的和已经确定被淘汰的球队相遇也是如此。如图 54 所示，即使是对阵提前出局的球队，进球越多就越有可能进入半决赛[1]。

这么说来，净胜球不单只是俱乐部比赛中球队水平的尺度，同样适用国家队的比赛。如果你想预测世界杯的冠军，待到小组赛结束之后再预测更明智。能够最终问鼎冠军的国家，都是那些毫不留情、大杀四方的球队。

⚽ 点球计算

没有什么足球元素比点球更容易分析了。即使是那些长期抨击分析学的人们，也没底气说点球的规律不太固定，或是不及已经成熟的棒球分析学那么可靠。与棒球如出一辙，一个点球是两个球员在一个动作中的对抗，投球手投球，点球手射门，击球手（有的时候）击球，守门员扑救。研究点球应该是挺容易的，难怪许多研究人员被点球所吸引，兴味盎然地试图搞明白怎样成功踢进或者守住一个点球。

这是好消息，毕竟点球大战如今越来越常见。随着训练方法推广至全球各地，我们已经看到如今顶级联赛水平越来越接近。世界杯赛证明了这样的现象：训练手段扩散得越广，比赛就越激烈，平局也就越常见。

1978年以前，世界杯上所有120分钟战平的比赛均会重赛。1978年后，类似比赛将由点球大战一决雌雄。1954年至1974年间，共有42场淘汰赛，无一重赛。1978年之后有118场淘汰赛，其中有22场进行了点球大战。120分钟内将近20%的比赛打成平局，这也反映了队伍水平差距愈来愈小。

更多的球队喜欢以最有效的方式踢球，因此球队之间的比分差距也随之减小，点球变得越发重要。在这12码点上成就了越来越多的英雄，而其中之一是一位分析师。

回溯至1970年，若淘汰赛中双方打平，为减少判决中运气的成分，发明了点球。在这之前，重赛并非唯一的解决办法，还有另一种方法——抽签。

现在看来，这样的方法简直不可思议，但在当时，却不得不偶尔为之。在1954年西班牙和土耳其的比赛中，抽签这招派上了用场。两队在第二场重赛中依旧难分高下，所以主办方临时找了一位场地管理员，请他14岁的儿子蒙上双眼，从一个小罐子中抽出一个球。西班牙原本是这场比赛的大热门，但现在只有50/50的机会了。他们确信命运在对他们作梗："我们日暮途穷，无计可施，连这个小孩都不会抽中我们。"他们不幸言中，土耳其队晋级了。

我们常说点球就像买彩票（我们等下会说到），但至少会有那么一部分技巧的成分在里面。它不是百分之百的随机事件，但它绝非完美的解决方法。

大家一定还记得2010年世界杯加纳对阵乌拉圭那场臭名昭著的四分

之一决赛吧。双方僵持到了加时赛，比分停滞在 1∶1，而比赛已经到了补时的最后一分钟。加纳队在右路获得任意球，球被传入禁区，之后被顶了出来。此时，阿皮亚迎球一脚凌空抽射，对方的前锋苏亚雷斯正在球门线上，用他的膝盖挡出了足球。这个反弹球又撞到了阿迪亚的头上，足球直冲大门而去。如果在那一刻暂停比赛，加纳晋级的概率是 100%。

　　令人始料不及的是，苏亚雷斯竟然在门线上伸出双手，将球挡出球门。裁判奥莱加里奥·本奎伦卡别无选择，掏出红牌将其罚下。在那一瞬间暂停比赛，加纳晋级的概率被降至 75%，相当于点球平均命中率。之后，苏亚雷斯遭千夫所指。有人说他作弊，有人骂他流氓。但毋庸置疑的是，几乎所有职业球员在那种情况下都会这样做，这或许就是他应该做的事情。他给了乌拉圭些许希望。吉安踢失了点球，将球狠狠地踢到了横梁上。比赛进入点球大战。本奎伦卡从口袋中掏出硬币抛向空中。乌拉圭获得选择权，他们选择射门。如果在那一刻暂停比赛，加纳晋级的概率只剩下 40%。瞬息之间，加纳人从一只脚已踏进半决赛——成为非洲第一个进入四强的球队，转眼成了胜算无几的一方。

　　多亏了一位英雄般的分析师，我们才得出了上述这些分析数字。他也是我们书中的熟人——现代足球早期进球数目的统计者伊格纳西奥·帕拉西奥斯－韦尔塔，点球领域很多卓越的研究都是他的杰作。他将 1970 年至 2013 年间超过一万个点球制成表格，发现了所有点球大战中决定性的瞬间就是抛硬币的那一刻[2]。

　　也许有人觉得点球不同于其他决定淘汰赛平局结果的方式，它可以避免偶然的因素。但这只是幻觉罢了。**点球的确减小了偶然性，但结果**

还是很大程度取决于那个纯粹由运气决定的一刹那。在帕拉西奥斯－韦尔塔数据库中的一千次点球大战中，首先主罚的球队赢得了其中 60% 的比赛[3]。

选择先踢点球并不是我们唯一的建议。英格兰队可能会格外关注这一点，因为他们在点球大战中的表现让无数国人颜面尽失。杰拉德描述了他在 2006 年世界杯面对葡萄牙队时，站在点球点前的那个时刻所感受到的压力。这段文字基本概括了整个英格兰队在 12 码线上的悲惨历史。

"聚光灯灼烧着我。我要踢点球了。我中圈的队友们翘首以盼，我孑然一人，走向点球点，前途未卜。这段旅程不到 40 米，但感觉远远超出了 40 公里……当我走近点球点时，整个身体已麻木……我完成了主罚前的常规动作。球放好了吗？嗯，放好了。记得训练中主罚的那些漂亮点球吗？嗯，记得……知道你要踢向哪里吗？嗯，知道。里卡多很棒，但如果我可以将球踢到瞄准的地方，就像罗伯、戴维·詹姆斯和斯科特·卡森在训练中告诉我的那样，那么葡萄牙门将将束手无策。"

可惜的是，杰拉德没有将球踢向预想的方向。他踢丢了。兰帕德和卡拉格也是。英格兰甚至没有熬到第五个人主罚就被淘汰了。在盖尔森基兴的那个夜晚，这样的"国耻"令国民欲哭无泪，痛不欲生。

反复回放那场点球大战的录像，很多研究者并未惊讶于英格兰队的失利。他们在点球主罚队员的肢体语言和踢球的仓促程度上做了大量研究。兰帕德和卡拉格在放好足球后，都是转身背对里卡多，而不是面朝门将向后退。卡拉格是如此仓皇，惊慌中过早地踢出了足球，以至于要重罚一遍。这些分析显示，以上动作都是里卡多获得优势的重要情节。

分析师们解释道，这位葡萄牙门将深信兰帕德和卡拉格会罚失点球，所以他在扑救前多等了一拍，以便有更高的概率扑住每脚射门。英格兰的主罚队员们将自己微弱的优势耗费殆尽。

每个守门员都有很多自己的小把戏，让他们有机会同里卡多、塔法雷尔等人一起被列入世界杯"扑点英雄名录"。首先，守门员身体所在的位置会困扰主罚队员。一项实验表明，一个守门员站在离中心6到10厘米的地方，可以诱使主罚球员提升10%的概率踢向更大空当的方向，这意味着守门员往那个方向扑更有效。守门员也可以通过在两侧和上方挥舞双手让点球手觉得他身体面积更大。这跟著名的米勒·莱尔幻觉有异曲同工之妙，他让你觉得图中左边的线段比右边的长。除此之外还有格罗贝拉和杜德克认同的技巧：跳舞。挥舞手臂或者做出一些滑稽的动作，主罚球员会分散注意力，模糊罚球目标，扭曲技术动作。

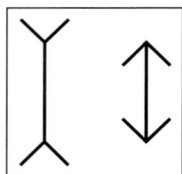

这些花招都是基于守门员的实体存在。我们已经向你介绍过马尔蒂尼原则：我们的大脑会优先关注那些存在的而不是那些不存在的事物。点球大战中的守门员是真真切切的存在。而杰拉德描述的球门目标区域并不存在。前者实，后者虚，因此守门员会自然而然吸引主罚球员的注意力，这是研究发现的现象。随着紧张的情绪、时间的压力和努力躲避与门将眼神交流的自我暗示（不管他用手臂在做什么）渐增，注意力会更加分散。

当然，在杰拉德的例子中，这些都无关紧要。这位利物浦队长已经完成了教科书中传授的一切要点：他从点球点向后踱步准备射门，他没有表现得很仓促。他在确定踢球方向时有一种"守门员与我无关"的策略，无论里卡多在做什么。然而他还是踢丢了。如果真要找出个所以然的话，那么这位大师级的点球手在盖尔森基兴犯错的原因，或许只能归结于他身上穿着的球衣。

挪威的体育心理学家盖尔·约德特和他的同事做了一项调查。他们探究的主题是：一支球队在最近重大比赛中点球大战的战绩能否预测下一次点球大战的胜负。约德特发现，上一次输掉点球大战的国家队进球率更低（66%），而之前赢了的国家队却高达85%。甚至之前没有踢过点球大战的国家队的进球率更高（76%）。

杰拉德在六年后的欧洲杯上再次代表英格兰队在点球大战中出战，历史再度重演。英格兰并非特例。加纳队在2010年的点球大战中被乌拉圭队淘汰，他们在2013年的非洲杯上以同样的方式输给了布基纳法索。这些国家的历史记录预示着他们下一次的点球大战只能打进3/5。这些数字使很多教练十分清楚，选择之前罚丢过点球的球员将会是场灾难。在点球中需要新鲜血液——那些没有被点球阴云笼罩过的球员。

杰拉德的国家队主帅霍奇森就意识到了这一点。他在世界杯前拜访了著名体育心理学家史蒂夫·彼得斯博士，让他跟球员们谈谈世界杯前的准备。他清楚球员们有多大压力，而彼得斯意欲帮助他们克服内心的"黑猩猩"——那些他认为导致紧张和焦虑的因素。这可能会有所帮助。

到了决战的时刻，霍奇森或许不该重复彼得斯聘用期说的那段话："有些人忘了这些杯赛有多么重要，这样的场合有多么盛大。你不会有平时那么多射门机会，如果你不把握好，你会后悔终生。"他本应该让他的助理教练和分析师在数字中找寻微小的优势和规律。不过对于英格兰队来说，这些数字会给霍奇森一个清晰的启示：不要把比赛拖入点球大战。

在大西洋彼岸，对于克林斯曼这位美国男子足球国家队的主教练，历史的担子远没有那么沉重。英格兰队的霍奇森可能需要心理学家、催眠师和媒体封锁去诱导他的队员们"失忆"，而克林斯曼恰恰相反。如果他能带领美国队从德国、葡萄牙和加纳的死亡小组中突围，在淘汰赛中他们一定会去寻找一针"记忆增强剂"，因为美国人在过去两次正式的点球大战中都获胜了。因此，如果他们在后面几轮中遭遇点球大战，感觉或许会轻松很多。如此看来，在美国生活更容易，点球亦是如此。

鸣 谢

1974年，我和好友迷上了当时在西德举办的世界杯。八岁的我们怀着极大的兴趣，关注着球场上的瞬息万变。

除了足球比赛本身之外，我们还痴迷于收集官方发布的球星卡，用球星卡让德国"足球皇帝"贝肯鲍尔和荷兰"飞人"克鲁伊夫对垒，或是让迈耶和波兰的传奇门将托马谢夫斯基一决高下。

除此之外，我们用这些球星卡进行分析：我们尤其想知道哪些球员最有名气，哪些球员最受人追捧。于是我和几位小伙伴拿着铅笔和纸来到了城市广场。我们克服害羞的心理，举着球星卡问过路的行人：

"你知道他是谁吗？"

如果他们说不认识，我们就会在表单上那位球员的名字旁边写上"否"。如果他们认识，我们就会追问是否喜欢这名球员，并且在球员的名字旁边记下路人的回答。

我不太记得最终谁是"冠军"。但可以肯定的是要么是贝肯鲍尔，要么是"轰炸机"盖德·穆勒，绝对不可能是布莱特纳，因为他特立独行的个性与我们这座保守无趣的小城镇的氛围有些对立。那一年夏天我也开始了自己的足球生涯，在我家旁边的小巷子里，和几个朋友拉开了架势，实战模拟着当天的比赛，而我总负责镇守球门。

对于德国来说，1974年是难忘的一年——伯尔尼奇迹后过了整整20

年。1954 年世界杯中西德击溃了当时独霸一时的匈牙利队，而 1974 年他们又战胜无冕之王荷兰队。

几年后我遇到了弗里茨·瓦尔特，他是 1954 年联邦德国队的队长和功臣。那时，他来到科布伦茨接见这个地区足球联盟最优秀的一批年轻人。我当时被他的气场彻底征服了，他的震慑力丝毫不亚于联邦德国战后的第一位总理康拉德·阿登纳（瓦尔特讲述了战后的联邦德国已经蜕变成一个全新的国家）。就这样，我从 1974 年开始正式成为了一名足球运动员。事后看来，也是那时候开始成了一名足球分析员。我后来当了很多年守门员，赚了点儿钱。但当我意识到自己并不适合成为职业球员的时候，我辞别了心爱的绿茵场，踏进了大学。此后我读了博士，并且在美国一所常青藤大学担任教授，教的是政治经济学和政治社会学。到了那个时候，足球数据分析这回事早已被我抛到了脑后。

当戴维开始和我谈论足球的时候，我们偶然聊起斯托克城队的德拉普和他令人称奇的"手榴弹"战术。戴维是我的好友兼邻居，也是在学术界共事的经济学同行。我们还有许多共同点：戴维从小到大都打篮球和棒球，小时候也收集了不少球员卡，他同样对卡正面的球星和背面的数据痴迷不已。

在戴维的童年世界中，1969 年 Topps 公司发行的棒球系列球星卡成了他的最爱。那一年，戴维力挺的芝加哥小熊队招募了一群才华横溢的球员，包括罗恩·桑托、唐·克辛格、格伦·贝克特、厄尼·班克斯还有兰迪·亨特利。但在那个赛季中，他们的状态越来越差，最后在东部输给了纽约大都会队。戴维当时把自己的每一分零花钱都花在了这些卡片上，一门心思想要集全芝加哥小熊队每一位球员的纪念卡。不仅是为了那些球员的照片，还为了收集球员卡背面的统计数据。那些数据足以让一个热爱数学的男孩心驰神往。

戴维对数字的热情从未减弱。后来，作为哈佛的左撇子投手，他经常在比赛前后分析自己的数据。他观察队友在场上的投球，并把他们的投掷情况绘制成图表。上帝没有赐予他过人的棒球天赋，却赋予了他聪慧的头脑。对数字的敏感与执着，让他逐渐崭露头角。

对于戴维这位前棒球投手来说，德拉普的大力界外球无疑挑起了他的胃口。作为一名分析学家，他对这件事的第一反应就是要赶紧探个究竟。

但问题是，我当时也无法给他一个满意的答案。于是话题围绕着足球和分析，我们越聊越起劲：为什么球队会赢球和输球呢？要怎样发掘一位优秀球员和教练呢？足球为何与众不同呢？我们开始潜心研究这些问题，这本书应运而生。

在一起合作的这段日子里，我们领悟了一个简单的道理：就如同赢得球赛需要一支球队一样，著书同样需要一群志同道合的知己。很多朋友真诚无私地奉献了宝贵的时间和精力。在写这本书的过程中，我们得到了很多朋友的帮助，在此表示感谢。如果本书有任何谬误，都与他们无关。或许我们才是这一批绝顶聪明的人中的那块"短板"。

衷心感谢那些拨冗帮助我们进一步了解职业比赛、足球分析学和数字游戏的朋友。他们包括：邓肯·亚历山大、彼得·艾顿、罗布·贝特曼、马修·贝纳姆、阿米特·巴蒂亚、乔纳斯·博尔特、尼克·布罗德、史蒂夫·布朗、马克·布朗克哈特、安迪·克拉克、菲尔·克拉克、约翰·科尔森、加布里埃尔·德雅尔丹、马特·德鲁、迈克尔·爱德华、加文·弗莱格、加里·富尔彻、西蒙·格利夫、伊恩·格拉汉姆、保罗·格拉莱、霍华德·汉密尔顿、基思·哈里斯、史蒂文·休斯敦、丹·琼斯、唐·柯肯德尔、西蒙·库珀、米奇·拉斯基、基思·莱昂斯、斯科特·麦克拉克伦、约翰·穆塔夫、鲍里斯·诺特森、戴维·佩顿、克里斯·佩奎、理查德·波拉德、克莱夫·里弗斯、格雷姆·赖利、贾森·罗森菲尔德、莎拉·拉德、罗宾·拉塞尔、伊尚·萨克塞纳、巴里·西蒙兹、扎克·斯莱顿、詹姆斯·史密斯、罗德·史密斯、斯特凡·希曼斯基、保罗·汤姆金斯和布雷克·伍斯特。除此之外，还有那些幕后英雄——你们同样功不可没！

当然，如果没有大量数据的支持，我们根本不可能完成这本关于"足球与大数据"的指南。我们要对那些顶级数据公司的朋友深表谢意！他们有时甚至放下手中的工作，为我们寻找并提供一些极其重要的数据，并且还不断鼓励我们将自己的研究和写作进行下去。感谢我们的朋友：Opta 体育的马特·德鲁和约翰·科尔森、StatDNA 公司的贾森·罗森菲尔德和 Infostrada 的西蒙·格利夫。此外还有来自足球数据网（soccerdata.com）的托尼·布朗，他为我们友情支持了第二章关于英国足球联赛的数据。

接下来，我们也由衷感谢我们出色的经纪人戴维·勒克斯顿。他经验丰富，风格严谨。感谢他义无反顾地支持我们的事业与梦想，一次又一次帮我们走出困境。当然还要向中介拉斐尔·霍尼格斯泰恩和乔纳森·威尔逊的协调斡旋致谢！没有他们就不可能有我们与戴维如此顺利愉快的合作。与此同时，他们二人的佳作《倒转金字塔》和《英国足球那些事儿》

都给了我们很多启发！

我们对出色的编辑罗里·史密斯也深表感谢。如果没有罗里的精雕细琢，就凭我俩的头脑，这本书就不会如此通俗易懂、耐人寻味了。我们相信他必定是足球记者中最令人印象深刻的一位！

尽管这本书并不是某位退役球员的自传，但企鹅出版社的乔尔·里基特却坚信其中蕴含的足球数字的韵味和真理，绝不亚于球星传记。他纯粹依靠自己的直觉和打破传统的渴望（又或许出于对角球的独特兴趣），做出了一个正确的决定。我们当然不能忘记本·布西，他帮助我们细致通读；还有特雷弗·霍伍德先生的质量把控，使得这本书的错误率低于洛巴诺夫斯基理论的临界值。

我们感恩所有的同事和伙伴！他们不厌其烦地帮助我们解答各种各样的疑问，不求回报地提醒我们需要关注的细节。他们是汤姆·吉洛维奇、拉斐尔·霍尼格斯泰恩、本·沙利、布赖斯·科里根、罗伯特·特拉弗、皮特·诺德斯德、西蒙·希克斯和柯克·西格尔。

在创作初期，达维德·吕埃达和德里克·张为我们提供了宝贵的改进建议。若没有德里克，这本书就难以问世。

我们感谢积极主动的拉姆齐·本·赛义德和朱迪思·泰尔奈什，他们在整个过程中，为我们的研究提供了重要支撑。我们也感激斯特凡妮·梅奥的贡献，她为我们挖掘了许多意义非凡的财务数据。

我们还要感谢一个独特的工作室，那就是纽约州伊萨卡市"重锤"购物中心里的伊萨卡面包坊。我们无数的创意，与那里香甜丝滑的面包圈和咖啡相伴而生。克里斯还想对当地吉米咖啡、欧林图书馆里的阿米特·巴蒂亚咖啡厅、康奈尔商店和大红谷咖啡馆里所有的工作人员表示感谢。他经常每次只买一小杯咖啡，却窝在一个角落里一整天进行创作。然而那里的店员耐心温和，总是春风拂面。戴维还想感谢他的小狗和两只小猫。他的小伙伴们总是在戴维坐在走廊写作时，安静地在不远处守望着。

最后，我们要再次感谢这个卓越的团队：凯瑟琳·奥康纳、尼克、伊莱·安德森、塞雷娜·尹、本、迈克、汤姆和雷切尔·沙利。这本书之所以能完美面世，全靠他们的倾情投入和始终不渝的支持。说实话，有时我们也互相打趣，但这里的一切都有爱相随。

注释

引言　足球中的谬误——反"经验主义"革新

［1］足球数据的专业统计分析其实起源更早。1951 年，一位名为迈克尔·莫罗尼的英国人出版了《数字中的真相》一书。为了探索进球的规律，他分析了 480 场英国足球比赛里的进球。

［2］2002 年 10 月，《体育科学期刊》球员表现分析特刊中有对本领域发展历程的阐述。如想了解更多关于球员表现分析和比赛分析的信息，请查阅赖利和托马斯（1976 年）、拉森（2001 年）、麦加里和弗兰克斯（2003 年）以及休斯（2003 年）的研究结果。

［3］只考虑 1∶1 的比赛是为了避免某种情况对分析结果的干扰，即一支实力极弱的球队幸运攻入一球，但却被实力更胜一筹的对手击溃。最理想的实验条件应该是两支完全相同的球队进行比赛，其中一队先进一球，之后观察另一队如何表现。（换句话说，在这种情况下，两支球队间唯一的不同就是一个进球。）

［4］在这个样本中，每支球队场均获得 5.4 个角球。这个数字接近长期数据中的 5.5 个，这就是说每支球队场均能获得 4 到 6 个角球。此外，我们所定义的从角球中创造出的射门和进球指的是在开出角球后三次触球内完成的。

［5］但对于不同的俱乐部，差距也十分大。一些强队虽然角球多，但是从角球获得的射门数极少（每 10 个角球只能完成 1 到 1.5 次射门）。相比之下，一些较弱的球队却能够赢得更多的射门机会（切尔西是个例外），平均每

3 到 4 个角球就能完成一次射门（如西汉姆联和斯托克城）。

第 1 章　搭上幸运列车

[1] 泊松的方法在统计学上至今仍广为使用。在他的著作《小数法则》（1898 年）中，鲍特凯维茨为每支军队建立了泊松分布，之后将所有军队的结果相加，从而得到了一个更准确的结论。

[2] 统计学中，将 λ 当作基本率，并拟定事件发生的次数为 n，则此发生的概率应为 $Pr_\lambda\{x=n\} = \dfrac{\lambda^n e^{-\lambda}}{n!}$。所发生的事件必须是数学意义上罕见、随机和独立的。

[3] 这并不意味着博彩庄家必须对足球有深入的理解，他们唯一需要知道的就是在任意一场比赛中什么影响赔率。但是为了赢得更多客户，他们会努力将赔率计算得更加精准。当然他们也要赚钱，所以给客户的赔率和所估计的"正确"赔率会有细微差别，否则就无利可图了。然而综合许多庄家的赔率后，我们可以知道比赛结果有多大的可预测性。

[4] 简单起见，这里的讨论忽略了博彩庄家的利润。

[5] 我们可以用 100 除以赔率。比如，当赔率为 2.0 的时候，这支球队的胜率应为 50%（100/2.0）。所以当一支 NBA 球队的获胜赔率为 1.25 时，它的取胜概率就为 80%（100/1.25）。

[6] 在类似的分析中，奎曹和福佩尔（2009 年）研究了 2007/08 赛季的德甲联赛和英超联赛，他们发现在 52.7% 的德甲比赛和 49.5% 的英超比赛中运气有重要影响。

[7] 理论上说，进球并非独立事件，并且基准率被该场比赛中的所有之前"进球事件"的数量所改变。

[8] 更多数学方面的细节，请查阅 http://understandinguncertainty.org/node/56。

［9］在施皮格尔霍尔特的例子中，联赛结束时的实际联赛积分方差是 239。如果所有球队旗鼓相当,则理论上的方差应为 61。61 除以 239 等于 0.26,因此在英超联赛中 26% 的方差源于运气。标准差是方差的平方根，而实际积分的标准差约为 15，理论积分的标准差为 8。这意味着实际积分的极差为理论积分的两倍，因此一半的差距源于运气。更多细节请查阅 http://understandinguncertainty.org/node/ 61。

［10］具体情况例如：射门被折射；射门反弹入网；射门击中立柱或横梁入网；门将碰到足球并有机会完成扑救；超远距离的射门；或是射手在球门前因为一次意外的传球得到破门机会。

第 2 章　进球：足球里的麟凤之物

［1］2010 年，"金球奖"和"世界足球先生"合并为一个奖项。

［2］一些联赛比另一些更晚开始，另外因为两次世界大战，也有一些间断。更多细节，请查阅帕拉西奥斯－韦尔塔（2004 年）第 244 页的研究。

［3］我们保持其他变量不变，只关注射门和扑救技术带来的影响。例如，如果第一级联赛中的进球数大幅减少是因为有更多优秀的守门员——他们的技术整体高出第四级联赛守门员许多，而且比半个世纪前的同级守门员也高出许多——那么第一级联赛中的进球数（或者说失败的扑救）应该比第四级联赛下滑得更显著。

［4］除了国内战争，我们当然还有一些其他解释。可能因为幼年时家庭贫穷和经济上对于他人的依赖，部分球员更希望成为主力球员。我们也应该考虑到裁判在其中起的作用。假设裁判们对不同种族有固有偏见，那么不难想象他们会对某个地区或某些外貌特征的球员执法更严。比如，在 NBA 里，黑人球员被吹罚的犯规数就比白人球员更多。如果对于美式橄榄球中裁判偏好的话题感兴趣，可以查阅加洛、格伦德和瑞德（2013 年）

的研究成果。

第 3 章　他们错失达伦·本特

[1] 其他两份论文得出了相似的结论:加里卡诺和帕拉西奥斯－韦尔塔(2005年)检验了西班牙足球多年来的数据,而布罗卡斯和卡里洛则建立了一个博弈模型。

[2] 每个进球的积分值如下:没有进球为 0.28 分;一个进球为 1.13 分;两个进球为 2.12 分;三个进球为 2.67 分;四个进球为 2.90 分;五个或五个以上进球为 3 分。

[3] 另一种方法是将所有这些数值和当时的比分关联起来。然而,没有清楚的理由能说明这个分析方法更好。按照逻辑,第二个进球没有第一个进球的价值高,因为如果没有第一个进球的话就不会有第二个。当然还有一点需要注意:进球并不是一个球员努力的结果,而在于整个团队。没有任何一位球员能够以一敌十,即使是梅西或是 C 罗。

[4] 但是我们要记住足球并不是线性的:因为进球的稀有,所以第一个和第二个进球远比第三个和第四个重要。同样需要注意的是别被平均数误导了:同是 38 个总进球数,但每场进一个所创造的积分远超过两场比赛每场进 6 个、5 场比赛每场进两个、16 场比赛各进一粒和 15 场比赛颗粒无收的积分总和。

第 4 章　明与暗

[1] 梅诺蒂应该了解到许多重要的反馈,比如阿根廷著名的作家及思想家豪尔赫·路易斯·博尔赫斯一段轻蔑的表述:"足球得民心,因为愚蠢得民心。"

[2] 这种科学方法也被称为逻辑实证主义,和卡尔·波普尔的思想紧密相连。

它的主要目的在于推翻假设（告诉大家它们是错误的），而非证明它。

［3］如果想要一个公平的比较,那么每年俱乐部的数量要一样（甚至是积分）。我们只分析 2000 年的数据是因为英超联赛的俱乐部数量在那之后开始浮动。

［4］这种趋势在 400 多年前就被弗兰西斯·培根爵士发现:"人类一旦认同了某个观点,他们随后就会收集各种例子来证明它。即使与之相反的例子成千上万并且更具说服力,人们为了保持原有的观点也会选择无视,或是拒绝。"这种特殊的心理状态被称为"证实性偏见"。

第 5 章　遛猴游戏

［1］准确来说是 29688 次。

［2］整个赛季中,只有两支球队在一场比赛里比这个控球率低:西布罗姆维奇队在主场对阵阿森纳时,控球率只有 26.1%;而布莱克本在主场迎战曼联队的比赛则创造了当年最低的控球率,只有可怜的 24.5%。

［3］准确的数字为 11.393 公里。

［4］其他学术研究证明,越成功的球队在球场上高速跑动距离越远,而有球动作也随之增加。

［5］我们对 Opta 体育近三个英超赛季（2008/09—2010/11）数据的研究表明:每 90 分钟里,一位球员平均有 42 次控球。

［6］这个数字涵盖所有因为失误传球（包括垫球和做球）、抛给对方球员的界外球、没有击中门框的射门、送给对方的角球、犯规、不成功的过人、进球、铲球失误而产生的球权转换。

［7］除了被阻挡的射门。

［8］两者的关系有轻微的曲线趋势,一场比赛里传球成功率 70% 以上的球队

斜率增长更快。这意味着完全占据场上主动权的球队传球数量增长更快。

[9] 我们计算了控球率更高、传球更精准且传球次数超过联赛中位数以及比赛中失误更少的这类球队的结果。将这些球队与稍弱的球队进行对比。控球率为控球时间的百分比；传球准确性为传球成功；传球次数为简单的传球数累加；狭义的失误为一支球队拿球后至少完成两次传球或一次射门的百分比，而广义的失误为一支球队所有失误次数的百分比。

[10] 对于狭义的失误而言，进球的差距为 1.47∶1.1，失球的差距为 1.15∶1.54。而对于广义的失误而言，进球的差距为 1.44∶1.13，失球的差距为 1.19∶1.49。

[11] 为了方便解释，与 Opta 体育一样，我们将控球率的百分比定义为一场比赛中传球的相对百分比。

第 6 章　长传的消失

[1] 汤姆金斯、赖利和富尔彻（2010 年）对比了英超联赛中所有至少执教过两个赛季的主帅。

[2] 精确数字如下：英超 62.39 分钟、西甲 61.48 分钟、德甲 61.22 分钟、意甲 65.15 分钟。

[3] 请注意图表中有一个异常值——维冈。我们下一章还会继续聊到这支球队。

第 7 章　游击战式足球

[1] 具体来说，通过研究 1978 年到 1997 年期间英国最高两级联赛的 40 支俱乐部的工资支出，库珀和希曼斯基（2009 年）分析了薪资支出和联赛排名的数值关联——工资可以解释 92% 的变化。

[2] 从转会价格指数网（Transfer Price Index Web）和相关分析中，我们可

以找到关于金钱(工资和转会)和赢球的专业讨论。例如扎克·斯莱顿"全队价值估值的综合模型"。

[3] 我们利用 20 年的财务数据以及俱乐部与联赛平均薪资支出的差距，大致建立了一个球队降级的概率回归。我们得出了维冈在五年间累积的降级概率接近 99%，而曼联的概率几乎为零。

[4] Opta 的数据告诉我们：维冈在本方球门 30 米的传球数位居联赛前列，甚至和很多控球率极高的球队（如阿森纳）差不多。当然在对方球门前的传球数，他们就远远不及"枪手"了。

[5] Opta 将"快攻"定义为：在本方半场获得控球权，并在两次传球之内攻入对方 30 米区域，完成射门。

第8章　为什么一支足球队就像一艘宇宙飞船

[1] 我们需要假定两支球的实力相当。假如把卡莱斯·普约尔从巴萨的后防线撤下，用苏格拉底代替他（我们指的是希腊的那个思想家，而不是同名的巴西球星），虽然苏格拉底这个最差的球员会把场面变得滑稽不堪，但如果巴萨碰上的是西班牙第三级别的球队梅利利亚，他们也能轻松拿下对手。不过，万一巴萨面对的是一支第二级别球队（比如赫罗纳队），球队实力差距比较接近时，结果可就不好说了，因为苏格拉底把守的右侧防线可能会被屡次击溃。

[2] 最近两位经济学家通过检验养猪场面积、运营和工资的变化，推进 O 形环理论的应用。养猪场的薄弱点包括病毒、传染和废物处理。

[3] 准确的乘数为 1.9、2.9 和 5.5。

[4] 这是我们编造的，而事实上他们同样有一个理疗师。

[5] 如需更多的排名信息，请查阅 www.castrolfootball.com/rankings/rankings/。

[6] 因为嘉实多指数是基于场上表现计算的（例如，触球、铲球、传球等），

所以并不完全准确。首先，球队中替补球员很少有机会上场，他们的积分指数特别低。一般来说，球队中排位第四和第八的中场球员（一位主力球员和一位长期坐冷板凳的球员）的实力差距并没有嘉实多指数所体现的那么大。例如，在拉齐奥队 2010/11 赛季的名单中，克里斯蒂安·布罗基与帕斯夸莱·福贾的嘉实多指数之比为 0.065（36/555）。然而，前者的能力或者效率不可能高出后者 15 倍。因此这样的指数仅仅对于经常上场比赛的球员有意义，我们也将排名第十一位的球员认为是这支球队的短板。其次，门将被远远高估了。在很多弱队里，嘉实多积分最高的球员是门将，他们的分数甚至远超其他队员。例如，切沃队在 2010/11 赛季意甲联赛积分榜排名的下半区，而他们的守门员斯蒂法诺·索伦蒂诺的嘉实多积分为 737，排名第二位的球员塞尔吉奥·佩利西耶只有 595。事实上根据嘉实多的数据，门将排名最高的欧洲俱乐部平均比其他球队少进 10.5 个球；相反最佳球员不是门将的球队平均比其他球队多进 3.25 个球。因此在接下来的分析中，我们认为球队中的最强一环是除门将之外排名最高的队员。虽然克里斯难以接受这种方法，但我们仍然决定不将门将纳入考虑范围。

[7] 这个故事显然招致许多疑问：难道他们就真的没被攻进过一球吗？连古利特和范巴斯滕都拿他们没辙？他们是不是该减少几个队员来为进攻制造更多空间？难道萨基那番"坚盾必挡利矛"的理论真的奏效？这个小游戏同时也体现了控球本身并不等同于胜利的道理。

[8] 梅西的俱乐部和国家队的成绩差别如此之大，其原因在于巴萨的短板（最容易犯错的球员，或是最不靠谱的二人组合）比阿根廷队的可靠多了。球员之间（包括最强和最弱的队员）有许多关联。这里为了分析的便捷，我们不去解释其中复杂的联系。

[9] 有些数学常识的读者应该会注意到梅西是一个极其明显的异常值。我们可以用排名的方法解决这个问题。这个新方法使得梅西和本泽马的差距（一位之差）与胡梅尔斯和皮克的差距相同了。但是，这个方法的弊端

在于大部分球员的原始积分其实相差无几，但排名会使他们看起来相距甚远。除此之外，如果用相对实力来取代排名，之后的回归测试就显得比较类似了。

[10] 我们利用球队最强和最弱球员的分数作为自变量，对球队净胜球数和积分进行线性回归。这个回归使用了 2010/11 赛季嘉实多指数排名，并利用了稳健标准误差。通过引入虚拟变量，剔除五大联赛间的差异。

[11] 我们的数据相关性为 0.57。这意味着其中一个可以解释另一个三分之一的变化。

第 9 章　遭遇梅格列利什维利，教练怎么办

[1] 守门员除外。当门将挥舞手臂示意前锋压上，或者埋怨后卫的糟糕防守让他不得不做出扑救的时候，他们会将球拿在手中。这使得守门员在控球率上占据了好几个百分点。

[2] 从数学上来说，如果考虑累进性功能，总效益也许会更大，因为表现最好的十个球员的指标不会被弱环效应的因子（如一个小至 43% 或 65%）所削弱。

[3] 在 2010 年欧冠联赛阿森纳对阵巴萨的比赛中，罗宾·范佩西因为在裁判哨响后射门被出示红牌。但是，他有可能只是因为在 9.5 万名观众的喧闹声中没有听到哨声。这是其中一个明显的反例，不过，最差的球员获得红牌的比例最大仍然是不争的事实。

[4] 请查阅 StatDNA 的贾森·罗森菲尔德使用巴西甲级联赛数据得出的类似结论：http://blog.statdna.com/post/2011/03/18/Impact-of-Red-Cards-on-net-goals-and-standings-points.aspx。

[5] 如果你喜欢统计学，那么这里的统计学细节是：我们使用了主场优势、射门、进球、犯规和红牌这些数据以及联赛中的一些虚拟变量，进行了

概率回归（用英超作为剩余范畴）。

[6] 其他分析师对于红牌的影响也得出了类似的结论。例如，哥伦比亚大学的扬·韦切日、弗朗齐歇克·科普日娃和一马智之（2009 年）研究了2006 年世界杯和 2008 年欧洲杯中红牌对比赛结果的影响。通过当一方获得红牌时，博彩市场立刻发生的赔率变化，他们发现，获得红牌的一方的进球概率降低了三分之一，而对方则上升了四分之一。另一份来自德国莫科特尔等人（2010 年）关于德甲的统计报告表明，红牌让一支主场作战的球队预期得分少了 0.3，而对客场作战球队的影响取决于红牌的时间。在第 30 分钟时获得红牌会让球队丢掉将近 0.5 分，但如果在第70 分钟之后，他们可以死守，全身而退不丢分数。

[7] 有一些其他因素会限制这种最优的替补法则：例如，两边都没有红牌，没有受伤下场以及没有加时赛。

[8] 在商业领域，当一个超市收银员旁边有个效率更高的收银员时，前者会由于社会比较的影响而表现出科勒效应。（马斯和莫雷蒂，2009 年）

[9] 这一段内容基于 2003 年汉密尔顿、尼克森和欧文的著作与论文。

[10] 根据最新的标准经济模型，寇芮特的管理层认为计件工资制可以最大化每个工人的努力，从而达到最快的缝制速度。如果每条裙子都以最快的速度缝制，那么计件工资制可以最大化生产力。这是经典的亚当·斯密斯或查理·卓别林的劳工经济理论：通过分工至最小的任务（查理负责拧两颗螺栓），然后用金钱激励提高员工的注意力和努力程度（每拧一个螺栓得 0.01 美分）。

第 10 章　毛绒泰迪熊

[1] 我们将全面讨论这个问题，包括主要负责训练的教练和主要负责球队经营的经理。

[2] 即使是著名的评论家萨姆·阿勒代斯也在 2010 年秋埋怨起自己带领的球队规模小、资源匮乏："我不适合博尔顿或布莱克本，我更适合国米和皇马。我去执教这些球队绝对没问题，因为我每年都会拿联赛冠军或者双冠王。给我曼联和切尔西我也会如此，轻而易举。"（汤姆金斯、赖利和富尔彻，2010 年，第 35 页）

[3] 库珀和希曼斯基（2009 年）提到统计模型的 R 平方是 0.89。

[4] 库珀和希曼斯基不认同这个观点。他们觉得教练的市场是低效的。因此，与薪酬数据相关的联赛排名变化反映的是球员的能力，而不是教练的水平。毕竟，如果好教练不一定都在好球队的话，那么可以说教练的市场是低效率的。

[5] 俱乐部的转会支出和薪资花费有很强的相关性。见扎克·斯雷顿的"全队价值估值的综合模型"（http://transferpriceindex.com/2012/05/a-comprehensive-model-for-evaluating-total-team-valuation-ttv/）。

[6] 库珀和希曼斯基（2009 年）认为这个"关联"降到了 70%。统计学家对这个说法有点困惑，因为关联性一般不用百分比来表示。0.7 的关联性代表 49% 的联赛排名变化可以用每年的工资解释。

[7] 足球俱乐部到底是效用最大化还是利润最大化？这一辩论已经进行了好几十年。如果想了解其中各方面问题，请查阅希曼斯基和库珀（1999 年）或希曼斯基（2009 年）的研究成果。

[8] 用统计学的思维来看，这个问题实质为：是比较 CEO 固定影响变量和总回归中产业与企业的系数的大小，还是比较它们残差的大小。

[9] 关于这个模型，道森、多布森和杰拉德（2000 年，第 401 页）有一番不错的诠释：

企业是商品生产的组织单元和技术单元。生产过程涉及要素投入到产品产出的转换。生产方程代表了投入和产出的技术关系。作为一个理论的概念，生产方程的假设是技术效率的最大化，即在任何的要素投入下，产出均为最大值（或在任何产出水平下，要素投入均为最小值）。

[10] 这里的逻辑令人有些费解：我们很难相信，如果将维冈的阵容中每人的工资都增加一到两倍，他们就能获得欧冠席位。

第 11 章　少年王子

[1] 这项研究是为了探寻球队的联赛排名是如何与教练特点和球队工资相关联的。请查阅布里奇沃特、卡恩和古多尔（2009 年）的研究成果。

[2] 不过这个画面挺搞笑的——新生儿世界杯。你好像可以听到阿兰·史密斯在批评这个婴儿把球踢到十万八千里去了。媒体写道：英格兰诞生的宝宝都只会踢粗野的 4-2-2 阵型，每逢大赛必"跪"，点球惨不忍睹，狼狈不堪。

[3] 对于一支球队或者一个组织来说，这不仅仅是拒绝应聘面试者那么简单。球队必须建立合适的制度，给正在学习成长中的助理教练们足够的资源，让他们更好地进步。美国的球队向来比欧洲的足球俱乐部在这一方面做得更好。

[4] 自 1941 年泰德·威廉姆斯获得 0.406 的安打率以来，大联盟还没有出现过 40% 以上的数据。

[5] 挪威的情况请参见阿努尔夫、马西森和黑勒姆（2012 年）的研究成果；德国的情况请参见霍伊尔及其他人（2011 年）的研究成果；意大利的情况请参见德保拉和斯克帕（2009 年）的研究成果；英格兰的情况请参见多布森和戈达德（2011 年）的研究成果。

第 12 章　革新的路上

[1] 可以选择不起眼的球员"点球成金"，但在他们身上大把砸钱就不对了。

加时赛——世界杯上的数字游戏

[1] 善于分析的读者会发现，这里的因果关系可以是双向的。一场大胜可以
提升球员们的信心，并且在接下来的比赛中激励他们；势不可当的大胜
也是球队极好状态的呈现。

[2] 这份研究以及更多内容可以在帕拉西奥斯－维尔塔 2014 年出版的《美
妙的足球理论》中找到。

[3] 帕拉西奥斯－韦尔塔（2014 年）想出了一个聪明的解决方法，将罚球的
顺序重置，从看起来很公平的"乌拉圭－加纳－乌－加－乌－加……"，
变成交错排列的"乌－加－加－乌－加－乌－乌－加－加－乌－乌－
加－乌－加－加－乌……"

图书在版编目（CIP）数据

数字游戏：关于足球，你全弄错了……吗？ /（德）安德森（Anderson,C.），
（美）沙利（Sally，D.）著；彭鸣皋译. — 长沙：湖南文艺出版社，2016.5
书名原文：The Numbers Game
ISBN 978-7-5404-7603-8

Ⅰ. ①数… Ⅱ. ①安… ②沙… ③彭… Ⅲ. ①足球运动–研究 Ⅳ. ①G843

中国版本图书馆CIP数据核字（2016）第095470号

著作权合同登记号：图字18-2016-072

THE NUMBERS GAME by Chris Anderson and David Sally
First published in Great Britain in the English language by Penguin Books Ltd.
First published by Viking 2013
Published with a new chapter,'Extra Time—The Numbers Game at the World Cup'in Penguin Books 2014
Copyright ©Chris Anderson and David Sally，2013，2014
All rights reserved
The moral right of the authors has been asserted

上架建议：体育·足球

数字游戏：关于足球，你全弄错了……吗？

作　　者：［德］克里斯·安德森，　［美］戴维·沙利
译　　者：彭鸣皋
封面图片：Ben Wiseman
出 版 人：刘清华
责任编辑：薛　健　刘诗哲
监　　制：吴文娟
策划编辑：董　卉
特约编辑：庞海丽
版权支持：辛　艳
营销支持：仇　悦
封面设计：姜利锐
版式设计：李　洁
出版发行：湖南文艺出版社
　　　　　（长沙市雨花区东二环一段508号　邮编：410014）
网　　址：www.hnwy.net
印　　刷：北京嘉业印刷厂
经　　销：新华书店
开　　本：880mm×1230mm　1/32
字　　数：352千字
印　　张：11
版　　次：2016年5月第1版
印　　次：2016年5月第1次印刷
书　　号：ISBN 978-7-5404-7603-8
定　　价：38.00元

质量监督电话：010-59096394
团购电话：010-59320018